아이디어가 현실이 되는
THE CREATIVITY CHOICE
창조적
의사결정 법칙

THE CREATIVITY CHOICE

Copyright © 2025 Zorana Ivcevic Pringle, PhD

Korean Translation Copyright 2025 by Book21 Publishing Group
Korean edition is published by arrangement with PublicAffairs, an imprint of Basic Books Group,
a division of Hachette Book Group Inc., New York, New York, USA.
through Duran Kim Agency Co. Ltd..

이 책의 한국어판 저작권은 듀란킴 에이전시를 통해 Basic Books Group과 독점계약한 ㈜북이십일에 있습니다.
저작권법에 의하여 한국 내에서 보호를 받는 저작물이므로 무단전재와 무단복제를 금합니다.

아이디어가 현실이 되는
THE CREATIVITY CHOICE

창조적 의사결정 법칙

머릿속 생각을 현실로 이루는 선택의 심리학

조라나 이브체비치 프링글 지음
신혜연 옮김

21세기북스

차례

서문 용기와 끈기가 창의성을 완성한다 … 6
창의성은 본능이 아니라 불확실성과의 싸움이다 | 아이디어와 결과 사이의 틈을 메우는 법 | 이 책의 핵심 주제 세 가지

제1부
창의성을 선택하라

1장 창의성은 선택이다 … 21
창의성이란 무엇인가? | '내재적 창의성'부터 '혁신적 창의성'까지 | 한 단계에서 다음 단계로의 도약 | 창의성 연구 및 평가 방법 | 창의성은 끊임없는 선택의 연속이다 | 아이디어를 떠올리는 것부터 생명을 불어넣기까지

2장 창의성은 도전이다 … 45
창의성은 심리적 부담을 딛고 자란다 | 지적 리스크를 감수하라 | 평판 리스크를 감수하라 | 창의적 리스크를 감수하는 방법

3장 그렇다, 당신은 할 수 있다 … 73
창의성은 누구나 배울 수 있다 | 할 수 있다는 믿음 | 창의적 자기효능감은 키울 수 있다

제2부
창의성을 실현하라

4장 창작의 원동력: 흥미와 제약 사이 … 103
우리는 왜 창의적인 사람이 되고 싶어 할까? | 창의적 집중력을 발휘할 대상을 찾아라 | 창의적 원동력을 관리하라

5장 문제의 발견: 영감을 넘어 탐색으로 … 131
문제 인식: 영감을 찾아라 | 문제 구성: 영감을 활용하라 | 인내심을 가져라

6장 감정의 힘 이용하기 … 157
감정을 활용하라 | 감정의 흐름을 이용하라 | 불편한 감정을 따라가라 | 감정과 작업을 매칭하라 | 평가는 여유를 두고 하라 | 불필요한 감정을 느낄 때

7장 감정이 방해할 때 ⋯ **186**

창의적인 작업에는 감정 관리가 필요하다 | 감정 조절이란 무엇인가? | 감정을 조절하는 방법 | 감정 조절은 끈기를 높이는 데 도움이 된다 | 감정 전염을 조심하라 | 유연하게 대처하라, 세상에 완벽한 전략은 없다

8장 창작의 벽 극복하기 ⋯ **216**

나무를 보느라 숲을 보지 못하는 경우 | 벽에 부딪혔을 때 벗어나는 방법 | 자기 연민을 실천하라 | 사고의 폭을 넓혀라 | 어떻게든 계속해 나가라

제3부
관계 속에서의 창의성

9장 친구들의 작은 도움 ⋯ **245**

가벼운 관계를 활용하라 | 강한 유대 관계에 기대라 | 누구에게, 언제 도움을 청해야 할까?

10장 직장에서의 창의성 구축 ⋯ **271**

창의성은 심리적 안전감을 기반으로 자란다 | 창의성을 위한 리더십 | 이론에서 실천으로

결론 창의성 선택의 모든 것 ⋯ **295**

창의성의 진정한 본질과 그 길로 나아가기 위한 일 | 성공적인 창의적 작업을 위한 전략 | 창의성의 사회적 측면

감사의 말 ⋯ **305**
참고문헌 ⋯ **312**
색인 ⋯ **338**

서문
용기와 끈기가 창의성을 완성한다

〈뉴요커〉 만평을 상상해 보자. 한 파티에서 두 커플이 이야기를 나누고 있다. 한 여자가 묻는다. "그 유명한 다이키리 칵테일 아이디어를 처음 떠올린 이가 해리라는 사람이었다는 거 알아요?" 나머지 세 사람이 놀란 표정을 짓는다. 그것을 본 그녀는 이렇게 덧붙인다. "그런데 생각만 하고 말았다네요."

물론 우스갯소리다.

하지만 곰곰이 생각해 보면 처음 다이키리 칵테일 아이디어를 떠올렸을 때 해리의 마음속에서 어떤 독백이 오갔을지 알 것도 같다. "내가 감히 뭐라고 술을 만들어?", "술과 전혀 상관없는 일을 하는 내가 칵테일을 만드는 게 말이 돼?", "친구들이 들으면 바보 같은 생각하지 말고 내 일이나 제대로 하라고 하겠지?", "진짜 바텐더들이 이걸 보고 말도 안 되는 아이디어라고 생각하면 어떡하지?"

해리의 머릿속에는 부모님, 선생님, 친구, 동료, 상사로부터 최근에, 혹은 그리 멀지 않은 과거에 들은 말들이 울려 퍼진다. 그들은 하나같이 의심과 불안의 말로 그를 괴롭힌다. 지금 해리는 선택에 직면해 있다. 이 목소리를 따라 아이디어를 포기할 것인가? 아니면 마음먹은 대로 새로운 레시피를 시험할 것인가? 여기서 해리가 내면의 목소리를 이겨 내고 아이디어를 추진한다고 가정해 보자.

그런데 막상 주방에서 음료를 만들어 보니 맛이 좀 이상하다. 다시 시도해 보지만 여전히 원하는 맛이 아니다. 막다른 벽에 부딪힌 기분이다. 점점 더 의심스럽고 불편한 감정이 밀려온다. "내가 왜 이실 할 생각을 했을까?", "난 술 섞는 방법도 제대로 모르는데", "답답해!" 그는 이 불편한 감정이 사라지길 바란다. 그리고 계속할지 말지 또다시 선택의 갈림길에 선다. 그리고 그만 손을 떼기로 한다. 결국 다이키리 칵테일 아이디어는 그가 친구나 동료들에게 한 번쯤 꺼내는 가벼운 일화로만 남는다. 만약 누군가 그 칵테일을 실제로 완성해 엄청나게 인기를 얻는다면, 그제야 그는 이렇게 말할 것이다. "저거 내가 몇 년 전에 생각한 건데! 내가 얘기했었잖아. 기억하지?"

아마 낯설지 않은 이야기일 것이다. 우리는 모두 해리 같은 사람을 안다. 아이디어가 없는 것이 아니라 아이디어를 구체화하는 데 필요한 뭔가가 부족한 사람 말이다.

솔직히 생각해 보면 우리도 해리 같을 때가 많다. 창의적인 아이디어, 잘 될 가능성 있는 아이디어가 있어도 제대로 살리지 못하고 흐지부지 그만둔 적 말이다. 결국 끝내주는 아이디어는 그냥 생각으로만 머물러 버린다.

아무리 창의적인 아이디어가 있어도 개발하지 않으면 그건 그냥 환싱일 뿐이다.

창의성은 본능이 아니라 불확실성과의 싸움이다

창의적인 작업은 그 자체로 스트레스와 불안을 유발하는 불확실성으로 가득하다. 이런 어려움을 헤쳐나가려면 회복력이 필요하다. 의심과 자기비판의 목소리는 물론 물적 자원의 부족, 아이디어에 대한 지지를 얻기 힘든 상황 등 이런 모든 난관을 우리는 기꺼이 인내하고 극복해야 한다. 창의적인 사람들은 어떻게 남들이 하지 못하는 일을 해내는 것일까? 그들은 도대체 어떻게 독창적인 아이디어가 수반하는 어려움과 난관을 행동과 성취로 전환해 내는 것일까?

나는 예일대학교 선임 연구원으로서 회화와 조각, 과학 연구, 모바일 앱 디자인, 사업 등 다양한 분야에 종사하는 창의적인 사람들의 성격 특성을 연구한다. 또한 사람들이 자신의 창의성에 대해 어떻게 생각하는지, 그리고 어떤 사람들이 자신을 창의적이라고 생각할 가능성이 큰지 연구한다. 창의적 사고가 유소년기와 청소년기를 치치면서 어떻게 변화하는지 탐색하는 것 또한 내 연구 분야다. 업무에 대한 열정이 창의성에 미치는 영향, 관리자와 리더가 창의성을 독려하고 지지하는 분위기를 조성하는 방법, 그리고 창의성이 스트레스에 좌우되지 않는 조건도 내 연구 범위에 들어간다.

하지만 이 모든 연구의 근본적인 질문은 결국 하나다. 왜 어떤 사람들은 창의적인 아이디어를 실제로 구현해 내는 데 성공하고, 왜 어떤 사람들은 그러지 못하는가 하는 것이다. 브레인스토밍 세션에 한 번이라도 참여해 본 사람이라면 알 것이다. 우리 대부분은 아이디어가 부족한 것이 아니다. 세션을 단 한 번만 거쳐도 영감의 불꽃이 튀고 화이트보드에 포스트잇이 쌓이며 수백 개의 아이디어가 떠오른다. 하지만 대부분은 자신의 아이디어를 실행으로 옮기지 않는다. 팀과 조직도 아이디어를 발전시키고 실행하는 데까지 가지 못한다. 그러니 아무리 아이디어가 많아도 그중에 행동과 제품, 혁신으로 이어지는 아이디어는 극소수다. 이는 형편없거나 실현 불가능한 아이디어들을 걸러 냈기 때문이 아니다. 사실상 엄청난 잠재력을 가진 아이디어들이 대부분 개발되지 않고 방치되다가 그대로 잊히는 것이다.

창의적인 아이디어를 구체화하는 데 필요한 것이 무엇인지 알아보기 위해 책과 학술 논문을 살펴본 결과, 나는 대부분의 연구가 아이디어를 도출해 내기까지의 과정에 주로 집중하고 있음을 알게 되었다. 예를 들어, 창의성에 대한 신경 과학 연구는 창의적인 아이디어를 도출하는 데 관여하는 뇌 구조를 파악했다. 인지 과학자들은 사람들이 새로운 아이디어를 도출할 때 자신의 지식과 기억을 어떻게 활용하는지 보여 주었다. 또 수십 년에 걸친 연구는 '긍정적으로 활성화된 기분 positive activated moods'●이 창의적 사고를 촉진한다는 사실도 밝혀냈다. 이처럼 창의적 사고에 대해서 많은 것을 알아냈지만, 실험실 밖에서 아이디어를 개발하고 이를 독창적이고 효과적인 제품이나 성과로 구현하는 긴 과정은 신경 과학도 인지 과학도 다루지 않았다.

연구진이 알아낸 바에 따르면, 일반적으로 행복할 때 사고가 더 창의적이고 유연해지기는 하지만 이런 기분이 창의성에 미치는 이점은 크지 않았다. 아이디어를 도출하는 데 4분 이상 걸리면, 기분과 상관없이 양과 질 모두 비슷한 아이디어들이 도출되었다. 우리 삶을 더 편리하고 풍요롭게 만들어 줄 제품이나 업적으로 이어지는 창의성은 고

● 긍정적으로 활성화된 기분
행복감이나 기쁨과 같은 감정 상태를 의미하는 전문 용어

작 몇 분 만에 발휘되지 않는다. 화가가 그림을 그리고 음악가가 곡을 쓰는 데에도 몇 시간부터 며칠, 때로는 그보다 훨씬 오랜 시간이 걸린다. 디자이너나 엔지니어가 새로운 모바일 앱을 개발하는 데는 몇 달, 그리고 영화나 혁신적인 신제품을 만들어 내는 데는 몇 년이 걸리기도 한다.

아이디어는 중요하다. 하지만 아이디어만 가지고는 충분하지 않다.

나는 또 창의적인 사람들을 탐구한 연구 자료를 발견했다. 이들은 우리와는 다른 특별한 성향을 가진 사람들일까? 창의적인 사람들은 어떤 사람들일까? 수십 년간의 연구를 통해 우리는 예술가, 과학자, 기업가, 혁신적인 조직 리더 등 창의적인 사람들에게 공통적으로 경험에 대한 개방성이라는 중요한 특징이 있음을 알았다. 경험에 개방적이라는 것은 호기심이 많고 미적 경험을 소중히 여기며, 새로운 아이디어에 관해 듣기를 좋아하고 풍부한 상상력을 지녔음을 의미한다. 다양한 주제에 대해 생각하기를 즐기고, 대화를 한층 높은 수준으로 끌어올리려고 노력하는 태도 역시 여기에 해당한다. 열린 사람들은 자신의 관심사에 열정적이다. 그들은 정해진 일상보다는 다양한 경험을 좋아하며, 관습적인 방식에 집착하지 않고 변화를 수용한다.

비즈니스 리더부터 저명한 예술가, 노벨상 수상 과학자에 이르는 저명한 창작자와의 인터뷰는 창의적인 사람의 또 다른 핵심적인 특징을 보여 준다. 그것은 바로, 그들이 바로 모순적인 특성을 동시에 지닌 사람이라는 점이다. 업무상 필요할 때는 엄청난 에너지를 발산하면서도 종종 무기력하다거나, 장난기가 넘치면서도 절제력이 있고 책임감이 강하다거나 하는 식이다. 어마어마한 상상력을 갖고 있지만 매우 현실적이기도 하고, 일에 대해 열정적이지만 한 걸음 물러나 객관적으로 바라볼 줄도 안다. 덕분에 비판적으로 검토하고 발전시켜 나갈 수 있다. 그들은 외향성과 내향성을 모두 가지고 있어 다양한 사람들과 교류하면서도 혼자 있는 시간과 고요함을 즐기기도 한다. 또한 자신의 성취 과정에 창의성이 발휘되었음을 인지하고 자랑스러워하지만, 과거의 성취에 집착하지는 않는다. 앞으로 진행할 아이디어나 프로젝트에 집중하면서 겸손한 태도를 유지한다.

다시 말해서, 경험에 대한 개방성과 모순적 성향의 공존은 창의성의 중요한 요소다. 하지만 아이디어가 어떻게 성과와 결과물로 전환되는지는 여전히 설명해 주지 못한다.

이 의문에 대한 답을 찾기 위해 끊임없이 노력하는 동안, 나는 고무적인 사실을 알게 되었다. 창의성의 과학은 소수에게만 주어지는 선천적인 재능이 아니며, 누구나 삶의 어느 시점에서든 배울 수 있다는 것이다. 더 나아가 부모나 교사, 멘토, 직장 상사 등 주변 사람이 우리의 창의성을 길러 줄 수도 있다. 더 놀라운 점은, 창의성이 무엇이고 어떻게 작용하는지 배우는 것만으로도 창의성을 키우는 데 도움이 된다는 사실이다. 창의성이 작동하는 방식을 이해하면 창의성 발휘라는 어려움이 우리만의 문제가 아니라는 사실을 알게 된다. 또한 좌절의 이유가 우리가 창의적이지 않아서가 아니라 창의적 과정이 어려울 것이라 지레짐작하기 때문임을 깨닫게 된다. 그리고 상황이 어려울 때, 즉 지루하거나 짜증스러울 정도로 답답할 때도 창의성을 선택하고 다시 진념하는 전략을 개발할 수 있게 된다. 또한 어디서 어떻게 도움을 구하면 되는지도 배우게 된다.

기존 연구에서 다루지 않은 주제가 있음을 깨달은 나는 연구를 시작했다. 내가 주목한 내용은 '사람들이 어떤 식으로 창의적인 작업에 접근하는가'였다. 아이디어가 그저 머릿속의 흥미로운 '생각'이 아니라 실재하는 것, 우리의 삶을 풍요롭고 더 안전하고 건강하게 해 주며 일상에 변화를 일으키는 뭔가가 되도록 하려면 어떻게 해야 할까?

아들이 어린 시절 즐겨 읽었던 그림책 《생각으로 무엇을 할 수 있을까?What Do You Do with an Idea?》는 바로 이 질문을 던진다. 어느 날 아이에게 아이디어 하나가 떠오른다. 아이는 그 아이디어가 어디서 왔는지, 그 아이디어를 어떻게 활용해야 할지 알지 못한다. 그 아이디어는 처음에는 미약하다. 아이는 어떻게 해야 할지 몰라 그냥 포기해 버린다. 하지만 그 아이디어는 계속해서 다시 아이 곁에 나타난다. 아이는 사람들이 그 아이디어를 어떻게 생각할지, 혹시 이상하다거나 바보 같다고 하지는 않을지 걱정스럽다. 하지만 결국 다른 사람들이 뭐라고 하든 그 아이디어를 소중히 여기고 보호하고 키우기로 한다. 그리고 마침내 그 아이디어는 자라나고 변화된 모습으로 세상에 모습을 드러낸다.

이 이야기는 창의성에 대한 중요한 사실, 그리고 성공하는 아이디어와 그렇지 못한 아이디어의 차이를 그리고 있다. 즉, 아이디어의 실현은 선택에서 시작된다는 뜻이다. 아이디어를 구체화하기 위해서는 어떤 물리적, 감정적 장애물이 있더라도 끈기 있게 밀고 나가기를 선택해야 한다. 이것이 바로 내가 말하는 '창의성 선택the creativity choice'이다. 하지만 안타깝게도 이 선택은 한 번으로 끝나지 않는다. 창의적인 아이디어가 실현될 때까지 여러 번 반복되어야 한다.

아이디어와 결과 사이의 틈을 메우는 법

창의성을 발휘하는 건 힘든 일이다. 창의적 작업 과정에는 불편한 감정과 의심, 좌절의 시간이 포함되어 있다. 험난한 길에서부터 앞이 전혀 보이지 않는 창작의 벽에 이르기까지, 온갖 장애물에 맞서는 끈기가 필요하다. 하지만 거기에는 엄청난 흥분과 기쁨의 순간도 포함된다.

창의성에 대해 한 가지 분명한 점, 우리의 생각과 아이디어를 연결하고 적용하는 공식은 어디에도 존재하지 않는다는 사실이다. 시작부터 마지막까지 명확하게 정리하고 처리하는 방법 같은 것도 존재하지 않는다. 창의성으로 가는 길은 그 길을 개척하는 사람들만큼이나 다양하고 특별하다. 그러므로 6단계니, 10단계니, 12단계니 하는 창의적 프로세스 프로그램들은 겉보기에만 매력적일 뿐 소용이 없다. 그러므로 여기서 분명히 밝히겠다. 이 책은 창의적인 아이디어를 머릿속에서 꺼내 종이나 캔버스, 플랫폼, 매장 선반에 올려놓게 해 주는 청사진이나 로드맵을 약속하지 않는다.

이 책은 창의적 과정 안에 숨겨진 부분, 즉 처음에 아이디어를 도출하는 방법에서부터 어떤 아이디어를 진행할지 선택하는 방법, 그리고 불가피한 어려움에 직면했을 때 끈기 있게 계속 나아가는 방법을 안내한다. 궁극적으로 여러분은 아이디어의 불꽃이 처음 튀었을 때부터 그것을 가시적이고 구체적인 것으로 전환할 때까지의 틈을 메우는 방법을 배우게 될 것이다. 이 책의 여정을 따르다 보면, 아이디어를 실현하기까지 창의성을 필요한 만큼 얼마든지 선택하는 방법을 배우게 될 것이다. 그것이 예술 작품이든, 공연이든, 이야기든, 책이든, 교육 과정이든, 신제품이든, 혁신적인 실천 방식이든, 아니면 획기적인 발견이든 상관없이.

이 책은 창의성 과학을 바탕으로 쓰였다. 그리고 심리학, 디자인 연구, 기업가 정신, 조직 행동 연구를 참고했다. 이 과정에서 창의적 작업 과정과 그 작동 방식에 대해 우리가 알고 있는 바를 설명하고자 했다. 학문은 여러 사람이 함께 쌓아가는 것이다. 과학자로서, 나는 어떤 개별 연구도 전체를 다 보여 줄 수 없다는 사실을 분명히 알고 있다. 또한 놀랍거나 직관을 뒤엎는 내용을 담은 연구는 흥미롭지만 그것만으로는 신뢰할 만한 지식이 되지 않는다는 것도 안다. 여러 연구가 반복적으로 동일한 결과를 보여줄 때, 우리는 그것을 신뢰할 수 있다. 이 책은 바로 그런 결과를 바탕으로 하고 있다.

마지막으로, 연구에 생기를 불어넣기 위해 나는 예술가와 음악가, 기업가와 경영 컨설턴트, 과학자와 교육자, 프로덕션 디자이너와 복잡한 디지털 시스템 디자이너, 크고 작은 조직을 만든 혁신가 등 수십 명의 창작자를 대상으로 그들이 하는 일에 관해 인터뷰했다. 그리고 그중 많은 이들의 이야기를 이 책에 담았다. 그들은 과학자들이 연구소에서 다루는 창의성 개념이, 실제로 창의성을 선택해야 하는 사람들에 의해 어떻게 현실에서 구현되는지 보여 준다.

나는 여러분에게 창의적 사고thinking나 아이디어 도출법을 가르치려는 것이 아니다. 그런 주제를 다루는 책은 이미 많다. 우리가 다루려는 내용은 훨씬 흥미롭고 도전적이다. 즉, 창의적인 아이디어를 끝까지 밀고 가는 사람들과 그렇지 않은 사람들의 차이는 무엇인지, 그리고 그렇게 할 수 있는 방법은 무엇인지 알아보고자 하는 것이다.

이 책의 핵심 주제 세 가지

이 책이 전달하려는 핵심 주제는 세 가지다. 첫째, 처음 창의성을 선택하고 시작하는 방법, 둘째, 창의적인 과정을 탐색하고 그 선택을 끈기 있게 밀고 나가는 데 필요한 심리적·감성적 도구(놀랍지 않은가!), 그리고 셋째, 사회에서 창의성을 발휘하는 데 필요한 요소들(왜냐하면 창의성은 보이는 것과 달리 사회적인 성격을 가지므로)이다.

1부에서는 처음으로 창의성 선택을 하게 만드는 요인들을 살펴본다. 우리는 창의성을 갈망하면서도 무의식적으로 창의성에 대해 편견을 가질 수 있다. 의도적인 건 아니지만, 이런 편견은 우리의 결정에 영향을 미친다. 창의적인 작업은 '이 아이디어를 어떻게 실현하지?', '사람들이 좋아하지 않으면 어떡하지?'와 같은 불편한 마음을 불러일으킨다. 우리는 이런 위험과 맞서 싸워야 한다. 하지만 우리 가운데 일부는 이런 불확실성 속으로 걸어 들어갈 방법을 찾는다. 이런 위험이 즐겁거나 반갑기 때문이 아니라, 그것을 받아들이고 참고 견디려는 것이다.

창의성 선택에 따르는 이런 개인적·사회적 위험을 기꺼이 감수하려고 마음먹은 다음에는 '과연 내가 창의성을 발휘할 수 있을까?'라는 의문이 생긴다. 그리고 많은 경우, 우리는 자신이 창의적인 사람인지 확신하지 못한다.

우리는 주변으로부터 메시지를 받기도 한다. 미디어에서 창의성은 종종 혁신적인 발견을 해냈거나, 노벨상을 받았거나, '천재 장학금'이라고도 불리는 '맥아더 펠로십MacArthur Fellowships'을 받은 사람들을 다룬다. 그러니 평범한 우리는 그런 사람들과 함께하는 자신을 상상하기 어렵다. 하지만 우리는 그들뿐만 아니라 선생님의 말씀이나 행동(때로는 일관성이 없지만), 또는 직장 상사의 인정이나 격려에서도 메시지를 받는다.

하지만 안타깝게도 창의성은 선택만으로는 충분치 않다. 시작을 결심하는 것에서 더 나아가 실행에 옮기고 끈기 있게 이어 가도록 돕는 도구가 필요하다. 이 책의 2부가 바로 그런 도구에 관한 것이다. 우리 사회는 해결책을 중시하지만, 창의적인 사람들은 오히려 문제에 초점을 맞춘다. 그들은 시간과 노력을 들여 문제를 탐색하고 구조화하며, 열린 마음으로 문제를 재검토하고 재구성한다.

창의적인 행동을 하는 사람들은 때로 창의적인 과정이 감정의 롤러코스터와 같다는 것을 직감적으로 안다. 그리고 긍정적이고 활력을 주는 감정이든 힘든 감정이든, 그 힘을 활용하는 데 능숙하다. 그들은 좌절감을 억지로 외면한다거나 기분 전환을 위해 주의를 전환하지 않는다. 좌절감이 몰려와도 그 감정을 그대로 받아들인다.

마지막 3부에서는 부모나 또래, 동료, 상사 등 주변 사람이 창의성에 어떤 영향을 미치는지 살펴볼 것이다. 만일 창의성을 선택하기가 힘들다면, 주변 사람에게 휘둘리고 있을 가능성이 있다. 마찬가지로, 만일 창의성을 선택하고 있다면, 보이게 또는 보이지 않게 항상 다른 사람들이 격려나 지지를 보내고 있을 가능성이 크다. 사회적 환경은 우리가 할 수 있는 일에 대한 물리적·심리적 기반을 마련해 주며, 이는 창의적인 작업의 성공 가능성을 높이거나 낮춘다. 이는 결국 일시적 성공과 꾸준한 성공이라는 차이를 만들어 낸다. 다른 사람들이 주는 영향을 인식할 줄 알면 주변을 살피는 데 도움이 되며, 변화를 위한 새로운 환경을 찾는 데도 도움이 될 수 있다.

이 책이 기반하고 있는 창의성 연구는 놀라움으로 가득하다. 그중에서도 가장 놀라운 사실은 창의성에 용기가 필요하다는 것이다. 허세나 뻔뻔함이 아니라 지속적이고 진정한 용기, 어렵게 얻어지는 그런 용기 말이다. 창의성을 발휘하기 위해서는 비록 성공을 확신할 수 없을 때도, 또 어떻게 실현해야 할지 모를 때도, 독창적인 아이디어를 추구하겠다고 결심하는 용기가 필요하다. 길이 험난하고 불확실하고 불편하더라도, 설령 여러 번 다시 시작해야 할지라도, 원하는 결과를 얻을 때까지 굴하지 않고 나아가는 용기가 필요하다. 그리고 평판에 해가 되더라도 아이디어를 세상에 공유하는 용기가 필요하다.

창의성을 향한 이 여정은 여러분만이 꿈꾸고 만들어 낼 수 있는 무엇, 세상이 간절히 기다리고 있을지 모를 그 무언가로 여러분을 안내할 것이다. 자, 시작해 보자.

THE CREATIVITY CHOICE

제1부
창의성을 선택하라

1장
창의성은 선택이다

2장
창의성은 도전이다

3장
그렇다, 당신은 할 수 있다

1장
창의성은 선택이다

창의적인 사람이 되고 싶은가?
아니, 농담 아니고 진심으로 묻겠다.
당신은 창의적인 사람이 될 각오가 되어 있는가?

내가 이 질문을 처음 떠올린 건 초등학교 1학년 때였다. 물론 똑같은 질문은 아니었다. 그때의 나는 창의적이라는 단어를 몰랐지만, 보자마자 나도 그렇게 되고 싶다고 생각했다.

크로아티아의 한 초등학교에 다니던 어느 날, 미술 시간에 선생님은 우리에게 곧 다가올 건국 기념일을 기념하는 그림을 그리라는 과제를 내 주었다. 건국 기념일은 온 나라의 거리와 가게 쇼윈도마다 국기가 휘날리는 그런 날이었다. 전통적으로 학교마다 행사를 열었고, 학생들은 시 낭송이나 연극, 합창, 만돌린 합주 등을 하며 열심히 갈고닦은 실력과 재능을 뽐냈다.

선생님은 주제를 따로 정해 주지 않았다. 건국 기념일의 정신을 드러낼 수 있는 거라면 뭐든 그려도 된다고 했다. 하지만 나는 무엇을 그려야 할지 알 수 없었다.

나는 다른 친구들이 뭘 하고 있는지 둘러보았다. 딩코는 뭐 하고 있지? 토니는? 빈카는? 니콜리나는? 주변을 둘러보니 모두 국기로 뒤덮인 도시 광장과 요새를 그리고 있는 듯했다. 나는 안도감을 느끼며 다른 아이들과 비슷한 그림을 그렸다.

선생님은 우리 그림을 전부 교실 벽에 걸었다. 나는 스무 명 남짓 되는 학생들의 그림이 모두 비슷하다는 사실에 깜짝 놀랐다. 전부 휘날리는 국기 아니면 베네치아풍 요새, 아드리아해 근처 작은 항구 마을의 어선 풍경이었다.

하지만 브랑카의 그림은 달랐다. 오랜 세월이 흘렀지만, 지금도 나는 마이크 앞에 모여 서 있는 학생들 모습이 그려져 있던 그 그림이 잊히지 않는다.

나는 브랑카처럼 되고 싶었다. 브랑카처럼 독창적인 그림을 그리고 싶었다. 용기를 내서 뭔가 다른 걸 해 보고 싶었다. 아니, 사실 브랑카처럼 될 생각은 없었다. 나는 아이디어가 많고 그림 그리기도 좋아했지만, 그건 집에서만이었다. 학교에서는 선생님과 부모님을 기쁘게 해 드리고 싶었다. 그래서 나는 어른들이 내게 기대하는 건 뭐든 다 했고 기대하지 않는 일은 굳이 하지 않았다.

지금도 그때의 경험이 종종 떠오른다. 그리고 수십 년이 흐른 지금 내가 창의성을 연구하는 과학자가 된 것이 그때 그 일 때문이 아닐까 생각한다. 나는 여전히 '왜 머릿속에는 수많은 아이디어가 있는데 행동은 그에 미치지 못하는가?'라는 질문에 사로잡혀 있다. 초등학교 1학년 때의 나는 독창적이고 창의적인 아이가 될 생각이 없었다. 할 수 있어도 하지 않았다. 반 친구들과 선생님 등 다른 사람들이 뭐라고 할지 걱정했고, 그들의 시선을 더 신경 썼다.

창의성이란 무엇인가?

과학자들은 논의를 시작하기 전에 자신들이 사용하는 용어의 의미를 명확하게 정의하기를 좋아한다. 70년에 걸친 연구 끝에 전반적으로 합의된 바에 의하면, 창의성이란 독창적인 동시에 효과적인 뭔가를 만들어 내는 과정이다. 앞으로 보면 알겠지만, 창의성이란 디자인이나 책, 신상품, 새로운 조직 체계 등을 만들어 내는 물리적인 과정일 뿐 아니라, 아이디어를 가지고 상품과 성과를 만들어 내는 정신적·감정적 과정이기도 하다. 창의성은 지금까지 없었던 독창적인 '최종 결과물'을 만들어 낸다. 그리고 창의성은 효과적이다. 즉 문제를 해결하고 새로운 통찰력을 촉발하며, 심미적인 즐거움을 주고 다른 사람과 소통하고 교류하는 방식을 바꾼다. 심지어 고통을 덜어 주기도 한다. 창의성의 결과물은 무엇이든 될 수 있고, 삶의 모든 영역에서 나타낼 수 있다. 창의성은 과학적인 의문에 답하거나, 상품이나 건축물을 디자인하거나, 작업 프로세스를 개선하는 일은 물론, 그림을 그리거나, 조각하거나, 작곡하는 일과도 관련이 깊다. 혹시 독창적이고 효과적인 것을 만든 적이 있는가? 그렇다면 당신은 창의적인 일을 한 것이다.

그런데 우리는 창의성을 이런 식으로 받아들이지 않고 어떤 특정한 사고 과정이나 작용으로 한정해 생각하는 경향이 있다. 밝혀진 바에 따르면, '창의성'이라는 단어를 애초에 어떤 것과 연관해 생각하는가에 따라 자신을 창의적이라고 보느냐 마느냐가 좌우된다고 한다. 그리고 이런 시각은 그 사람의 결과물뿐 아니라, 창의적인 활동을 할지 말지를 결정하는 데에도 영향을 미친다.

사회 심리학자 블라드 글라베아누Vlad Glăveanu는 두 가지 방식을 활용해 '창의성'에 대한 사람들의 정신적 연상 과정을 조사했다. 먼저, 10대부터 60대까지의 조사 참가자들에게 창의성을 가장 잘 나타내는 상징물을 떠올려 보고 왜 그것을 선택했는지 설명하도록 했다. 놀라울 것도 없이, 가장 많은 이들이 붓이나 팔레트 등 예술과 관련된 상징물을 선택했다. 그다음으로는 음양 문양과 같은 추상적 사고와 관련된 것을 많이 선택했다. 음양 문양을 선택한 사람들은 서로를 보완하는 동시에 차이점을 드러내는 모순이 창의성의 특징이라고 생각했으며, 바로 그 문양이 창의성의 그런 특징을 잘 담고 있다고 생각했다.

사람들이 창의성과 관련하여 어떤 이미지를 떠올리는지 다른 시각에서 알아보기 위해, 글라베아누는 구글에 '창의성'을 검색한 후, 상단에 나타나는 500개 결과를 분석했다. 그 결과, 같은 이미지들을 제외한 가장 많이 검색되는 이미지는 전구, 뇌, 그림 붓, 여러 가지 색깔, 컴퓨터, 장난감, 악보, 음표, 아이들의 그림이었다. 그는 이 검색 결과를 연구 참가자들에게 단어로 제시한 후, 창의성과의 연관 정도를 1부터 7까지의 숫자로 답해달라고 요청했다.

7점을 가장 많이 받은 상징물은 붓, 그리고 여러 가지 색깔이 섞인 이미지였다. 아이들 그림과 음표, 전구 또한 창의성을 나타내는 꽤 괜찮은 상징으로 평가받았다. 어떤 상징이든 떠오르는 대로 자유롭게 선택할 수 있었던 첫 번째 연구 때와 마찬가지로, 사람들은 창의성을 나타내는 상징으로 예술이나 복합적 사고, 표현력, 또는 아이들의 즉흥성과 관련된 이미지를 가장 많이 선택했다.

마지막으로, 그는 참가자들에게 자신이 창의적이라고 생각하는지, 만약 그렇다면 어떤 창의적인 일들을 했는지 물었다. 사람들은 대부분 그림이나 글, 음악, 춤 등 예술과 관련된 성취가 있을 때 자신을 창의적이라고 생각했다.

이런 '예술에 대한 편견art bias'은 심리학자의 연구실에서만 나타나는 것이 아니다. 일상에서 누군가에게 창의성이라는 단어를 붙일 때도 이런 편견이 작용한다. '창의적'이라는 말은 최근에 생겨난 것이 아니고 영어에서는 적어도 1930년대까지 거슬러 올라가는 단어인데도 오늘날 더 자주, 널리 쓰인다. 그런데 누구는 창의적이라는 평을 듣고, 누구는 그런 평을 듣지 못한다. 은연중에 예술, 문화, 디자인, 광고 등 특정 직업 종사자만 창의적이라고 여기고, 그 외 나머지 직업군은 창의성과 무관하다고 여기는 인식이 존재하기 때문이다.

하지만 글라베아누를 비롯한 여러 연구는, 창의성에 대해 우리가 직관적으로 떠올리는 생각이나 창의성에 대한 언어적 습관들이 오히려 창의성을 제대로 이해하지 못하게 막는 장애물임을 보여 준다. 우선, 창의성을 주로 예술과 문화, 즉흥적인 표현 등에만 국한하는 데는 두 가지 큰 문제가 있다. 첫째, 막힘없이 자유롭게 흘러나오는 창의성은 현실에서 극히 드물다. 오히려 창의성을 발휘하기까지는 엄청난 노력이 필요하며, (종종 좌절감을 안겨 주는) 제약을 뛰어넘어야 한다. 둘째, 창의성이 자유롭고 재미있는 것, 그리고 아무 노력 없이 발휘되는 것이라고 믿는 경우, 장애나 난관을 만났을 때 그것을 창의력 부족의 신호로 받아들이게 될 우려가 있다. 이는 많은 사람을 포기하게 만들기에 충분하다.

물론 예술이 창의적이라는 생각은 잘못된 것이 아니다. 그림을 그리거나 시를 쓰거나 소름 돋는 음악을 작곡하는 사람들은, 뭔가 새로운 것을 창조함으로써 사람들이 느끼고 생각하는 방식에 영향을 끼친다. 그들은 우리를 기쁘게 하거나 울게 할 수 있고 분노하게 하거나 불쾌감을 주기도 하며, 경외심을 불러일으키거나 세상을 다른 관점으로 보게 만들 수도 있다.

그렇지만 예술은 창의성의 한 형태일 뿐이다. 창의성은 우리의 일상적인 활동은 물론 상호 작용, 직장에서의 모든 활동에 존재한다. 내가 대학원에 진학하기 위해 지구 반대편으로 갔을 때, 가장 친한 친구인 타티아나가 자기 집 앞에서 뜯은 풀을 봉투에 가득 담아 보내 준 적이 있었다. 봉투에는 한 줄짜리 메모가 적혀 있었다. "집 앞에서 뜯은 거야. 고향이 그리울 것 같아서 보내." 그 메모는 독창적이었을 뿐 아니라 효과적이었다. 즉, 창의적이었다. 25년 가까이 지났지만 나는 지금도 그때 일을 생각하면 눈물이 핑 돈다.

사실 창의성은 업무 현장 곳곳에 존재한다. 독창적이고 효과적인 프로젝트 발표에서부터, 잠재적인 투자자와 대화하는 일, 삶을 더욱 쉽고 재미있게 만들어 줄 신제품을 개발하는 일, 다른 기술과 경험을 가진 다양한 팀원들로부터 최고의 성과를 도출해 내는 일에 이르기까지 거의 모든 단계에서 창의성이 요구된다. 나는 엔지니어 집안에서 자랐고, 운 좋게도 엔지니어 친구들이 많다. 그들이 하는 일의 핵심은 복잡한 문제 해결이다. 하지만 그들은 그런 일을 창의적이라고 말하는 경우가 드물다. 자신을 창의적인 사람이라고 생각하지도 않는다(그러면서 가족 중 조금이라도 예술적인 사람에게는 '창의성 유전자'가 있다고 말한다). 이처럼 창의성을 단편적으로 보게 되면, 그 외의 다른 모든 측면을 간과하게 된다.

'내재적 창의성'부터 '혁신적 창의성'까지

창의성은 인간 활동과 삶의 모든 영역에 존재하며 그 형태 또한 다양하다. 종종 우리는 '창의성'이라는 단어를 들을 때 멋진 발명품이나 창조물로 세상을 풍요롭게 한 알베르트 아인슈타인Albert Einstein이나 애거사 크리스티Agatha Christie, 니콜라 테슬라Nikola Tesla, 스티브 잡스Steve Jobs, 코코 샤넬Coco Chanel을 떠올린다. 하지만 이런 인물들만 창의적이라고 한다면, 평범한 우리는 창의적인 과정을 시도해 보기도 전에 쉽게 낙담하고, 창조적인 일은 시도해 볼 가치도 없다고 생각할 것이다. 그들처럼 할 수 없다는 걸 잘 알기 때문이다. 다행스럽게도, 알베르트 아인슈타인이나 애거사 크리스티, 니콜라 테슬라, 스티브 잡스, 코코 샤넬 같은 사람들만 창의적인 건 아니다. 우리 역시 크고 작은 방식으로 창의성을 발휘할 수 있으며, 그렇게 발휘된 창의성은 각각 나름의 방식으로 삶을 풍요롭게 하고 변화를 불러올 수 있다.

 심리학자들은 창의성을 4단계로 분류하며, 각 단계는 서로 다른 특징과 효과를 가지고 있다. 창의성의 가장 기초적인 형태는 개인적인 창의성으로, '내재적 창의성mini-c'이라고도 한다. 이는 학습 과정에서, 그리고 개념과 아이디어를 독창적으로 의미 있게 연결하는 과정에서 발휘되는 창의성을 말한다. 아이들의 그림이나, 새로운 것을 배울 때 더 잘 외우기 위해 고안한 학습 방법 등을 떠올리면 된다. '내재적 창의성' 단계의 창의성은 독창적이며 주로 당사자에게 유용하다. 나는 학창 시절 라틴어나 독일어 단어를 카세트테이프에 직접 녹음한 후, 테이프를 돌려 한 단어씩 멈춰 가며 제대로 맞혔는지 확인하곤 했다 (앗, 나이 많은 거 들켰으려나). 내가 이런 공부법을 고안해 낸 최초의 사람은 아닐 테지만, 이건 누가 가르쳐 준 것이 아니었다. 독창적이고 의미 있는 방법을 나 스스로 찾아낸 거였다. 이 두 가지 요소가 '내재적 창의성'의 가장 중요한 특징이다. 나는 이 방법을 통해 어휘를 익혔다. 교과서를 들여다보며 공부할 때보다 그나마 덜 힘들었다.

'내재적 창의성'은 어린 시절에만 발휘되는 것이 아니다. 이런 창의성은 성인이 된 이후 회사 업무를 할 때도 유용하다. 관리자로서 매일 자료 정리하는 방법을 고안할 때나, 개인적인 경험을 업무에 접목해 새롭고 독창적인 아이디어를 도출할 때도 '내재적 창의성'이 발휘된다.

가장 흔한 형태의 창의성은 바로 '일상적 창의성little-c'이다. 블로그에 개인 여행 기록을 올리거나, 직장 동료들에게 진심으로 이해받고 존중받는 느낌을 주고자 할 때, 또는 동료나 인턴사원에게 업무를 가르치거나 설명해야 할 때를 생각하면 된다. 이때 필요한 것은 자기표현일 수도 있고, 관계를 밝고 활기차게 만들어 줄 작은 놀라움일 수도 있으며, 일상적인 문제를 해결하기 위한 해결책일 수도 있다.

'일상적 창의성'은 일상 속에서의 특정 상황이나 문제를 해결하는 데 적합한 독창적인 창의성을 말한다. 개인적으로 발휘되는 '내재적 창의성'과 달리, '일상적 창의성'은 타인과 공유된다. 친구에게 준 생일 선물이 독창적이고, 그 선물로 인해 그 친구가 기뻐하고 진심으로 사랑받는 느낌을 받는다면, 그것은 창의적인 선물이 된다. '일상적 창의성'은 종종 직장 동료나 친구, 가족 등 일부 선택받은 사람들 사이에서 공유된다. 연구에 따르면, 이런 창의성은 우리 자신의 행복뿐만 아니라 가까운 주변인들의 행복에도 영향을 미친다. 일상에서 매일 발휘하는 창의성은 우리에게 성장하고 있다는 기분을 느끼게 하고, 삶을 더 즐겁게 만들며, 업무를 더 수월하게 해 나갈 수 있게 해 준다.

 이것보다 널리 공유되고 전문적인 기술을 필요로 하는 창의성이 있는데, 심리학자들은 이를 '전문적 창의성Pro-c'이라고 부른다. 이런 종류의 창의성을 발휘하기 위해서는 상당한 학습과 전문 지식이 필요하다(그래서 앞 단어가 대문자로 표시된다). 무한한 가능성 속에서 실용적이거나 장식적인 용도의 물건을 만드는 일, 사업을 확장하는 일, 과학 연구를 하는 일 등이 바로 여기에 해당한다. '전문적 창의성'은 청중으로부터 반응을 얻고자 할 때나 복잡한 문제를 해결하고자 할 때, 또는 유능하고 도움이 되는 사람이 되고자 할 때 독창적이고 효과적으로 그 목표를 달성할 수 있게 해 준다. 이런 창의성은 여러 분야의 디자이너, 도시 공간의 구조물을 계획하는 건축가, 오랜 문제를 해결하는 수학자, 새로운 장치를 위한 하드웨어나 소프트웨어를 개발하는 제품 엔지니어, 조직 문화를 바꾸는 리더, 차고나 거실에서 만들어 낸 시제품을 토대로 상장 기업을 일궈 내는 기업가들에게서 볼 수 있다. 이 책은 주로 이 전문적 창의성에 초점을 맞추고 있다.

가장 높은 단계의 창의성은 이름만 대면 알 만한, 즉 우리의 문화와 삶의 방식을 바꾼 사람들과 창조물에서 찾아볼 수 있다. 이런 창의성을 '혁신적 창의성Big-C'이라고 한다. 두 단어 모두 대문자로 쓰며, 극소수의 사람들만 누리는 영역이라고 할 수 있다. 지크문트 프로이트Sigmund Freud나 칼 융Carl Jung, 어쩌면 칼 로저스Carl Rogers 정도의 심리학자나, 토머스 에디슨Thomas Edison, 스티브 잡스 같은 기술 혁신가, 빌리 홀리데이Billie Holiday나 엘라 피츠제럴드Ella Fitzgerald 같은 위대한 재즈 가수 등이 여기에 포함된다. 이 외에도 여러 혁신적인 기술 혁신가와 재즈계의 거장들이 있지만, 다 합쳐도 그리 많지 않다. 이들은 해당 분야 전체에 변화를 일으킬 정도로 독창적인 것을 만들어냈을 뿐 아니라, 사후에도 여전히 큰 영향을 미치고 있다.

● 엘라 피츠제럴드
미국의 재즈 가수

한 단계에서 다음 단계로의 도약

창의성은 한 사람 안에서도 여러 단계가 동시에 존재한다. 알베르트 아인슈타인은 우주에 대한 우리의 이해 방식에 혁명을 불러일으킨 '혁신적 창의성' 수준의 물리학자였지만, 바이올린과 피아노 연주 실력에서는 '내재적 창의성' 수준에 머물렀다. 그는 주로 자신의 즐거움을 위해 연주했고, 특히 즉흥 연주로 잘 알려져 있었다. 가끔은 자선 공연에 초대되어 연주하기도 했다. 그러나 무대 위에서 그는 연주자보다는 유명 과학자로서 더 매력을 발휘했다.

이런 예는 업무 현장에서도 매일 볼 수 있다. 과학자인 나는 전문 지식과 전문적인 경험을 활용해 연구를 설계한다. 이때 내가 발휘하는 것은 '전문적 창의성'이다. 그러나 사람들을 연구에 참여시키기 위한 동기 부여 전략을 생각해 낼 때 발휘하는 것은 '내재적 창의성'이다.

마찬가지로, 기업을 이끄는 사람들은 모든 단계의 창의성을 활용한다. 벤 실버먼Ben Silbermann은 '핀터레스트Pinterest' 창립자다. 핀터레스트는 사용자들이 이미지를 찾아 수집하고 저장하는 비주얼 기반 탐색 플랫폼이다. 사용자들이 모아 놓은 이미지는 자기표현의 수단이자 자신의 미래를 시각적으로 상상하는 방법이며, 계획을 세우거나 문제를 해결하기 위한 도구가 되기도 한다. 수십억 달러 규모의 이 회사는 '전문적 창의성'의 결과물이다. 하지만 이 회사의 아이디어는 일종의 '내재적 창의성', 즉 '인맥'에서 촉발되었다. 벤은 수집에 열정적이었던 어린 시절을 떠올리다가 한 가지 생각이 떠올랐다. 온라인 검색을 통해 찾은 정보를 모아 놓을 장소가 필요하다는 것이었다. 그는 이 아이디어의 가치와 잠재력이 얼마나 큰지, 그리고 이 아이디어를 실현하기까지 긴 여정을 고수하는 것이 얼마나 중요한지 깨달았다.

창의성의 수준은 전문성과 경험을 쌓아 감에 따라 점차 높은 수준으로 발전할 수 있다. 나는 빵 굽는 걸 좋아하지만 계피 향은 별로 좋아하지 않는다. 그래서 계피의 양을 줄이고 그 대신 카다멈cardamom을 조금 넣어 보기로 했다(카다멈은 내게 여름날과 이국의 멋진 장소들을 떠올리게 하는 향신료다). 처음 베이킹을 시작했을 때는 이 정도의 변형이 최선이었다. 내가 구운 빵을 먹은 가족과 친구들은 알아차리지 못했을지도 모르지만, 이건 내게 개인적으로 무척이나 의미 있는 시도였다. 이때 내가 최대로 발휘한 창의성은 '내재적 창의성'이었다.

● **카다멈**
생강과 향신료. 특유의 시원하고 매콤한 향이 있으며 커피, 차, 카레, 디저트 등에 많이 쓰인다.

하지만 더 능숙해지고 자신감이 생기자, 나는 기존 레시피를 더 과감하게 바꾸거나 여러 레시피를 조합하기 시작했다. 그러면서 파티 베이커로 알려지기 시작했다. 지금도 전문가는 아니지만, 친구들 사이에서 나는 어떤 자리에든 흥미롭고 맛있는 케이크를 가져오는 사람이라는 (그리고 적어도 하나는 처음 먹어 보는 케이크를 만들어 온다는) 평을 듣는다. 내가 베이킹에서 발휘하는 창의성의 수준이 '일상적 창의성' 단계에 이른 것이다.

'일상적 창의성'은 종종 '전문적 창의성'으로 성장한다. 내가 가장 좋아하는 요리 웹사이트 가운데 하나인 '스미튼 키친Smitten Kitchen'도 뎁 페렐만Deb Perelman의 개인 블로그에서 시작되었다. 처음에는 개인의 일상 블로그였다. 하지만 음식을 만들고 먹는 내용이 열정적인 요리사와 미식가 사이에서 인기를 끌자, 뎁은 자신이 뭔가 가치 있는 것을 전달할 수도 있겠다는 생각이 들었다. 결국 그는 전문 요리 블로거가 되었다. 블로그를 운영하는 것 외에도 요리법 개발 관련 전문 지식을 쌓아 요리책도 세 권이나 출간했다. 마찬가지로, 마르케스 브라운리Marques Brownlee는 고등학생 때 자신이 소유하고 있는 전자 기기를 소개하는 영상을 만들었다. 이 영상들은 조명이나 편집 기술이 부족한 '내재적 창의성' 단계의 결과물이었다. 하지만 그는 끈기 있게 노력해 '전문적 창의성'을 발휘하는 유명한 크리에이터가 되었다. 그의 주요 유튜브 채널의 구독자 수는 약 1,900만 명에 달하며, 그는 〈포브스Forbes〉 매거진이 선정한 '30세 이하 최고의 소셜 미디어 크리에이터 30인'에 이름을 올렸다. 구글의 전 수석 부사장인 빅 군도트라Vic Gundotra는 그를 가리켜 "세계 최고의 기술 리뷰어"라고 칭하기도 했다. 그런 예는 또 있다. 가비 로건Gabi Logan은 늘 여행하기를 좋아했다. 대학을 졸업한 후 그녀는 비영리 단체와 회사에서 일하면서 틈이 날 때마다 여행 관련 글을 썼다. 그러다 결국 직장을 그만두고 전문적으로 여행에 관한 글을 쓰기 시작했다. 처음에는 여행 잡지에 프리랜서로 글을 기고하다가, 점차 여행 작가들을 위한 코칭 사업으로 활동을 확장했다. 그러다 책까지 출간한 그녀는, 지금도 온라인 강좌와 인터넷 세미나(웨비나), 개인 맞춤형 코칭을 통해 여행 글쓰기로 지속 가능한 경력을 쌓는 방법을 사람들에게 가르치고 있다.

'혁신적 창의성'의 거장들이라고 해서 처음부터 특별했던 건 아니다. 줄리아 차일드Julia Child는 유명한 요리사이자 요리책 저자, 방송인이지만, 처음에는 음식에 별로 관심이 없었다. 그녀가 요리에 흥미를 갖게 된 것은 외교부에 취직한 남편 폴을 따라 파리로 이주한 뒤, 프랑스 요리를 접하면서부터였다. 프랑스에 와서 처음 솔 뫼니에르sole meunière를 접한 그녀는, 자서전에 '바다의 맛이 뚜렷한 완벽한 한 입의 식사'라고 묘사할 정도로 깊은 인상을 받았다.

● 솔 뫼니에르
가자미류 생선을 사용하여 만드는 프랑스식 생선 요리

그 경험을 통해 음식의 새로운 면을 발견한 그녀는, 르 꼬르동 블루Le Cordon Bleu 요리 학교에 입학했다. 마흔 직전에 졸업한 후에는 파리의 상류층 여성 미식 모임인 '르 세르클 데 구르메트Le Cercle des Gourmettes'에 가입했고, 그곳에서 시몬 베크Simone Beck와 루이제트 베르톨Louisette Bertholle을 만났다. 미국 시장에 내놓을 프랑스 요리책을 쓰고 있던 두 사람은 줄리아에게 함께 책을 쓰자고 제안했다. 미국인들에게 매력적인 책을 쓰기 위해 줄리아의 도움을 요청한 것이었다. 이것이 바로 비공식 테스트 키친이자 요리 학교인 '레콜 데 트루아 구르망드L'Ecole des Trois Gourmandes'의 시작이었다. 줄리아는 이곳에서 요리법을 개발하고 전달하는 전문가가 되었다. 이들이 함께 쓴 저서 《프랑스 요리의 기술Mastering the Art of French Cooking》은 1961년, 출간되자마자 베스트셀러가 되었을 뿐만 아니라 70년이 지난 지금까지도 여전히 독자들을 만나고 있다. 이후 줄리아 차일드는 18권의 책을 출간했으며, 1964년부터 2000년까지 텔레비전 쇼를 진행했다. 그리고 〈새터데이 나이트 라이브Saturday Night Live〉는 물론 〈루폴의 드래그 레이스RuPaul's Drag Race〉와 같은 여러 프로그램에 영감을 주며 미국 음식 문화에 지속적인 영향을 미쳤다. 음식에 대해 싹트기 시작한 관심을 그냥 흘려보내지 않고 직업으로 발전시켜 궁극적으로 '혁신적 창의성'을 발휘한 것이다.

물론 우리 모두 줄리아 차일드처럼 문화를 바꿀 만큼의 창의력을 발휘할 수 있는 것은 아니다. 하지만 우리도 할 수 있는 일이 많다. 흥미와 기술을 개발할 수도 있고, 새로운 일에 도전할 수도 있다. 이런 결심을 통해 우리는 자신의 '내재적 창의성'을 깊이 이해하고 발휘할 수 있으며, 또한 전문 지식을 활용해 '전문적 창의성'을 발휘함으로써 창의적인 목표에 다가갈 수 있다. 우리의 창의적인 작업은, 시작은 미약할지 몰라도 결국 중요한 문제를 해결하고 경력을 발전시키며, 삶을 개선하고 공동체 안에서 새로운 역량을 구축할 수 있을 만큼 성장할 수 있다. 고요한 수면 위로 던진 돌멩이가 파문을 일으키듯 점점 더 큰 영향력을 발휘하게 되는 것이다.

창의성 연구 및 평가 방법

창의성을 연구하는 과학자들은 사람들이 어떻게 생각하고 어떤 행동을 하는지 평가할 다양한 방법을 궁리한다. 그들은 창의적 사고의 세부적인 내용, 그리고 창의적 사고가 과제 제시 방식(예를 들면, 창의적일 것을 노골적으로 요구받을 때와 그렇지 않을 때)과 기분에 따라 어떻게 달라지는지 살펴보기 위해, 연구 참가자들에게 아이디어를 제시해 보라고 하거나 문제를 해결해 볼 것을 요청한다. 흔히 사용하는 물건의 용도를 생각나는 대로 나열하게 하거나, 또는 가상 시나리오(혹시 다른 사람의 생각을 읽을 수 있거나 마음대로 투명 인간이 될 수 있다면 어떨지와 같은)를 주고 무슨 일이 벌어질지 상상해 보라고 하는 식이다. 이런 작업은 창의성과 동떨어진 것처럼 보이지만, (지금 우리 시대의 사상과 사회가 직면한 매우 중요한 문제인) 인공지능AI의 사회적 확산이 초래할 결과를 예측하는 것과 크게 다르지 않다. 실제로, 이런 종류의 작업은 일상생활 속의 창의적인 행동이나 성취와 깊은 관련이 있다.

   연구진이 창의적 사고 연구에 활용하는 과제는 디자이너나 비즈니스 컨설턴트가 업무 환경에서 직면하는 문제와 매우 유사하다. 연구 참가자들에게는 고등교육기관의 교육 경험 개선 방법, 스포츠팀을 위한 광고 캠페인, 여객 열차에 적용할 새로운 쓰레기 처리 시스템 구상 등이 과제로 주어진다. 연구진은 참가자들이 이런 과제에 직면했을 때 어떻게 개인적으로, 또는 다른 사람들과 협력하여 생각을 발전시켜 나가는지 관찰한다. 그리고 참가자들이 과제를 해결하고 나면, 그들이 내놓은 해결책의 창의성을 평가한다.

하버드 경영대학원의 심리학자 테레사 아마빌레Teresa Amabile는 창의성 측정에 관한 아주 중요한 통찰을 제시했다. 그녀는 어떤 제품이 창의적이라고 할 때, 그것이 왜 창의적인지 말해 주는 특징을 구체적으로 파악하기가 어렵다는 (혹은 불가능하다는) 사실을 깨달았다. 저 그림이 창의적으로 느껴지는 이유는 무엇인가? 풍경 한가운데에 두드러지게 그려진 수평선 때문인가? 아니면 색의 대비와 특별한 구성 때문인가? 아무리 생각해 봐도 분명하지 않았다.

하지만 아마빌레는 한 가지 중요한 점을 발견했다. 창의적이라고 여겨지는 대상에 대해, 사람들은 그것이 창의적이라고 여겨지는 이유를 명확히 설명하지 못하면서도 그 평가에 동의하는 경향이 있다는 사실이었다. 아마빌레가 관찰한 이 내용은, 과학자들이 아이디어는 물론 가설의 문제, 연구 참가자가 쓴 하이쿠haiku, 소비재 디자인 등 모든 창의적 결과물을 평가하는 데에 적용된다. 일단 제품을 전문가들에게 보여 준다. 예술 작품이면 예술가에게, 새로운 디자인이면 디자이너에게, 비즈니스 문제에 관한 솔루션이라면 경영자에게 보여 주는 것이다. 그러고 나서 그 제품이 얼마나 창의적인지 자유롭게 평가해 달라고 요청한다. 이때 심사를 맡은 전문가들은 그 제품에서 창의성이라는 형언하기 힘든 속성을 포착했음을 드러내며 그 제품들이 창의적이라는 의견에 동의하는 경향을 보인다. 내가 말하는 연구, 즉 참가자들이 아이디어를 내고, 문제를 해결하고, 뭔가를 만들어 내는 연구에서의 창의성 평가도 이런 식으로 이루어진다.

창의성은 상당 부분 업무 환경에서 발휘된다. 그 점을 고려해, 이 책에서는 직장에서 발휘되는 창의성에 특별히 더 주목한다. 조직 행동

● 하이쿠
　일본의 짧은 정형시

학자들은 직장에서 발휘되는 창의성을 주로 두 가지 방식으로 평가한다. 하나는, 사람들에게 직접 일련의 질문을 던져 그들이 업무에서 얼마나 창의적인지를 종합적으로 평가하는 것이다. 사람들은 기존의 방법이나 장치를 새로운 방식으로 사용해 본 적이 있는지, 참신한 제품이나 업무 프로세스를 제안한 적이 있는지, 새로운 업무 관련 아이디어를 제안하거나 다른 사람들이 일으킨 문제를 창의적으로 해결한 경험이 있는지와 같은 질문에 답한다. 직장에서 자신의 일을 가장 잘 아는 사람은 본인이므로, 가치 있는 정보를 제공할 수 있다. 그러나 안타깝게도 이런 정보에도 결함이 있다. 사람들은 종종 자신이 낸 아이디어가 실제보다 더 독창적이고 유용하다고 생각하며, 자신이 프로젝트에 기여하고 있는 역할 또한 실제보다 중요하다고 생각하는 경향이 있다. 반대로 자신이 얼마나 중요한 역할을 하고 있는지조차 깨닫지 못하기도 한다.

직장에서의 창의성을 평가하는 또 다른 방법은 직속 상사에게 묻는 것이다. 직속 상사들은 직원의 업무를 잘 알고 있으므로 기여도를 다양하고 폭넓게 파악하는 일이 가능하다. 이들의 평가는 창의적이라고 판단된 사람에게 보상이나 새로운 기회와 같은 중요한 실질적인 결과를 가져온다. 의사 결정력이 있는 감독관이나 관리자, 리더는 자신이 창의적이라고 생각하는 아이디어를 옹호하고 더 큰 영향력을 발휘할 수 있다. 하지만 그들에게 선입견이 있을 우려 또한 존재한다. 예를 들어, 그들은 여성이 남성보다 창의성이 떨어진다고 평가하며, 좋은 인상을 남기려는 의도적인 행동에 흔들리는 경향이 있다.

이 책에서 내가 직장에서의 창의성에 대해 언급할 때는 이 두 가지 창의성 평가 방법을 통해 얻은 창의성 지표 중 하나를 말하는 것이다.

창의성은 끊임없는 선택의 연속이다

내가 박사 과정에 있을 때, 심리학계의 거장 가운데 한 사람이자 존경하는 학자인 로버트 스턴버그Robert Sternberg가 〈창의성은 선택이다 Creativity as a Decision〉라는 제목의 논문을 발표했다. 이 간략한 논문에서 그는 모든 창의적인 사람들에게는 공통점이 하나 있다고 밝혔다. 그것은 바로, 창의적인 사람들은 의도적으로 창의적인 과정에 참여할 뿐만 아니라 문제 해결이나 특정 목표를 성취하는 데 있어 독창적이고 효과적인 방법을 추구한다는 것이었다. 하지만 스턴버그는 창의적인 사람들이 이런 결정을 내리는 데에 영향을 미친 개인적·사회적 요인, 그리고 그들이 이러한 결정을 성공적으로 이행하고 처음의 의도대로 꾸준히 행동으로 옮길 수 있게 한 요인에 대해서는 다루지 않았다. 이 책에서는 그런 결정서인 세부 사항들을 분석할 예정이다.

창의성은 비유적으로나 문자 그대로나 '선택'이다. 살면서 한 번이라도 결정을 내려 본 사람이라면, 누구나 선택에 직면했을 때 정보가 필요하다는 사실을 알 것이다. 어떤 선택은 신나지만 어떤 선택은 불안을 불러일으킨다는 사실도 알 것이다. 창의성도 다르지 않다. 창의성 또한 창의적인 아이디어에 전념하기 전에 다양한 정보를 수집하고 그 중요성을 저울질해 보는 일이 도움이 된다. 그리고 그 과정에서 우리는 스트레스와 긴장, 설렘 등 우리가 관리하고 대처해야 하는 많은 감정을 경험하게 된다.

창의적인 작업은 말 그대로 선택의 연속이다. 사업을 시작하든, 책을 쓰든, 새로운 프로토타입을 개발하든, 즉 무엇을 상상하고 만들든, 처음의 모호한 아이디어 단계에서부터 완성된 프로젝트와 제품을 손에 넣을 때까지, 우리는 내내 자신이 어떤 일을 할 것인지 구체적으로 선택하고 결정해야 한다. 추구할 만한 가치가 있는 것은 무엇인가? 아이디어는 실행할 준비가 되었나? 이 단계에서 더 나아가야 할까? 실제로 구현하려면 무엇을 해야 하나?

이렇듯 창의적 작업 과정은 끊임없는 의사 결정의 연속이다. 하지만 그렇다고 해서 단순히 '좋다'라고 대답만 해서 될 일은 아니다. 우리가 창의성을 발휘할지 말지는 주변의 문화와 시대정신, 지식과 경험을 통해 형성되는 우리의 생각과 감정, 그 감정을 다스리는 방식, 타인과의 관계, 일하는 환경에도 좌우된다.

무엇보다 가장 기본이 되는 결정은 창조 과정에 참여할지 말지를 선택하는 것이다. 애거사 크리스티는 이 과정을 글로 생생하게 묘사했다. "물론 책을 쓰려면 끔찍한 3주, 혹은 1달을 견뎌 내야 한다. 이루 말할 수 없는 고통이다. 방 안에 앉아서 연필을 물어뜯고, 타자기만 멍하니 바라보고 있다가, 서성거리기도 하고, 소파에 몸을 던지기도 하고, 마구 울어버리고 싶은 감정에 빠져버리기도 한다……. 그렇지만 이 고통스러운 특정 시기를 꼭 거쳐야 글이 나오는 것 같다."

백지나 텅 빈 캔버스, 빈 화면을 앞에 두고 있을 때 우리는 쉽게 두렵고 괴로워진다. 역대 베스트셀러 작가 중 한 사람이자 75권의 책을 쓴 애거사 크리스티도 이런 감정을 강하게 느끼며 연필을 물어뜯고 미친 사람처럼 서성였다. 따라서 우리가 그런 감정을 느낀대도 전혀 이상한 일이 아니다.

애거사 크리스티는 얼마나 어려운 일인지 알면서도 계속 창의적 작업 과정에 뛰어들기로 결정했다. 그리고 그 덕분에 세상은 더욱 풍요로워졌다. 하지만 이 첫 번째 결정을 내리는 일은 단지 시작에 불과하다. 우리는 창의성 선택을, 그것도 종종 무의식적으로 반복한다. 여러 개의 취업 제안 중 하나를 선택할 때처럼 굳이 장단점 목록을 길게 작성하지 않는다는 말이다. 우리가 내리는 결정은 돌이켜 생각해 볼 때만, 즉 다른 선택을 할 수도 있었다는 사실을 깨달을 때만 분명하게 드러난다. 행동하는 중에는 인식하지 못하지만, 모든 행동의 뒤에는 숨은 결정이 자리하고 있다. 예를 들어, 미술가들은 창의적 작업 과정을 시작하기 전에 무엇을 표현하고 싶은지를 먼저 결정한다. 그런 다음 다양한 밑그림을 준비한 후 그것들을 결합하고 선별하는 과정을 거쳐 작품의 구조를 결정한다. 그림의 윤곽이 정해지면, 캔버스에 여러 요소를 더해 보며 어떤 요소가 아이디어를 가장 효과적으로 구현하는지 결정하고 세밀하게 조정한다. 마지막으로, 완성을 위한 마무리 작업을 어떻게 할 것인지 결정한다. 즉, 작품의 첫인상을 결정하는 질감이나 색상을 정하는 것이다.

창의적 작업 과정에서 끊임없이 선택을 반복하는 것은 미술가뿐만이 아니다. 과학자들은 연구할 아이디어를 정해야 한다. 이때의 창의성 선택은, 품고 있는 질문 가운데 조금이라도 더 독창적인 질문을 선택하는 것이다. 아무도 던진 적 없는 질문을 기꺼이 던져 보겠는가? 이미 자리 잡은 기존 지식에 도전한다는 비난을 감수하겠는가? 과학자들은 또한 그 질문을 어떻게 검토할 것인지도 결정해야 한다. 대중적이지는 않아도 독창적인 통찰을 줄 수 있는 방법론적 접근 방식을 택할 것인가? 독창적인 질문을 해결하려면 때로는 새로운 평가 방식과 관찰 방법이 필요하다(물론 이런 방법이 존재하지 않을 수도 있고, 추가적인 방법이 필요할 수도 있으며, 더디게 진행될 수도 있다).

창업 또한 이와 마찬가지로 아이디어에서 시작된다. 창업자는 프로토타입에 어떤 기능을 포함할지 선택한다. 그들은 자신이 바라는 바를 재정과 기술적 제약 사이에서 어떻게 균형을 잡을지 조율한다. 그리고 그 과정에서 더 많은 결정을 내린다. 그런 다음 여러 다양한 아이디어를 시험해 보면서 선택할 것과 버릴 것을 정한다. 그리고 마침내 사용자들 앞에 제품을 내놓는다.

어느 분야건 창의성의 길을 가기로 했다면 적어도 두 번, 중대한 결정의 기회를 만난다. 첫 번째 결정은 문제나 질문, 제품의 어떤 측면에 초점을 맞추고 어떤 각도로 검토할 것인지를 정하는 것이고, 두 번째 결정은 장애물과 비판을 맞닥뜨렸을 때 어떻게 대처할 것인지를 정하는 것이다.

아이디어를 떠올리는 것부터 생명을 불어넣기까지

다이키리 칵테일에 대한 아이디어는 있었지만 실제로는 아무것도 하지 않은 해리와 달리, 이 음료를 실제로 발명한 인물은 아이디어를 떠올리는 단계에서 한발 더 나아가, 아이디어를 실행에 옮기고 세상에 선보여 사람들이 즐길 수 있도록 하는 방법을 가르쳐 준다. 19세기 말, 쿠바에서 활동한 제닝스 스톡턴 콕스Jennings Stockton Cox라는 미국의 금속 공학자의 이야기다. 그는 시에라 마에스트라산맥의 다이키리 마을 근처, 산티아고데쿠바에서 약 14마일 떨어진 곳에 위치한 스페인-미국 철강 회사의 총지배인이었다. 그는 미국인 기술자들을 관리·감독하는 일을 맡고 있었는데, 그들이 해외 근무에 만족할 수 있도록 돕는 일은 쉽지 않았다. 그들은 힘든 광산 일과 고향에 대한 그리움, 황열병 등의 위험에 항상 노출되어 있었다. 그래서 사측에서는 후한 급여 외에 담배와 술을 특전으로 주었다. 럼주는 쿠바에서 쉽게 구할 수 있는 술이었다.

 콕스가 다이키리 칵테일에 대한 아이디어를 언제 어디서 얻었는지는 정확히 알려지지 않았다. 어쨌든 그는 자신이 창의적인 사람이라고 믿었고, 따라서 새로운 칵테일을 개발할 수 있다고 생각했음을 알 수 있다. 그가 자신에 대해 창의적이라고 믿었던 이런 확신이 바로 창의성 선택의 핵심이다. 하지만 중요한 건, 이것이 절대적인 확신이나 자기 의심의 부재를 뜻하는 건 아니라는 섬이다. 그보다는 오히려 창의적 작업 과정에 도전할 수 있을 만큼의 용기를 내기 위해 확신을 끌어모으는 것에 가깝다. 콕스가 그랬듯이.

 콕스는 창의성이 어떤 즉흥적인 영감에 의해 갑자기 생겨나는 것이 아니라는 사실을 잘 알고 있었다. 대단한 아이디어가 떠올랐다고 해서 덜컥 자리를 잡고 앉아 곧바로 칵테일 제조법을 써 내려간 게 아니라는 뜻이다. 그의 목표는 엔지니어들이 계속 행복하게 지낼 수 있도록 하는 것이었다. 쿠바인들이 왜 럼주에 커피를 섞는지 궁금했던 그는,

스스로 음료를 섞어 보기 시작했다. 최종 제조법을 만들기까지는 시간과 노력이 들었다. 제조법이 기대에 미치지 못할 때마다 그는 다시 창의성 선택을 반복했다.

그러던 어느 날 저녁, 또 다른 엔지니어인 자코모 파글리우치 Giacomo Pagliuchi와 함께 가지고 있던 재료들을 섞던 중 만족스러운 맛의 음료를 만들었다. 콕스는 그 제조법을 일기에 기록했다. "6인분 기준: 레몬 6개 분량의 레몬즙, 설탕 6티스푼, 바카디 카르타 블랑카 럼 6컵, 미네랄워터 작은 잔으로 두 잔. 잘 섞은 후 얼음 약간 추가." 그는 광산이 있는 마을 이름과 그 칵테일을 만든 곳의 이름을 따서 그 칵테일의 이름을 '다이키리'라고 지었다.

하지만 일기에 제조법을 적은 것에서 끝났다면 제닝스 스톡턴 콕스와 다이키리 칵테일의 이야기는 완성될 수 없었을 것이고, 오늘날 우리가 그 칵테일을 알 리도 없었을 것이다. 그가 다이키리를 만들어 낸 건 그가 천재적이었기 때문이 아니었다. 그 칵테일이 유명해진 것도 그 혼자만의 힘으로 이루어 낸 것이 아니었다.

쿠바에는 이미 칵테일 문화가 발달해 있었고 콕스는 이방인이었다. 쿠바 사람들은 새롭고 독창적인 혼합 음료를 저항감 없이 받아들였다. 이방인이라는 위치에서 그는 내지인들이 보지 못하는 가능성을 보고 실험에 나섰다. 이방인인 그는 주변에서 보이는 것에 매료되었다. 현지인들과 달리 전통에 매이지 않았고, 새로운 기회를 놓치지 않았다. 그는 쿠바인 광부들과 어울리며 영감을 얻었다. 그들은 그가 새로운 칵테일을 선보일 때마다 환호했다. 그리고 그에게는 제조법이 성공하지 못해도 계속 도전할 수 있도록 도와주는 동료가 있었다.

콕스가 제조법을 완성한 후에도 다이키리 칵테일의 진화는 계속되었다. 그가 다이키리 마을에서 제조한 이 칵테일은 처음에는 산티아고로, 그다음에는 하바나로 퍼져 나갔다. 1920년대와 1930년대에는 엘 플로리디타El Floridita 바의 바텐더이자 주인인 콘스탄티노 "콘스탄테" 리발라이구아 베르트Constante Ribalaigua Vert가 얼음을 갈아 넣어 슬러시처럼 먹는 프로즌 다이키리를 개발했다. 어니스트 헤밍웨이 Ernest Hemingway는 이 다이키리를 맛본 후 그 맛에 매료되어 엘 플로리디타의 단골손님이 되었다. 그는 럼주를 두 배로 넣고 설탕은 넣지 않은 다이키리를 좋아했다. 이로써 '파파 헤밍웨이 다이키리'가 탄생했다(이 칵테일은 여전히 엘 플로리디타에서 맛볼 수 있다). 이 다이키리에는 럼주와 라임 주스, 자몽 주스, 마라스키노 리큐르가 들어간다.

이 모든 일은 콕스가 내린 선택의 결과다. 그는 정확히 무엇을 해야 할지, 성공할 수 있을지조차 알지 못한 채 그런 결정을 내렸다. 그럼 이제 아이디어를 실현하는 길이 명확하게 보이지 않을 때 창조적 행동을 추구하려면 무엇이 필요한지 알아보자.

2장
창의성은 도전이다

맥스 밀러Max Miller는 250만 명 이상의 구독자를 보유한 미국의 유튜버이자, 앤 볼크바인Ann Volkwein과 함께 뉴욕 타임스 베스트셀러 요리책 《테이스팅 히스토리Tasting History》를 집필한 저자다. 그는 역사를 무척 좋아했다. 그가 좋아한 역사는 학교에서 주로 배우는, 온갖 시대와 전투, 통치자, 그리고 그들이 세계 지도를 어떻게 바꾸어 놓았는지에 관한 이야기가 아니었다. 맥스는 옛날 사람들이 어떻게 살았는지 궁금했다. 타이태닉호의 1등 칸과 3등 칸에는 누가 타고 있었을까? 중세 시대 농민들은 하루를 어떻게 보냈을까? 미국 남북 전쟁과 제1차 세계 대전 당시 참호에 있던 병사들은 어떤 일들을 겪었을까? 이런 것에 대한 궁금증이었다.

맥스는 역사에 대한 이런 관심을 어떻게 해소해야 할지 알 수 없었다. 역사 소설을 써볼까 하는 생각에 한때는 집필을 시도해 보기도 했지만, 잘되지 않았다. 대학 시절에는 성악을 공부했고, 디즈니를 테마로 하는 유람선에서 공연한 적도 있었지만, 경력으로 삼을 만한 일은 아니었다. 그래서 '오디블Audible'에서 오디오 프로듀서로 일하다가, 다음에는 월트 디즈니 스튜디오의 마케팅 부서에서 근무했다. 그렇게 역사를 창작의 기반으로 삼는 일은 점점 어려워지는 듯 보였다.

그러던 어느 날, 맥스는 우연한 기회로 친구와 디즈니 리조트에 머물게 되었다. 그런데 갑자기 친구가 몸이 안 좋아져 방에서 쉬게 되었고, 맥스는 친구의 곁을 지키며 〈더 그레이트 브리티시 베이크 오프 The Great British Bake Off〉를 보기 시작했다. 맥스는 출연자들이 멋진 케이크와 쿠키, 페이스트리, 커스터드, 빵, 파이를 만드는 모습에 흠뻑 빠졌다. 그들은 조각 작품처럼 대단히 인상적인 빵을 만들어 이야기를 전달하고 있었다. 이 모든 과정은 협력적이고 따뜻한 분위기 속에서 진행되었고, 출연자들은 내내 시청자들에게 배움과 가르침을 전했다. 하지만 맥스를 정말로 사로잡은 내용은 따로 있었다. 음식의 역사를 획기적으로 다루는, 과거로 돌아가 특정 요리의 기원을 알려 주는 내용이었다.

맥스는 집으로 돌아와 빵을 굽기 시작했다. 또한 다양한 조리법과 그 유래를 조사했다. 음식은 나눠 먹는 것이라 생각한 그는 자신이 구운 빵을 직장으로 가져갔고 함께 나누며 빵에 담긴 여러 이야기를 나누었다. 그러던 중 2019년, 회사에서 열린 크리스마스 파티에서 직장 동료가 그의 이야기를 유튜브 영상으로 만들 것을 제안했다. 역사에 대한 그의 열정과 음식에 대한 애정을 결합할 아이디어가 탄생하는 순간이었다.

맥스는 비디오카메라 촬영 장비를 구입하고 영상을 제작하기 시작했다. 그리고 마침내 2020년 2월 말, '중세 치즈 만드는 법 How to Make Medieval Cheese'이라는 제목의 첫 번째 영상을 게시했다. 그런데 그로부터 불과 12일 후, 세계보건기구WHO에서 코로나19 팬데믹을 선언했다. 그리고 일주일이 조금 지나 캘리포니아 주지사가 외출 제한 명령을 내렸다. 맥스가 일하고 있던 디즈니에서는 직원들을 대상으로 무급 휴직을 단행했다.

그때부터 맥스는 모든 시간을 투자해 정식으로 '맥스 밀러와 함께하는 역사 속 요리 여행Tasting History with Max Miller' 유튜브 영상을 제작하기 시작했다. 모든 영상은 풍부한 역사적 배경과 함께 로마의 달팽이 요리에서부터 17세기 부침개(한국식 팬케이크), 일본 에도 시대Edo-era의 국수, 아스텍의 포솔레pozole, 마리 앙투아네트가 먹던 식사 그리고 대공황기 미국의 학교 급식까지 다양한 과거의 음식을 재현했다. 처음 영상을 올릴 때만 해도, 4년 뒤 자신의 영상이 2억 번 이상 조회될 거라고는 상상하지 못했다.

● 포솔레
아스텍 문명에서 유래한 전통 수프

이후 디즈니에서 다시 직장에 복귀하라는 제안이 왔다. 맥스는 다시 안정적이고 좋은 직장으로 돌아갈지, 아니면 전문 유튜브 콘텐츠 제작자로 활동할지 선택의 갈림길에 섰다. 맥스는 후자를 선택했다. 1년 후, 그는 요리법과 역사에 관한 첫 번째 책 계약을 맺었다. 그리고 내가 이 책을 쓰고 있는 지금, 두 번째 책을 준비하고 있다.

창의성은 심리적 부담을 딛고 자란다

이렇게 말하니 맥스의 성공이 마치 필연적인 결과처럼 보인다. 하지만 뭔가를 시작한다는 건 생각보다 간단하지 않다. 맥스의 경우, 실직 전에 꽤 비싼 녹음 장비와 조명 장치를 구매한 것이 유튜브 채널을 시작하게 된 계기가 되었다. 일자리를 잃은 상태에서 그런 지출을 감수한다는 건 상당한 재정적 부담이 될 수 있었다. 재정적 부담이 다가 아니었다. 심리적 부담도 있었다.

심리적 부담은 불확실성 때문에 생겨난다. 한 번도 해 본 적 없는 일을 잘 해낼 능력이 자신에게 있는지 없는지 우리는 확신할 수 없다. 아이디어를 실현하는 과정에서 무슨 일이 있을지 알 수 없고, 자신이 하는 일이 세상에 어떻게 받아들여질지도 알 수 없다.

다른 자기계발서들의 주장과는 달리(그리고 우리가 아무리 확신하고 싶어도), 창의성은 불확실성도 부담도 없는 확실하고 안전한 몇 가지 단계로 단순화할 수 없다.

불확실성이 끼치는 영향을 연구하는 과학자들에 의하면, 우리는 어떻게든 불확실성을 줄이고자 하는 경향이 있다. 우리는 종종 불확실성에는 위험이 따른다고 성급하게 결론짓는다. 문제는 불확실성이 없으면 창의성도 불가능하다는 것이다. 창의적인 시도는 본질적으로 미지의 영역으로 나아가는 일이다. 그리고 이는 우리가 창의성의 중요함에 대해 열정적으로 떠들어놓고는 정작 행동으로 옮기지 못하는 이유 중 큰 부분을 차지한다. 우리는 창의적인 일에 수반되는 불확실성과 부담을 견딜 수 없어 한다.

실제로 맥스는 성공적인 유튜브 채널을 만들 수 있을지 확신할 수 없었다. 처음 유튜브를 시작할 때 그에게는 아무런 기술이 없었다. TV의 역사 채널이나 음식 채널에 채용될 가능성도 없었다. 맥스는 요리사도, 역사학자도 아니었으며, 대본을 쓰는 법도, 영상을 촬영하고 편집하는 법도 몰랐다. 언제 영상을 게시하는 것이 좋은지, 영상에 태그는 어떻게 다는지, 그리고 무엇보다 어떻게 해야 영상이 시청자들에게 매력적으로 보일지 알지 못했다. 과연 이 모든 것을 터득할 수 있을까? 이것이 바로 창의성을 발휘하려 할 때 가장 먼저 맞닥트리게 되는 심리적 부담, 즉 지적 리스크intellectual risk다. 지적 리스크를 감수할 때, 우리는 성공 여부가 불확실한 상황에서 질문을 던지고, 새로운 것들을 배우고, 새로운 기술을 습득한다. 맥스는 이런 불확실성을 직시했다. 그리고 도전했다.

맥스가 씨름해야 했던 심리적 부담은 이뿐만이 아니었다. 평판이라는 사회적 리스크psychological risk에도 맞서야 했다. 평판 리스크reputational risk를 감수한다는 것은 다른 사람들이 어떻게 반응할지 알 수 없는 상황에서도 자신을 드러내고 아이디어와 성과를 공유하는 것을 뜻한다. 취미로 시작했다가 성공으로 이어지는 유튜브 채널은 소수에 불과하다. 수많은 채널이 이름도 알리지 못한 채 사라진다. 맥스의 친절한 동료들은 그를 격려했지만, 그것이 반드시 유튜브 시청자들의 관심도를 정확히 반영한다고 볼 수는 없었다. 시청자들이 댓글로 어떤 반응을 보일지는 누구도 짐작할 수 없었다. 다행히 맥스는 이런 불확실성에도 불구하고 도전을 멈추지 않았다.

지적 리스크를 감수하라

파블로 피카소는 지적 리스크를 감수하는 것을 이렇게 설명했다. "나는 늘 내가 할 수 없는 일에 도전한다. 할 수 있게 될지도 모르니까."

인생과 일에 대한 이런 접근 방식은 어려운 철학처럼 느껴질 수 있다. 지적 위험에 도전한다는 것은 결국 실패할 가능성을 자신의 관점에서 받아들이는 일이다. 어떻게 해야 할지 모르는 일을 하는 건 불편하다. 아직 할 수 없는 일을 하기 위해서는 새로운 기술을 습득하고 새로운 문제 해결 방식을 시도해야 하기 때문이다. 창의적인 작업에서 지적 리스크를 감수한다는 것은 독창적인 아이디어를 선택하고 추구하는 것을 의미한다. 설사 그런 아이디어를 개발하고 구축할 수 있을지 확신할 수 없는 상황이라 하더라도 말이다. 도약, 즉 미지의 영역으로 뛰어드는 것이다.

한 국제 연구팀은 기꺼이 지적 리스크를 감수하려는 의지가 창의성에 어떻게 도움이 되는지 조사했다. 그들은 18세에서 79세 사이의 800명 이상을 대상으로 세 가지 유형의 질문을 던졌다. 먼저, 지적 리스크를 감수하면서까지 잘 알지도 못하고 배우는 과정에서 실수할 가능성도 있는 새로운 일에 도전할 의향이 있는지 물었다. 다음으로, 자신의 창의적 능력에 대해 얼마나 확신하고 있는지 물었다. 과연 그들은 자신이 창의적으로 문제를 해결할 수 있다고 믿었을까? 마지막으로, 참가자들에게 글쓰기와 음악, 요리와 유머, 과학과 발명 등 여러 창의적인 활동의 목록을 제시한 후, 친구나 가족의 칭찬은 물론 국가적, 국제적 수상 이력에 이르기까지 자신의 성취도를 표시하도록 요청했다.

조사 결과, 지적 리스크 감수 능력은 창의적 확신과 창의적 행동 모두와 관련이 있는 것으로 나타났다. 다시 말해서, 지적 리스크를 기꺼이 감수하는 사람들은 그렇지 않은 사람에 비해 자신이 창의적이며, 지속해서 창의적인 작업을 수행할 수 있고, 더 많은 창의적 성과를 거둘 수 있다고 믿는 경향이 있었다.

연구팀은 창의성을 발휘하기 위해 반드시 넘어서야 할 최소한의 지적 리스크가 있음을 발견했다. 지적 리스크 감수 의향이 수준에 미치지 못하면, 아무리 스스로를 창의적이라고 믿어도 실제 행동으로 옮기지 못했다. 아무리 창의적인 잠재력이 있다고 믿어도, 그것을 발휘하는 데 필요한 지적 리스크를 기꺼이 감수하지 않으면 그 잠재력은 실현되지 않는다는 얘기다. 행동과 성취로 이어지려면 기꺼이 지적 리스크를 감수해야 한다.

다행스러운 건 그 필요한 최소 수준의 기준선이 그리 높지 않다는 사실이다. 굳이 큰 리스크를 감수하겠다는 각오도, 실제로 리스크를 감수할 필요도 없다. 그보다는 리스크를 감수하려는 의지가 창의성에 도움이 된다. 피카소처럼 매일 뭔가 자신이 하지 못하는 일에 도전할 필요는 없다. 다만, 창의적인 작업을 위해 새로운 기술을 배우거나 참신한 아이디어를 개발해야 할 때 첫발을 어떻게 뗄 것인지를 생각하라. 맥스는 영상을 편집하는 법도, 영상에 제목을 붙이는 법도, 매력적인 섬네일 만드는 법도 몰랐다. 하지만 유튜브에서 관련 튜토리얼을 찾았다. 그러므로 어디서 시작할지, 어떻게 가장 극단적인 리스크를 피할 수 있을지 정하라. 그러면 그 리스크의 문턱을 넘어갈 수 있을 것이다.

평판 리스크를 감수하라

하지만 지적 리스크를 기꺼이 감수하는 것만으로는 충분하지 않다. 독창적인 아이디어나 작업을 다른 이들과 공유하려면 사회적 리스크, 즉 평판 리스크까지 기꺼이 감수해야 한다. 우리의 아이디어에 사람들이 어떻게 반응할지 미리 아는 건 불가능한 일이다. 따라서 아이디어를 공유하는 순간, 우리는 비판이나 공개적으로 실패할 가능성에 노출된다. 회의 중에 사람들이 꺼리는 안건에 대해 의견을 말한 적이 있는가? 혹은 지배적인 통념에 도전하는 제안을 공개적으로 해 본 적이 있는가? 아니면 전면적으로 기각된 안건을 다시 제안한 적이 있는가? 만일 그렇다면 당신은 사회적 리스크가 수반되는 상황이 얼마나 불편하고 때로는 위협적일 수 있는지 잘 알 것이다. 창의적 작업에서 평판 리스크를 감수한다는 것은, 결과를 확신할 수 없을지라도 의견이나 아이디어를 공개적으로 밝히는 것이다. 가보지 못한 길로 함께 가자고 요청하는 것이다.

사회적 리스크, 즉 평판 리스크에서 비롯된 불안은 창의적 아이디어를 추구하고 더 나아가 그것을 다른 사람들과 공유할지 여부를 결정하는 데 큰 걸림돌이 된다. 아이디어의 가치는 판단하기 쉽지 않다. 반면 창의성의 사회적 가치는 명확하다. 우리의 삶을 더 편리하고 안전하게 만들어 주는 기술 혁신과 과학적 발견은 사회에 이익을 준다. 훌륭한 예술과 음악 같은 창의적인 작품은 우리의 삶을 풍요롭게 해 준다. 교육자나 조직의 리더들은 모두 창의성이 중요하다는 사실을 인정한다. 세계 경제 포럼은 미래 직업에 필수적인 10대 기술 목록에 창의성과 관련 있는 5개 기술 그룹, 즉 '아이디어 창출', '독창성과 주도성', '복잡한 문제 해결 능력', '비판적 사고와 분석', '혁신'을 포함했다. 그리고 이 기술들은 그 중요성이 점점 더 커지고 있다.

하지만 개인적인 측면에서 보자면, 즉 의심과 불확실성에 휩싸여 있는 경우에는 그런 문제를 감수하면서까지 창의적인 아이디어를 추구할 가치가 있는지 분명하지 않다. 그것이 가진 사회적 중요성에도 불구하고, 또한 창의성과 혁신의 가치가 보편적으로 높이 평가됨에도 불구하고, 우리는 삶의 많은 시간을 보내는 환경, 즉 학교와 직장에서 이와 다른 메시지를 받을 때가 너무 많다. 정교한 커리큘럼을 따라야 하는 교육자들은 창의적인 작업을 무제한 허용할 수 없고, 구체적인 성과 지표를 달성해야 하는 관리자들은 뭔가 독창적인 시도보다는 안전한 길을 택할 수밖에 없다. 따라서 개인은 창의성이 과연 자신의 시간과 노력을 들일 만한 가치가 있는지 확신하기 어렵다. 문제는 창의성이 중요하다는 걸 제대로 받아들이지 않은 상태에서는 창의적 시도를 하기 어렵다는 점이다. 불편한 감정을 감수하고라도, 검증되지 않았거나 인기 없는 의견을 공개적으로 나서서 기꺼이 옹호하는 일의 중요성을 깨닫지 못한 상태에서는 창의성을 발휘하기 힘들다.

사회적 압력의 힘

사회적 압력은 우리의 행동에 극적인 영향을 미칠 수 있다. 지금은 고전이 된 심리학자 솔로몬 애쉬 Solomon Asch의 실험을 보자. 그는 사람들에게 길이가 서로 다른 세 개의 줄을 보여 주고, 오른쪽에 있는 줄이 왼쪽에 있는 줄 A, B, C 중 어느 것과 같은지 물었다.

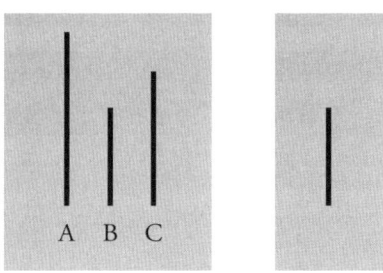

　　참가자들은 여러 사람과 함께 같은 공간에서 소리 내어 대답해야 했다. 이때 참가자들에게 알려 주지 않은 사실이 하나 있었다. 그 방에서 참가자들을 제외한 나머지는 모두 연구 관련자들이라는 사실이었다. 그리고 그들은 모두 일부러 틀린 답을 말했다. 그들은 오른쪽에 있는 줄이 왼쪽 가운데에 있는 B와 같다고 대답하는 대신 A나 C를 골랐다.

　　참가자들은 그 틀린 답을 여러 번 들은 다음 답변하게 되어 있었다. 실험 장면을 찍은 영상 기록을 보면, 그들은 긴장, 불안, 걱정 등 불편해하는 기색이 역력했다. 다들 자신과 다른 답변에 동의하는 것을 본 그들은 몹시 당혹스러워하며 주위를 두리번거렸다. 마치 '대체 다들 무슨 소리를 하는 거야?', '내가 모르는 뭔가를 알고 있는 건가?' 또는 '내가 질문을 오해했나?'라고 생각하는 듯했다. 결과적으로, 참가자의 약 75퍼센트가 틀린 답변에 동조했다. 집단에 순응한 것이다. 이것이 사회적 압력이 실제로 작용하는 방식이다. 실질적으로 잃을 게 하나도 없는 상황, 심지어 정답이 명확히 눈에 보일 때조차도 참가자의 4분의 3은 사회적 압력에 굴복했다.

　　그렇다면, 창의성의 경우처럼 규정된 답이 없고 여러 가지 가능성이 있을 때는 어떻게 될까? 한 실험에서 연구진은 참가자들에게 깡통을 가지고 할 수 있는 여러 가지 일을 생각해 보라는 창의적 사고 과제를 주었다. 참가자들은 500명 이상을 수용할 수 있는 큰 공간에서 실험을 수행했다. 좌석이 다 채워지지 않았기 때문에 그들은 다른 사람과 같이 앉을 수도, 떨어져 앉을 수도 있었다. 그들 중 일부는 조용히 과제를 수행할 것을, 또 일부는 아이디어가 떠오르는 과정을 큰 소리로 떠들면서 과제를 수행할 것을 지시받았다. 실험 결과, 조용히 생각에 집중하는 것이 독창적인 아이디어를 생각해 내는 데 더 도움이 되는 것으로 드러났다. 연구진은 생각을 큰 소리로 말하는 것만으로도 스포트라이트 효과를 불러온다고 생각했다. 여기서 스포트라이트 효과란, 다른 사람들에게 관찰과 판단의 대상이 되었다고 느끼는 심리적 경향을 말한다.

　이런 실험에서 참가자들은 한 공간에 있는 다른 사람들과 아무 관계가 없고 그 실험이 자신의 삶에 아무런 영향을 미치지 않음에도 불구하고, 조금이라도 특이한 아이디어가 떠오르는 경우 스스로 검열해야 한다는 압박감을 느꼈다. 다른 사람들에게 좋은 인상을 줘 봤자 얻을 것도, 잃을 것도 없는 상황이었는데도 말이다.

　하지만 회의 자리에서는 새로운 아이디어를 제안하면 어떻게 받아들여질지, 그리고 통상적이지 않은 아이디어를 주장하는 것이 팀의 입지에 어떤 영향을 미칠지 고려해야 한다. 혹시 팀에 협조하지 않는다고 인식될 가능성은 없을까? 혹시 이런 발언을 해서 나중에 불이익을 빚진 않을까? 사회적 압력은 우리 삶에 아무런 영향을 미치지 않는 일회성 실험보다 '실생활'에서 더 강한 힘을 발휘한다. 실험실에서 이 정도 압력으로도 집단에 순응하는 답변을 내놓는데, 중대한 이해관계가 얽힌 상황이라면 얼마나 그 압력이 크게 느껴지겠는가? 사회적 평판이 위태로워질 것을 각오하고 도전하는 일은 우리가 의식적으로 그렇게 하겠다고 결심하는 경우에만 가능하다.

리스크가 있을 때 벌어지는 내면의 갈등

나는 예일대학교에 있는 내 연구실에서 사람들이 창의적인 아이디어를 다른 사람과 공유할지 말지 결정할 때, 마음속에서 어떤 일이 벌어지는지 연구하기 시작했다. 먼저 고등학생들을 대상으로 삼았다. 남은 삶을 좌우할 창의성 관련 습관과 태도를 배우는 중요한 시기이기 때문이다.

우리가 알게 된 첫 번째 우려는 자신의 아이디어가 어떻게 받아들여질 것인지에 관한 것이다. 외부의 시선을 의식하며, 아이디어를 공유할 때 사회적으로 어떤 부정적 결과가 발생할지 걱정하는 것이다. 혹시 내 아이디어를 바보 같다고 생각하지는 않을까? 비웃지는 않을까? 권위에 도전한다거나 무례하다고 생각하지는 않을까? 내 아이디어를 말하면 화를 내지는 않을까? 이런 걱정이 대부분이다.

또 다른 고려 사항은 아이디어를 공유할지 말지 결정할 때 느끼는 감정에 관한 것이다. 뭔가 독특한 아이디어를 선보일 생각만으로도 과도하게 남의 시선을 의식하고 불안감을 느낀다면, 독창적인 길보다는 안전한 길을 택할 가능성이 크다. 교사나 대학교수들은 과제에 대해 무엇을 정확히 어떤 단계에 따라 해야 할지 묻는 학생들에게 익숙하다. 그들은 학생들이 깊이 생각하고, 개념들을 연결하고, 창의적이기를 원하지만, 학생들은 성적에 대한 불안감 때문에 걱정을 덜어 줄 잘 정리된 공식을 따르고 싶어 한다. 이는 직장에서도 마찬가지다. 직원들 역시 어떤 업무를 어떻게 해야 할지 세밀하게 지시해 주기를 원한다. 하지만 관리자와 리더들, 특히 창의성과 혁신을 추구하는 이들은 직원들에게서 진취성과 독립성, 독창적 사고 능력을 보고 싶어 한다. 이는 해야 할 일 목록이나 미리 정해진 단계를 따라서는 발휘될 수 없는 능력이다.

마지막 세 번째 고려 사항은 창의성이란 매우 의미 있고 가치 있으며 개인의 정체성에도 매우 중요하다고 보는 태도다. 이는 과감한 창의성 발휘에 매우 중요한 역할을 한다. 창의적인 작업이 개인의 정체성에 핵심적인 역할을 한다고 믿게 되면, 혹시 맞닥트릴지도 모를 사회적인 비난에 대한 불안과 걱정을 어느 정도는 받아들이고 대처할 수 있게 된다. 중요한 만큼 기꺼이 긴장과 스트레스를 감수하게 되는 것이다.

자신과의 이런 내적 협상이 직장에서는 어떻게 이루어질지는 쉽게 짐작 가능하다. 아이디어가 있을 때 우리는 고민한다. 동료들이 어떤 반응을 보일까? 관리자와 리더는 어떻게 생각할까? 혹시 자신의 접근 방법에 이의를 제기한다고 느끼지는 않을까? 내 아이디어가 과연 환영받을까, 비난받을까, 아니면 묵살 당할까? 만일 동료나 상사가 내가 아이디어를 제안하는 것이 직책에 맞지 않는 부적절한 태도라고 여긴다면, 이는 어쩌면 장기적으로 평판에 부정적인 영향을 미칠 수 있다. 환영받지 못할 아이디어를 고집한다면, 필요한 대화나 참여하고 싶은 대화에 배제 될 수도 있다. 또는 원하는 프로젝트를 놓치게 될 수도 있다. 이런 리스크를 고려할 때, 곤란한 상황이나 소외되는 상황을 피하고 싶은 건 꽤 합리적인 감정일 수 있다.

합리성의 함정을 피하라

연구에 따르면, 조직의 의사결정권자들은 특히 평판 리스크를 피하고 싶어 하는 경향이 있다. 어떤 연구에서, 연간 수익이 100억 달러 이상인 회사의 의사결정권자들에게 신제품에 대한 아이디어를 평가해 달라고 요청했다. 여기에는 CEO와 고위 임원은 물론, 각 부서의 다양한 기술 및 행정 관리자들도 포함되었다. 아이디어는 킥스타터 크라우드 펀딩 플랫폼에서 사용되는 형식으로 제시되었으며, 이들은 모두 똑같은 아이디어를 평가했다. 하지만 어떤 참가자들에게는 그 아이디어가 사회적으로 매우 인정받았다고(268명이 후원하고 있으며 필요한 자금의 94퍼센트를 달성했다고) 말해 주었고, 나머지 참가자들에게는 그 아이디어가 사회적으로 별로 인정받지 못했다고(12명이 후원하고 있으며 필요한 자금의 22퍼센트를 달성했다고) 말해 주었다. 다른 사람들이 프로젝트를 지지하고 있다는 사실은, 내가 나서서 그 아이디어를 옹호할 필요가 없다는 신호다. 즉, 평판 리스크가 적다는 것이다.

연구에 따르면 직장에서 의사 결정에 많은 시간을 할애하는 사람들은 과학자들이 말하는 '경제적 마인드셋economic mindset'을 택할 가능성이 크다. 경제적 마인드셋이란, 이상적이고 합리적인 태도로 구체적이고 정확한 지표에 집중함으로써 (자신이 생각하기에) '옳은' 결정을 내리는 것이다. 그리고 이런 마인드셋은 그들이 아이디어를 평가하는 방식에 영향을 미쳤다. 의사결정권자들은 사회적 인정을 많이 받은 아이디어와 적게 받은 아이디어를 똑같이 유용하다고 평가했다. 다만 인기 없는 (사회적으로 별로 인정받지 못한) 아이디어에 대해서는 덜 창의적이라고 평가했다. 그 아이디어의 창의성을 낮게 평가함으로써 자신이 그 아이디어를 지지하지 않는 이유를 정당화하는 듯했다. 데이터에 기반한 합리적인 이유를 찾는 것은 일종의 자기방어다.

지크문트 프로이트가 100년도 더 전에 설명한 바에 따르면, 자기방어 기제는 심리적 위협으로부터 자신을 보호하고자 무의식적으로 하게 되는 생각, 또는 행동이다. 합리화는 하나의 방어 기제로서 자신의 결정과 행동에 대해 합리적인 이유를 제시하는 듯 보이지만, 사실상 변명에 지나지 않는다. 의사결정권자들이 어떤 아이디어에 대해 '어쨌든 이건 창의적이지 않아'라고 생각한다면, 그들은 그 아이디어를 거부하면서도 여전히 자신은 창의성을 중시하는 사람이라고 믿고 싶어 하는 심리일 수 있다. 우리가 어떤 결정을 합리적이고 논리적이라고 설명하면, 다른 사람들도 그렇게 받아들일 가능성이 크다(어쨌거나 포커스 그룹 토론이나 객관적 지표에 기반한 것이니까). 그러면 우리는 비난이나 비판의 책임으로부터 자유로워질 수 있다. 하지만 이는 평판을 해칠 위험을 피하게 해 주는 동시에 좋은 평판을 얻을 기회도 차단한다. 정체되는 것이다.

만일 당신이 사업체를 이끄는 사장이나 멘토, 교사로서 창의성을 열망하고 있다면, 사람들이 자신에게 스스로 던지는 질문에서부터 역으로 출발할 필요가 있다. 먼저, 자신이 창의성을 중요하게 여긴다는 사실을 행동과 결정으로 드러내고 있는지 자문해 보라. 당신이 창의성을 중시하는 것이 분명하다면, 주변의 다른 사람들도 창의성을 중시하게 될 가능성이 크다. 다음으로, 사람들이 당신에게 아이디어를 공유할 때 자신이 어떻게 반응하는지 살펴보라. 아마 당신은 독특한 아이디어를 두고 노골적으로 어리석다고 평하지는 않을 것이다. 하지만 은근한 방식으로 무심코 그런 아이디어들을 사전에 차단하고 있지는 않은지 돌아볼 필요가 있다. 혹시 실현 가능한 것, 그리고 중요한 창의적 결과로 이어질 것을 고려하기보다는 합리적이고 단기간에 실현 가능한 것을 먼저 찾고 있지는 않은가? 마지막으로, 당신은 주저하고 망설이는 사람에게도 생각이나 의견을 표현하도록 격려하는가?

창의적 리스크를 감수하는 방법

심리적인 부담은 창의적인 아이디어를 공유하거나 다른 사람들과 적극적으로 관계 맺는 일을 어렵게 한다. 하지만 어떤 사람들은 이런 부담을 다른 사람들보다 수월하게 견딘다. 위험을 받아들이는 방법을 배워 보자.

창의성에 관한 편견을 인정하기

창의적 아이디어를 선택하기 위한 첫 번째 단계는, 창의성 관련해 불확실성이나 리스크를 한 번이라도 경험하게 되면 편견이 생긴다는 사실을 받아들이는 것이다.

한 연구에서, 사람들을 두 그룹으로 나누어 한 그룹은 불확실성을 경험하도록 설계하고 나머지 한 그룹은 그렇지 않도록 설계했다. 참가자들이 불확실성을 느끼게 만들기 위해, 한 그룹에게 연구 참여시 추가금을 무작위 추첨을 통해 받게 될 것이라고 말했다. 다시 말해, 추가금을 받을 수도 있고 받지 못할 수도 있는 것이었다. 다른 그룹의 참가자들에게는 추가금에 관해 아무 언급도 하지 않았다.

그런 다음 두 그룹 모두 창의성에 대한 암묵적 연상 테스트를 진행했다. 이 테스트를 통해 사람들이 '창의적'이라는 말을 들었을 때 얼마나 빨리 긍정적, 또는 부정적 단어를 연상하는지, '실용적'이라는 말을 들었을 때 얼마나 빨리 긍정적, 또는 부정적 단어를 연상하는지 측정했다. 또한 ('창의적인', '독창적인', '새로운' 등과 같은) 창의성과 관련된 단어를 들었을 때 얼마나 긍정적 (또는 부정적)으로 느껴지는지, ('기능적인', '건설적인', '유용한' 등과 같은) 실용성과 관련된 단어를 들었을 때는 또 얼마나 긍정적 (또는 부정적)으로 느껴지는지 직접 물었다. 첫 번째 테스트는 무의식적인 생각을, 두 번째 테스트는 의식적인 생각을 평가하기 위해 설계된 것이었다.

결과에 따르면, 직접 물었을 때 사람들은 창의성과 실용성 둘 다 중요하다고 답했다. 두 그룹 모두 창의성과 실용성 모두 긍정적이고 바람직하다고 의식적으로 판단하고 있었다. 하지만 어떻게 대답할지 생각할 겨를도 없이 빨리 반응해야 하는 암묵적 연상 테스트에서, 불확실성에 노출된 그룹은 실용성보다 창의성을 덜 중시하는 것으로 나타났다. 무의식중에 편견이 드러난 것이다.

확신할 수 없는 상황에서 창의성에 대해 느끼는 이런 편견은 실험실 안에서만 일어나는 일이 아니다. 조직 내의 모든 의사결정권자가 비슷한 편견을 갖고 있다고 볼 수 있다. 이는 어쩌면 자연스러운 일이다. 어떤 아이디어에 얼마의 자원을 할당할 것인지를 책임지는 관리자와 리더들은 조직 성과에서 핵심적인 역할을 하는 사람들이다. 창의적인 아이디어를 채택할지 말지, 그리고 그것을 상품과 서비스로 개발할지 말지 결정하는 사람들이 바로 이들이다. 이런 결정을 내리는 과정에서, 그들은 확실히 검증된 절차를 택함으로써 안전한 길을 택할지, 아니면 새롭지만 불확실한 길을 택할지를 두고 딜레마에 빠진다. 익숙한 접근 방식을 택하는 경우, 뛰어난 성과를 보이지 못할 수도 있는 리스크가 존재한다. 하지만 검증된 절차를 따르면, 아이디어가 성공하지 못하더라도 손실 가능성이 크지 않다는 이점이 있다.

사회 심리학자들은 무의식이 행동에 미치는 영향에 대해 오랫동안 실험을 진행해 왔다. 그리고 편견이 존재한다는 사실을 아는 것만으로도 편견으로부터 영향을 덜 받는다는 사실을 발견했다. 창의성을 발휘하려면 일정 수준의 리스크를 반드시 감수해야 한다는 사실을 알면, (그 리스크가 지적 리스크든, 사회적 리스크 또는 평판 리스크든 상관없이) 덜 창의적인 방향으로 끌리는 무의식적인 충동을 의식적으로 극복할 수 있다.

(마음속) 리스크 대차 대조표 만들기

창의성에 대한 편견을 막는다고 하더라도, 우리는 여전히 창의성을 선택하는 데에 따르는 리스크와 잠재적 이익 사이에서 균형을 잡아야 한다. 심리학자 로버트 스턴버그Robert Sternberg와 토드 루바트Todd Lubart는 창의성을 성공적으로 극대화하는 방법을 시장에 비유해서 설명했다. 아이디어를 사고파는 시장이 있다고 가정해 보자. 창의성을 저가에 사서 고가에 팔 수 있으면 그것이 가장 좋은 방법이다. 즉, 아직은 수요를 짐작할 수 없어도 사람들이 그 가치를 알게 되면 폭발적인 인기를 얻을 것이라는 생각으로 일단 새롭고 획기적인 상품을 내놓는 것이다. 대안적인 숙박 형태, 최소한의 충전재가 들어간 가벼운 신발, 저렴하지만 멋진 안경에 대한 수요와 기회가 아직 시장에 널리 알려지지 않았다면, 이럴 때 리스크를 감수하는 사람들이 에어비앤비Airbnb와 제로 슈즈Zero Shoes, 워비 파커Warby Parker 같은 창의적인 상품을 만들어 시장에 정착시킬 수 있다. 매우 합리적인 선택이다. 너무 당연한 일처럼 느껴지기도 한다. 하지만 조사에 따르면, 의사결정권자들은 이미 인기가 증명된 아이디어를 선택할 경향이 매우 높다.

맥스 밀러의 아이디어는 유행이나 트렌드와는 거리가 멀었다. 역사 속의 조리법을 재현하고 그 시대의 이야기를 전하는 유튜브 채널은 아예 있지도 않았다. 간혹 역사를 언급하는 음식과 요리 채널, 그리고 간혹 음식 관련 이야기를 전하는 역사 채널이 있을 뿐이었다. 그런데 맥스는 이 둘을 하나로 합쳤다. 게다가 맥스가 채널을 개설했을 무렵에는 〈더 그레이트 브리티시 베이크 오프The Great British Bake Off〉도 음식 역사 코너를 더 이상 방영하지 않았다. 돌이켜 생각해 보면, 그는 높은 가격에 아이디어를 판 것이나 마찬가지였다. 개설된 지 몇 달 후, 맥스 밀러의 '역사 속 요리 여행Tasting History' 채널의 영상 하나가 입소문을 타기 시작했다. 고대 로마 요리에 필수적인 생선 소스인 '가룸garum'에 대한 영상이었다. 이후 그의 채널은 꾸준히 성장세를 이어갔다. 이제는 다른 채널들도 맥스의 성공을 따라 하려고 노력하고 있다. TV 히스토리 채널 같은 유명 매체에서도 역사 속의 조리법을 재현하는 프로그램을 내놓을 정도다.

물론 가격이 낮다는 것은 아직 다른 사람들이 그 가치를 알아보지 못했다는 의미일 수도 있고, 반대로 아이디어가 별로라는 의미일 수도 있다. 독창적이긴 하지만 효과적이지 않은 아이디어일 수도 있고, 널리 받아들여지기에는 너무 시대에 앞선 아이디어일 수도 있다.

애플의 창립자이자 오랫동안 CEO로 있었던 스티브 잡스는 아이디어 시장에서 저가에 사서 고가에 파는 달인이었다. 그는 자신의 접근 방식을 이렇게 설명했다. "우리는 많은 고객을 보유하고 있고, 기존 고객이 사용 중인 제품들에 대해서도 연구를 진행하고 있습니다. 업계 동향도 면밀하게 지켜보고 있고요. 하지만 이런 복잡한 상품을 포커스 그룹만을 이용해 개발하기는 정말 어렵습니다. 많은 경우, 사람들은 상품을 보여 주기 전까지는 자신이 무엇을 원하는지 모르니까요." 이는 고객을 무시하려는 것이 아니다. 그보다는, 혁신적인 제품과 그 사용법을 상상하는 일이 얼마나 어려운지를 지적하는 말이다. 포커스 그룹focus group은 제품에 대해 논의할 때 대체로 익숙한 것에 집중한다. 그들은 이미 잘 알려진 제품에 대해 작고 점진적인 변화만을 구상하고 제안한다. 시장에 엄청난 변화를 불러올 만한 상품은 생각해 내기도 어렵고 전문가들에게조차 받아들여지기 힘들 때가 많다. 이런 일은 상품의 종류와 상관없이 일어난다. 인상파 미술도 미술계에서 받아들여지기까지 오랜 시간이 걸렸고, 《해리포터Harry Potter》 1권은 출간되기까지 아홉 곳의 출판사에서 거절당했다.

스티브 잡스는 포커스 그룹이나 기존의 데이터, 지표에 의존하지 않았다. 그는 정보를 얻었고 그 정보를 존중하고 참고했지만, 자신의 결

● 포커스 그룹
신제품을 개발할 때 시장 조사를 위해 소수의 사람을 선별해 모아 놓은 그룹

정은 스스로 내렸다. 창의성을 선택하려면 무엇이 필요한지 이해한 것이다. 이는 최초의 개인용 매킨토시 컴퓨터부터 아이팟, 아이폰, 아이패드에 이르기까지, 그가 주도한 제품들이 성공한 것만 봐도 분명하게 알 수 있다.

포커스 그룹은 마블 유니버스 영화에 대한 선호도에 대해서는 의견이 일치해도 독창적인 캐릭터가 주인공인 영화에 대해서는 의견이 엇갈릴 수 있다. 이는 매번 역대 최고의 영화 목록에 빠지지 않는 고전 영화감독들, 즉 프랜시스 포드 코폴라Francis Ford Coppola나 마틴 스코세이지Martin Scorsese가 최근의 대작 영화 위주의 제작 관행을 비판해 온 이유이기도 하다. 스튜디오의 의사결정권자들은 리스크가 큰 독창적인 스토리보다는 슈퍼히어로 이야기나 대작의 속편, 리메이크 영화(예를 들면 디즈니 애니메이션 히트작을 실사 버전으로 다시 제작하는 것)에 의존한다는 것이다.

결정적인 건, 제아무리 판단에 능하더라도 때로는 잘못된 선택을 할 수 있다는 사실이다. 스티브 잡스는 딘 카멘Dean Kamen이 제안한 개인용 2륜 자동차 세그웨이Segway를 '개인용 컴퓨터'만큼이나 획기적인 아이디어라고 생각했다. 하지만 이런 칭송에도 불구하고 이 발명품은 그의 기대에 부응하지 못했다. 출시된 지 20년이 지난 지금도 여전히 팔리고는 있지만, 사용자는 상대적으로 적다. 세그웨이는 아이폰이 의사소통 방식을 송두리째 바꾼 것과 같은 변화를 가져오지는 못했다. 스티브 잡스는 세그웨이의 디자인과 출시 방식을 문제 삼았지만, 애초에 그가 이 제품에 보인 열정이 잘못된 판단이었을 수 있다. 아무리 독창적인 아이디어라 할지라도 어떤 것들은 이런저런 이유로 효과적이지 못하며, 결국 우리의 삶과 공동체에 별 영향을 끼치지 못한다.

세그웨이가 리스크를 감수할 만한 상품이 아니었다는 주장도 있을 수 있다. 하지만 가끔 기회를 놓치는 위험조차 감수할 수 없다면, 당신은 아예 시도조차 하지 않거나 오로지 널리 인정받고 지지받는 확실한 아이디어에만 투자하게 될 것이다(그리고 그 아이디어는 이미 대세가 되어 있을 테니 당신은 낮은 가격에 기회를 얻지 못할 것이다). 이런 경우 문제는 마블 영화 시리즈처럼 포화 상태에 도달하기 쉽다는 것이다.

이를 피하기 위한 대안은 일부러 어느 정도 리스크를 감수해야 하는 프로젝트를 선택하는 것이다. 미국 국립 과학 재단은 지적 가치와 잠재 영향력이 있다고 판단되는 제안에 자금을 지원함으로써 과학 및 공학 분야의 기초 연구를 지원한다. 프로그램 매니저는 외부 검토자들로부터 리스크가 커 보이는 프로젝트를 추천하도록 독려받는다. 각 제안에 대해, 재단은 창의성과 독창성, 변화를 일으킬 만한 가능성을 평가한다. 그리고 검증되지 않은 개념에 대한 초기 개발 단계에 있는 실험적 연구에 맞춤형 자금 지원을 제공한다. 과학이든 창업이든 조직적 맥락이든 안전한 아이디어, 즉 다소 평범하고 관습적인 아이디어를 선택하고 싶은 유혹은 언제나 강하다. 미국 국립 과학 재단이 초기 단계의 연구를 공식 지원하는 것처럼, 우리도 예측 가능한 위험을 의도적으로 감수함으로써 이런 유혹에 맞설 필요가 있다.

불편한 불확실성을 관리하라

분석에 따르면, 하나의 상업적 성공 뒤에는 3,000개 이상의 아이디어와 그에 관한 결정이 존재한다고 한다. 창의적 작업 과정에서 만나는 결정의 순간, 여러분은 상대적으로 편안하고 안전한 선택지와 상대적으로 불확실하고 참신한 선택지 가운데 하나를 선택해야 하는 상황에 직면하게 될 것이다. 이때 불편한 불확실성을 관리하는 방법은 두 가지이다. 하나는 아이디어의 질과 그 실행 방법에 집중하는 것이다. 그리고 또 하나는 창의적 작업 과정에서 만나는 모호함을 피할 수 없는 부분으로 받아들이는 법을 배우는 것이다.

오마하에 있는 네브래스카대학교의 조직 심리학자들은 상품의 특징이 자금 배분 결정에 어떤 영향을 미치는지 조사했다. 그들은 독창성과 제품 완성도, 제품 설명의 전문성이 각각 다른 새로운 데이팅 앱 홍보 영상을 제작했다. 독창성이 높은 앱은 새로운 방식으로 데이트 상대를 연결해 준다고 소개되었다. 현재 인기 있는 앱에서 흔히 볼 수 있는 방식, 즉 사용자들이 다른 사용자 목록을 검색하는 것이 아니라 사용자의 나이나 키 같은 생물학적 프로필과 성격 등의 심리적 프로필을 기반으로 상대를 연결해 준다는 것이었다. 제품 완성도가 높은 앱은 사용법이 명확하고 쉬우며, 데이트 상대에 대한 상세한 정보를 제공하고 해당 매칭이 어떤 기준으로 이루어진 것인지 명확한 기준을 제시한다고 소개되었다. 이와 대조적으로 제품 완성도가 낮은 앱의 경우, 관련 없는 정보가 제공되었으며 사용자 인터페이스 또한 제한적이었다. 그리고 제품 설명의 전문성이 높은 앱은 영상과 음향의 질이 뛰어났지만, 제품 설명의 전문성이 낮은 앱은 내레이터가 말을 더듬고 촬영 화면이 흔들렸다. 연구진은 참가자들에게 다양한 홍보 영상을 보여 주고 영상 속 제품에 대해 얼마나 확신이 안 드는지, 즉, 앱의 실제 기능이 의심스럽게 느껴지는지, 그리고 앱의 앞날이 불확실하게 느꺼지는지 물었다.

결과에 따르면, 독창적인 앱은 불안감을 불러일으키는 것으로 나타났다. 기존의 앱과 근본적으로 달라서 기능을 예측하기 힘들었기 때문이다. 하지만, 소개 영상에 기술 정보가 더 많이 들어가고, 디자인이 사용자 친화적이며, 소개 영상이 매끄럽고 정교한 경우에는 이런 불확실성이 줄어들었다. 간단히 말해서, 창의적 상품을 판매하고자 한다면, 익숙하지 않음에서 오는 의심과 불편한 감정을 해소하고도 남을 만큼 높은 완성도가 필수적이다.

그렇다고 제품의 완성도와 홍보 방식이 창의적인 아이디어를 선택하기 전 불확실성과 의심을 완전히 없애 주는 것은 아니다. 일부 모호함은 여전히 남아 있다. 창의적인 작업에서는 그런 불확실성과 의심이 불가피하다는 사실을 받아들일 때, 우리는 불쾌한 감정에도 불구하고 그것을 받아들이게 된다. 모호함을 견딘다는 것은 그 상황에 매료되거나 즐거움을 느끼라는 뜻이 아니다. 단지 창의적인 작업을 위해 기꺼이 어느 정도의 불편을 감수할 용기가 필요하다는 것이다.

이와 대조적으로, 모호함을 감수하지 못하는 사람들은 불확실하고 불분명한 상황을 심리적인 위협으로 경험한다. 그들은 평정심을 잃고 대처 능력을 벗어나는 불안을 경험하며, 격한 감정에 휩싸여 어쩔 줄 모르는 상태가 될 수 있다. 모호함을 견뎌낼 수 없는 사람들은 불편을 감수하고 문제점과 그 해결책을 탐구하기보다는 익숙한 방식이나 기존의 해결책에 매달리게 되고, 이는 결국 전형적이고 평범한 결과로 이어진다.

다양한 분야와 산업에서 활동하는 창작자들을 연구한 결과를 보면

이 사실이 명확하게 드러난다. 건축을 공부하는 학생들은 모호하고 불확실한 상태를 불가피한 것으로 설명한다. 이런 경험은 창의적 작업 과정 전체에서 일어나지만, 그 처음이 가장 강렬하다. 모호함을 견디지 못하는 사람들은 불안과 좌절부터 절망에 이르는 다양한 감정에 대처하지 못한다. 한 연구에 참여했던 건축학과 학생은 이렇게 말했다. "그런 감정 때문에 생각을 오랫동안 하고 싶지 않아요……. 가능한 한 빨리 아이디어가 떠오르기를 바라죠." 우리의 머리는 익숙한 것부터 생각하기 시작하므로, 빨리 아이디어를 얻고자 하면 결국 평범한 아이디어를 얻는 것으로 끝나게 마련이다. 이런 경우, 건축가는 고객의 필요와 요구를 충족시키는 설계는 할 수 있을지 몰라도 창의적인 설계는 할 수 없다. 직업을 유지한다고 하더라도 자신의 작업을 통해 의미 있는 흔적을 남기지는 못하는 것이다.

반면 모호함을 견디는 사람들은 처음에 떠오른 아이디어에 안주하지 않는다. 학생들은 그 첫 아이디어를 돌아보며 그 불확실한 시간을 받아들이고 심지어 더 오래 그 시간에 머무는 것이 중요하다는 사실을 깨닫는다. "모든 일이 문제 없이 순조롭고 수월하게 진행된다면 분명 뭔가 잘못된 것입니다." 연구에 참여한 또 다른 학생의 말이다. "새로움을 얻기 위해서는 고통을 겪을 필요가 있다고 생각합니다." 모호한 일을 처리해야 할 때 느끼는 불편을 모두가 고통으로 받아들이는 건 아니다. 하지만 스트레스나 긴장, 의심을 느끼는 건 흔한 일이다. 이런 경험은 곤경에 처했음을 의미하는 신호가 아니다. 중요한 건 이런 스트레스를 어떻게 받아들이는가이다.

기술 설계 과정을 생각해 보자. 펜실베이니아 주립대학교의 한 연구에서, 과학자들은 아이디어를 생각해 내는 것에서부터 시제품을 만들기에 이르는 창의적 작업 과정의 각 단계를 분석했다. 과학자들은 연구 참가자들에게 우유 거품을 빠르게 만들기 위한 새롭고 혁신적인 제품을 설계하도록 했다. 그리고 형태와 기능 모두에 초점을 맞추되 직관적으로 사용할 수 있는 제품을 디자인하라고 지시했다.

먼저 참가자들에게 먼저 자신의 아이디어를 낸 후 산업 디자인에서 사용되는 빠른 선별 과정을 활용해 다른 참가자들의 아이디어를 검토하도록 요청했다. 그들은 각각의 디자인 아이디어를 '긍정적으로 검토'와 '폐기'라는 두 개의 카테고리로 분류했다. 개발 가능성이 있거나 추가적인 테스트나 시제품으로 제작해 볼만한 요소가 있는 경우에는 긍정적으로 검토할 가치가 있는 것으로 분류했다.

실험 참가팀들은 별문제 없이 아이디어를 내놓았다. 각 팀은 평균 22개의 독특한 아이디어를 제시했다. 그리고 동료들의 아이디어 중에서 8개를 추가 개발할 디자인으로 선택했다. 하지만 많은 팀이 추가 개발과 시제품 제작으로 이어질 만한 독창적인 아이디어를 선택하지 못했다.

창의적인 아이디어를 선택한 팀들의 공통점은 모호함을 꺼리지 않았다는 사실이다. 여기서 얻을 수 있는 교훈은 간단하다. 창의적인 작업을 하려면 모호함과 위험을 감수해야 한다는 것이다. 위험을 받아들이면 진정으로 독창적인 아이디어를 더 잘 구별할 수 있으며, 긍정적으로 검토·개발·구현할 가치가 있는 아이디어를 더 잘 선택할 수 있게 된다.

물론 우리는 더 많이 알아보려는 노력을 통해 모호함을 줄일 수 있다. 창작자가 포커스 그룹이나 이전 작업의 성과를 참고하는 것이 바로 그런 노력에 해당한다. 이런 접근 방식은 때로는 유용한 정보를 제공한다. 하지만 스티브 잡스도 알고 있었듯이, 그런 것들은 오히려 우리에게 더 많이 알고 있다는 착각을 불러일으킬 뿐 실제로는 별 도움이 되지 않는다.

맥스 밀러도 비슷했다. 그는 어떤 영상이 시청자의 관심을 끄는시 보여 주는 시청률 지표를 살폈지만, 긍정적으로 봐도 정확도와는 거리가 있는 일임을 깨달았다. 그는 자신의 사고 과정을 이렇게 회상했다. "한동안은 '고대 로마를 다루면 대박이 날 거야'라고 생각했어요. 그래서 고대 로마를 몇 편 다뤘죠. 하지만 잘 안됐어요. 그다음에는 '역사 속 특정 인물을 소재로 삼으면 대박이 날 거야'라는 생각이 들었죠. 그래서 마리 앙투아네트를 소재로 한 편을 만들었는데, 완전히 실패했어요. 역시 또 같은 방식으로 더 고대 시대를 소재로 하면 나을 거라고 예상했어요. 하지만 늘 그렇지는 않다는 게 드러났죠. 아니, 어쩌면 1차 세계 대전이나 2차 세계 대전을 배경으로 삼았더라면 성공했을지도 모르겠어요. 반드시 그랬을 거라는 보장은 없지만." 하지만 그는 그 반대의 불확실성도 있음을 깨달았다. 별로 기대하지 않았던 주제가 큰 인기를 끌었다. "보스턴에서 있었던 당밀 홍수 사건을 다루는 영상을 제작했죠." 그가 말했다. "그럭저럭 괜찮은 정도라고 생각했어요. 그런데 제가 만든 영상 가운데 가장 인기 있는 영상 중 하나가 되었습니다." 그는 지금도 지표를 세심하게 살펴본다. 하지만 그 한계를 분명히 인식하고 있다. "우리가 알 수 있는 건, 우리는 사실 잘 모른다는 겁니다." 그가 내린 결론이었다. 그리고 그는 이를 창의적 작업 과정의 일

● 당밀 홍수 사건
1919년, 당밀을 담아 놓은 탱크가 터져 홍수처럼 쏟아져 나오면서 건물 14채가 무너져 내리고 21명이 사망했다.

부로 받아들였다.

불확실성에 대응하는 방법은 두 가지다. 피하거나, 받아들이거나. 불확실성을 피하는 것이 목표라면 친숙하고 편안한 일을 선택하면 된다. 그러면 주의를 전환할 수 있고 기분이 나빠질 일도 없다. 맥스는 계속 디즈니에서 일하면서 동료들에게 빵을 나눠 주고 가볍게 역사 이야기를 곁들여 즐겁게 지낼 수 있었을 것이다. 이런 선택에도 어느 정도는 가치 있는 요소와 창의성이 필요하다. 하지만 많은 가능성을 놓쳤을 것이다. 불확실성을 피하면 새로운 기회를 놓치게 된다.

3장
그렇다, 당신은 할 수 있다

엘리자베스 오브라이언Elisabeth O'Bryon이 창업하게 된 건 우연이었다. 우수한 학생이자 항상 계획적이었던 그녀는 대학 졸업 후 대학원에 진학했다. 그녀에게는 학습 장애를 앓는 남자 형제가 있었는데, 함께 자라면서 기존 교육 시스템의 지원을 받지 못하는 학생들이 종종 있다는 사실을 알게 되었다. 그녀는 그런 학생들을 돕고 싶었다. 그래서 학교 심리학school psychology 박사 학위를 받은 후, 연구소에서 스페인어를 사용하는 미취학 아동과 그 가족을 대상으로 교육 프로그램을 개발하는 일을 시작했다. 그녀는 그렇게 그냥 연구원으로 살아갈 수도 있었다.

그런데 예기치 않은 일이 일어났다. 엘리자베스는 고등학교 시절 친했던 친구 두 명과 함께 주말여행을 떠났다. 즐겁게 이야기를 나누던 중, '우정 기반 애플리케이션 같은 걸 만들면 어떨까?'라는 생각이 문득 떠올랐다. 친구끼리 앱에서 재미있는 질문을 던진 후, 각자 다른 친구들의 답을 예측하는 그런 앱 말이다. 그저 숨김에 나온 말이었다. 앱 개발은 꿈에도 생각하지 않았다. 게다가 자신이 위험을 감수하고 일을 벌일 수 있다고도 생각하지 않았다.

하지만 주말이 끝나갈 무렵, 그들은 다시 그 아이디어를 떠올렸다. 진짜로 그 앱을 만들면 어떨까? 기술에 대해서는 잘 몰랐지만, 그들은 그 아이디어의 성공을 직감했다. 그 아이디어가 마음에 들었고, 다른 사람들도 마찬가지일 거라는 생각이 들었다.

리스크는 짐작하고 있었다. 아무도 창업 경험이 없었다. 하지만 모르는 분야에 대한 지적 도약을 시도해 보기로 했다. 자신들의 아이디어가 어떻게 받아들여질지 확신할 수 없었지만, 어쨌든 해 보기로 했다. 그런데 문제는 첫발을 떼는 것이었다.

그들에게는 좋은 아이디어가 있었지만, 앱을 직접 개발할 전문성이 부족했다. 그래서 우선 첫 단계로 자신들의 아이디어를 실현해 줄 엔지니어를 고용하기로 했다. 저축해 둔 돈을 털면 엔지니어를 고용할 자금을 마련할 수 있을 것 같았다. 첫 단계를 넘자 이제 두 번째 단계가 기다리고 있었다. 앱에 들어갈 주요 기능들을 만드는 문제였다. 첩첩산중이었다. 하지만 '나는 기술에 대해서는 잘 모르고, 창업가도 아닌데', 이랬던 생각이 '음, 문제를 하나씩 해결해 나갈 수 있겠어'라는 생각으로 바뀌더니, 결국 '좋아, 해 보자.'라는 생각으로 바뀌었다. 그리고 마침내 '친구 알아보기Know Your Crew' 앱이 탄생하게 되었다.

앱이 큰 성공을 거두진 못했지만, 이 경험을 통해 엘리자베스는 자신이 가진 잠재력을 더 폭넓은 관점에서 보게 되었다. 그리고 이는 새로운 기회로 이어졌다. 전국적 비영리 교육 정보 제공 기관인 '그레이트 스쿨Great Schools'에서 문자 메시지를 활용해 학교와 가정을 연결하는 소통 플랫폼 개발 업무를 하게 된 것이다. 그녀가 진행한 이 시범 사업은 해당 기관의 우선 사업으로 선정되지는 않았지만, 그 앱의 가능성을 믿은 CEO가 엘리자베스에서 독립 기관을 설립해 보라고 격려했다. 그리고 두 사람은 교실에서의 학습과 가정에서의 학습을 연결하는 전국적 비영리 단체인 '패밀리 인게이지먼트 랩Family Engagement Lab'을 공동 창업했다. 이 단체는 교사들이 정보를 쉽게 공유하고 가정에서는 사녀들의 학습을 도울 수 있는 기술 지원 도구를 개발한다.

엘리자베스는 아이디어와 소액의 초기 투자금으로 성공적인 조직을 만들어 냈다. 무엇보다 중요한 건, 자신이 해낼 수 있다고 생각했다는 것이다. 엘리자베스에게는 심리학자가 '창조적 자기효능감creative self-efficacy'이라고 부르는 자신에 대한 믿음이 있었다. 성공한 기업가들의 이야기들을 보면, 자신을 믿어야 한다는 주제가 대부분이다. 익숙하다 못해 비즈니스에서 기술, 예술 분야에 이르는 많은 성공 이야기에서 진부할 정도로 반복되는 주제다.

분명한 건, 처음부터 자신을 믿을 필요는 없다는 것이다. 그보다는 창의성이란 만들어지는 것이며 배워서 얻을 수 있는 것이라는 성장형 마인드셋이 필요하다. 그렇다고 무한한 자기 계발 잠재력을 설파하려는 건 아니다. 스스로를 믿는다고 해서 키가 155센티미터인 내가 케이틀린 클라크Caitlin Clark나 토니 쿠코치Toni Kukoč처럼 성공적이고 창의적인 농구 선수가 될 수는 없다. 그러나 성장형 마인드셋을 가지고 한 번 도전해 볼 마음이 있다면, 자기 자신과 타인 모두를 위한 창의적 자기효능감을 키우는 데 도움이 될 만한 과학적 근거가 있는 전략 몇 가지를 소개해 보겠다.

창의성은 누구나 배울 수 있다

엘리자베스가 처음부터 자신이 스마트폰 앱을 개발하거나 전국적인 비영리 단체를 세울 수 있으리라고 믿은 건 아니었다. 그냥, 필요한 건 배우면 된다고 생각했다. 단지 기업가가 아니라는 이유만으로 아이디어를 외면하거나 열정을 품게 된 목표를 포기하지 않았다. 그리고 엘리자베스는 꼭 타고난 사람만 기업가가 될 수 있는 건 아니라고 생각했다. 그녀가 이 모든 것이 가능하다고 믿을 수 있었던 이유는 '성장형 마인드셋', 즉 능력이 노력과 연습을 통해 개발되고 향상될 수 있다는 확신 덕분이었다(이는 모든 자질은 타고나며 절대 바뀌지 않는다는 '고정형 마인드셋'과 대조적이다). 창의성의 경우, 아이디어를 실현하는 데 필요한 역량이 자신에게 있으며, 자신은 그 역량을 개발할 수 있다고 확신하는 태도를 심리학자들은 '성장형 마인드셋growth mindset'이라고 부른다.

 창의성에 대해 어떻게 말하고 생각하는지가 우리 삶에 미치는 영향에 대해, 브로츠와프대학교의 마치에이 카르보프스키Maciej Karwowski 교수와 그의 동료들이 수행한 연구가 있다. 그들은 한 그룹의 사람들에게는 창의성이 '위대한 발견이나 발명, 우리의 삶의 방식을 바꾸는 획기적인 상품, 또는 위대한 예술, 음악, 문학 작품에서 볼 수 있는 것'이라고 설명했다. 그러면서 이 설명에 부합하는 창작자로 이름만 대면 알 만한 혁신적 창의성을 발휘한 인물들, 즉 마리 퀴리와 스티브 잡스, 클로드 모네 같은 이들을 예로 들었다.

 또 다른 그룹의 사람들에게는 창의성이란 '우리 주변 사람들의 독창적이고 상상력 풍부한 아이디어와 행동에서 볼 수 있는 것'이라고 설명했다. 그리고 직장에서 새로운 방법으로 문제를 해결하는 것이나 주방에서 즉흥적으로 새로운 조리법을 적용하는 것, 아마추어의 독창적인 사진 등을 예로 들었다. 이 설명에 부합하는 창작자들은 대체로 유명하지 않다. 이들은 미디어나 역사책 대신 직장 동료나 친구, 가족 중에 있다. 다시 말해 일상적 창의성을 발휘하는 사람들이다.

창의성에 대해 서로 다른 설명을 한 후, 연구진은 참가자들에게 자신은 창의성에 대해 어떤 마인드셋을 가지고 있다고 생각하는지 질문했다. 성장형 마인드셋을 가졌다고 대답한다면, 누구나 창의적 능력을 개발할 수 있으며 창의성이란 언제든 키울 수 있다는 생각에 동의한다는 뜻이다. 반대로 고정형 마인드셋을 가졌다고 대답한다면, 창의적인 사람들은 따로 있으며 창의성이란 노력으로 크게 바꿀 수 있는 것이 아니라는 생각에 동의한다는 뜻이다. 이런 관점을 가진 사람들은 창의성이란 타고나는 것이며 우리는 창의적이거나 창의적이지 않거나, 둘 중 하나라고 여긴다.

연구 결과, 창의성(천재들이 가진 혁신적 창의성)이란 엄청난 것이고 세상을 근본적으로 바꾸는 힘이라는 설명을 들은 참가자들은 고정형 마인드셋에 동의하는 경향이 있었으며, 대부분 창의성을 불변하는 특성으로 보았다.

이건 당연하다. 누구나 아는 창의적 천재들은 우리와 다른 존재이고, 그들이 이룬 성취는 도저히 우리가 해낼 수 없는 것처럼 느껴지기 때문이다. 이런 시각으로 보면, 그들은 우리가 타고 나지 못한 특별한 재능을 가진 것이 틀림없다. 우리가 창의적이지 못한 건 운이 좋지 않아서인 것이다.

반면, 일상생활과 업무에서 독창적이고 효과적으로 창의성을 발휘할 수 있다고 믿는 사람들은 성장형 마인드셋에 동의하는 경향이 있었으며, 창의성을 실험과 도전, 노력과 연습을 통해 얼마든지 키울 수 있는 기술로 보았다. 그들은 대부분 창의성을 충분히 습득 가능한 특성이라고 생각했다.

창의성을 어떤 마인드셋으로 대하는지는 중요하다. 성장형 마인드셋은 우리가 어떤 재능과 능력을 타고났든 상관없이 창의적일 수 있다는 믿음을 키워 준다. 얼마든지 더 창의적인 사람이 될 수 있다는 믿음은 엘리자베스가 처음에 가졌던 마음, 즉 창의적인 자아효능감의 바탕이 된다. 결론적으로 창의적 자아효능감은 크면 클수록 창의성 선택을 쉽게 만들고 창의적 사고를 높이며, 궁극적으로 창의적 작업을 실제 성과로 이어 준다.

이 연구는 매우 중요하다. 교육자들은 학생들에게 영감을 주고 싶을 때 유명한 창의적 인물들의 이야기를 들려준다. 전문가들이 모이는 학회나 기업 행사 같은 자리에서는 초인적 재능을 타고난 듯한 저명한 기조연설자를 내세운다. 많은 제품의 탄생 일화는 제작자를 마치 신이 부여한 재능으로 엄청난 아이디어와 제품을 생각해 낸 신화 속 천재처럼 묘사한다. 사정이 이렇다 보니 사람들은 당연히 자신의 창의성을 의심한다. 그런 이야기를 듣고도 자신도 얼마든지 그런 인물이 될 수 있고, 대단한 창의성을 발휘할 수 있다고 생각하는 사람은 거의 없다. 그러니 조심해야 한다. 누군가에게 영감을 주려는 시도가 무심코 창의성을 꺾을 수도 있으니까.

할 수 있다는 믿음

창의적 자기효능감이란, 특정 상황에서 과제를 창의적으로 해낼 수 있다고 믿는 것이다. 이런 믿음을 가지려면 자신과 자신의 능력에 대해 알아야 하고 실행력을 확신해야 한다. 중요한 점은, 이것이 모든 일을 창의적으로 해낼 수 있다고 믿는 막연한 자신감과는 다르다는 것이다. 예를 들어, 나는 이 책의 내용을 시각적으로 표현할 만큼 예술적으로 창의적인 면이 있다고 생각하지 않는다. 다만, 창의적인 작업에 착수해 그 과정을 지속하며 창의성의 사회적 측면을 탐색하는 데 필요한 것을 효과적으로 전달할 수는 있다고 믿는다. 이처럼 우리는 어떤 프로젝트에서는 자신이 창의성을 발휘할 수 있다고 믿어도 다른 프로젝트에서는 그렇지 않을 수 있다. 프로젝트의 종류에 따라 자신의 창의성 발휘 여부에 대한 믿음이 달라지는 것이다. 게다가 결정적인 사실은, 창의적 자기효능감이 어떨 때는 완전하게 발휘되고 어떨 때는 전혀 발휘되지 않는 게 아니라는 것이다. 사람마다 자신의 창의적 능력을 믿는 정도가 다르고, 그 믿음을 신뢰하는 정도 역시 상황에 따라 달라진다. 고무적인 사실은, 창의적 자기효능감이 경험이나 극적인 사건을 통해 개발 가능하다는 점이다. 처음에는 자신은 창의적인 작업을 할 능력이 부족하다고 믿다가(엘리자베스가 "나는 창업가가 아니야"라고 생각했던 것처럼), 제한적이나마 점진적으로 확신을 품게 되고("이 과제는 해결할 수 있을 것 같아"), 마침내 자신을 보는 관점에 변화가 생기는 것이다("난 창업가야").

조직 행동 학자 파멜라 티어니Pamela Tierney와 스티븐 파머Steven

Farmer는 창의적 자기효능감에 관해, 그리고 자기효능감이 산업 전반과 기계 제작 기술자와 공구 제작자, 기술자에서부터 프로그램 관리자와 구매자, 비즈니스 분석가에 이르는 폭넓은 직업군에서 전문적 창의성Pro-c에 미치는 영향에 관해 연구했다. 연구진은 창의적 자기효능감을 측정하기 위해 참가자들에게 자신의 창의적 능력을 얼마나 신뢰하는지, 자신이 어느 정도까지 창의적으로 생각할 수 있다고 기대하는지, 그리고 직장에서의 창의적 문제 해결 능력에 얼마나 자신감이 있는지 점수를 매기도록 했다. 여기에 더해, 티어니와 파머는 업무 관련 자아효능감(사람들이 대체로 얼마나 자신의 업무를 해낼 수 있다고 생각하는지)에 대해 참가자들에게 질문한 후, 해당 역할의 객관적인 특징을 기준으로 각 업무의 복잡성 수준을 기록했다. 그리고 마지막으로, 직장의 상사들에게 각 직원이 업무에서 발휘하는 창의성의 정도를 평가해 달라고 요청했다. 연구진은 직장에서 창의성이 어떤 방법으로 발휘되는지 평가하기 위해 여러 가지 질문을 던졌다. 즉, 새로운 제품이나 프로세스를 시도해 볼 기회를 얼마나 자주 포착하는지, 참신하면서도 실행 가능한 아이디어를 얼마나 자주 제안하는지, 문제 상황에서 새로운 아이디어와 접근 방식을 얼마나 자주 시도하는지, 동료들이 해결하지 못하는 문제를 얼마나 자주 해결하는지, 기존의 방법이나 장비의 새로운 용도를 얼마나 자주 찾아내는지 등이었다.

그리고 이 과정에서 몇 가지 중요한 사실을 알게 되었다. 우선, 사람마다 자신의 창의적 능력을 믿는 정도가 달랐다. 어떤 사람들은 다른 사람들보다 자신의 창의적 능력을 강하게 확신하고 있었다. 둘째, 창의적 자기효능감과 전반적인 업무 효능감은 상관이 없었다. 다시 말해서, 자신의 업무 능력에 대한 자신감이 높더라도 업무상 도전적인 상황이나 기회가 왔을 때 창의적으로 대응할 수 있다는 확신은 낮을 수 있었다. 셋째, 창의적 자기효능감이 다른 사람들보다 높은 사람은 상대적으로 더 복잡한 업무를 맡는 경향이 있었다. 그리고 이런 업무는 데이터를 다루는 것이든(데이터 분석이나 종합하는 일), 사람을 다루는 것이든(협상이나 멘토링), 또는 사물을 다루는 것이든(정밀 작업이나 설정) 상관없이, 창의성을 발휘할 기회를 제공할 가능성이 컸다. 무엇보다 중요한 사실은, 사람들이 생각하는 자신의 창의적 자기효능감의 수준에 따라 상사가 해당 직원의 창의성에 대해 어떤 판단을 내릴지 예측할 수 있었다는 점이다. 자신의 창의적 자기효능감에 대한 믿음이 개인적인 판단이라는 점을 고려할 때, 이는 매우 인상적이다. 상사들은 직원들이 자신의 능력에 대해 어떻게 생각하는지 직접적으로 알 수 있는 가능성이 낮은 데다, 직원들이 업무 과정에서 보여 주는 것만을 보고 평가하기 때문이다. 이 결과는, 자신의 창의적 능력을 믿는 사람일수록 새로운 방식으로 업무에 임하며, 그 창의적 자기효능감이 업무 과정과 성과에 가시적으로 드러날 가능성이 크다는 사실을 말해 준다.

창의적 자기효능감이 창의적 작업에서 얼마나 중요한지는 여러 연구를 통해 반복해서 입증되고 있다. 이런 연구들은 초등학생, 대학생 같은 학생에서부터 다양한 산업 분야 종사자들, 비영리 단체의 직원, 연구 개발 분야의 과학자, 업무 팀장과 프로젝트 관리자는 물론 발명가, 기업가에 이르는 다양한 표본을 대상으로 수행되었다. 창의적 자기효능감이 창의적 작업을 주도하는 역할을 한다는 사실은 한국과 중국, 미국과 호주, 노르웨이와 이스라엘, 폴란드와 파키스탄 등 서로 다른 문화적 특성을 가진 여러 나라에서도 분명하게 드러난다. 과학자들이 기존의 연구 결과를 모두 분석 검토해 본 결과, 창의적 자기효능감은 독창적 발상과 상당한 관계가 있는 것으로 나타났다.

창의적 자아효능감은 과제의 성격에 따라 다르게 나타나기도 한다. 예를 들어, 책 쓰기는 자신이 있지만 그림 그리기는 자신 없는 것처럼 말이다. 그리고 이러한 믿음은 시간에 따라서도 변한다. 하나의 프로젝트나 과제를 하는 동안에도 우리는 자신의 창의적 능력을 믿을 때도 있고 의심할 때도 있다. 하지만 이런 흔들림은 결코 약점도, 창의적 잠재 능력 부족의 징후도 아니다. 자연스러운 창작 과정의 일부다.

창의성을 연구하는 학자들은, 창의적인 프로젝트를 시작하기 전과 중간 과정, 종료 시점에 참가자들의 창의적 자기효능감을 평가한 결과 사람들이 자신의 창의성에 대해 생각하는 방식에 뚜렷한 패턴이 있음을 발견했다. 창의적 자기효능감은 프로젝트 초기에 가장 낮았다. 이것이 흔히들 겪는 경험이라는 사실은, 업무를 시작하기도 전에 자신의 능력에 대한 의심에 시달리는 사람들에게는 좋은 소식이 될 것이다. 사람들은 새로운 프로젝트를 시작할 때마다 미리 어려울 거라고 짐작해 자신이 얼마나 잘 해낼 수 있을지 불안해하는 경향이 있다. 불확실성은 늘 불안을 유발한다.

그런데 더 좋은 소식이 있다. 창의적 자기효능감은 프로젝트를 시작함과 동시에 높아지며, 프로젝트가 끝날 때 가장 높은 수준에 다다른다는 것이다. 이 시점에 사람들은 자신이 한 노동의 결실을 직접 눈으로 보고 성과를 평가한다. 그리고 앞으로도 창의적 능력을 발휘할 수 있다고 쉽게 믿게 된다. "한번 해 봤으니 다음에도 잘할 수 있어"라는 생각이 드는 것이다.

창의적 작업 과정 전반에 걸쳐 사람들이 자신의 창의적 자기효능감을 바라보는 관점은 업무에 대해 그 사람이 느끼는 정서적 경험과 닮아있다. 초기에는 불안, 분노, 지루함, 수치심 같은 부정적인 감정을 주로 느끼고, 마무리 단계에서는 정반대로 열정이나 만족감, 편안함 같은 긍정적인 감정을 주로 느낀다.

창의적 작업 과정에서 창의적 자기효능감의 변동은 매우 극적으로 나타날 수 있다. 매사추세츠 공과대학교MIT에서 열린 한 강연에서, F. 리처드 마이어스F. Richard Myers는 미국 항공우주국NASA의 제임스웹 우주 망원경 지상 부분 운영을 담당한 노스롭그루먼Northrop Grumman 팀의 작업 과정과 집단 효능감을 다음과 같이 요약했다.

1995-2002: 우리는 이 일을 해내야 해.
2003-2009: 우리가 이 일을 할 수 있을까?
2009: 난 이 일을 할 준비가 됐어.
2010-2011: 아니야, 넌 이 일 못 해.
2012-2016: 아니야, 할 수 있어.
2017-2018: 이 일 진짜 어렵다.
2019: 까짓거, 할 수 있어.
2020: 농담하는 거지?
2021: 우리가 이 일을 하고 있네!
2021년 12월 25일: 일이 정말 되고 있어!

2022: 우리가 해냈어!

2023-???: 자, 우리는 여기까지. 이제부터는 너희 일이야.

　　창의적 자기효능감이 본래 오르락내리락한다는 사실만 알아도 큰 힘이 된다. 최근 나는 제품 디자이너와 이벤트 디자이너, 크리에이티브 디렉터, 브랜드 디렉터, 창의적 전략가 등 창의적 전문가들이 가득한 곳에서 강연을 했다. 창의성은 그들은 하는 일의 핵심이었고, 그들은 업무 중 자신감이 오르내린다는 사실을 직관적으로 알고 있었다. 하지만 창의적 자기효능감이란 본래 변동하는 것이고, 업무 과정에서 의심에 시달리는 건 불가피한 일임을 분명히 알게 된 후에야 그들은 이런 기복에서 오는 스트레스를 줄일 수 있었다. 강연이 끝난 후 많은 이들이 내게 다가와 의심이 흔한 일이며 의심이 들더라도 놀랄 필요 없다는 사실을 알게 해 줘서 고맙다고 말했다.

　　창의적인 일을 해야 할 때는, 특히 새로운 프로젝트를 착수해야 할 때는, 창의적 자기효능감이 얼마든지 키울 수 있는 대상이라는 점을 기억하라. 하지만 창의적인 작업과 관련한 모든 불안을 없애는 것은 불가능하다. 창의적 자기효능감이 매우 높은 사람일지라도 때로는 의심과 불안, 걱정을 경험한다. 이는 지극히 정상이다. 창의력이 떨어졌다는 뜻도, 앞으로 실패할 거라는 징조도 아니다. 그러니 이런 감정이 들더라도 계속하라. 프로젝트가 끝을 향해 갈수록 창의적 자기효능감은 점점 더 높아질 것이다.

창의적 자기효능감은 키울 수 있다

어떤 사람들은 비교적 쉽게 창의적 자기효능감을 얻는다. 자신의 창의성이 남보다 뛰어나다고 여기거나 창의적 과업에 대해 스스로 자신감을 표현하는 사람들은 몇 가지 공통점이 있다. 바로 그들이 새로운 경험에 더 개방적이고 호기심이 많으며, 상상력이 풍부하다는 점이다. 그들은 자신을 복잡한 존재라고 생각하며, 예술과 지적인 문제에 관심이 있다. 남들보다 성실한(목표지향적이고 절제력이 뛰어나며 야망이 있는) 사람들은 자신이 맡은 일에 몰입하고 어려운 목표를 고수하면서 창의적 자기효능감에 대한 믿음을 키운다.

　외향적인 사람들은 높은 자신감과 낙관적인 성향 덕분에 창의적 자기효능감도 높게 나타나는 경우가 많다. 내향적인 사람들도 자신이 가진 창의성에 대한 믿음이 분명 있지만, 내성적이고 덜 활기찬 성향으로 인해 창의적 자기효능감이 다소 약하게 나타날 수 있다. 또한 감정적으로 예민한 사람들, 즉 자의식이 강하고 소심하며 긴장도가 높은 사람들은 자신의 창의적 잠재력을 의심하는 경향이 있어 창의적 자기효능감이 낮게 나타날 수 있다.

　물론 성격은 고정 불변한 것이 아니다. 대학 진학이나 해외 생활 등의 경험에 영향을 받을 수 있다. 다만 전공이나 직업, 거주지 선택 등은 어느 정도 개인의 성격에 따르기 때문에, 성인이 될 때까지 성격은 크게 달라지지 않을 가능성이 크다. 심리학자들의 말에 따르면, 성격 특성은 우리기 생각히고, 행동하고, 느끼는 방식의 기준이다. 다시 말해, 뚜렷한 특성을 가진 사람일수록 자신이 어떤 방식으로 생각하고 행동할지 쉽게 확신할 수 있다. 예를 들어, 새로운 경험에 개방적인 사람들은 자신이 독창적이고, 영리하며, 창의적이라고 쉽게 믿는 경향이 있다. 성실한 사람들은 수고와 헌신, 노력이 필요한 도전적인 일에 자신이 잘 대처할 수 있다고 생각한다. 외향적인 사람들은 전반적으로 긍정적으로 생각하는 경향이 있다. 긴장과 불안이 높은 사람들은 자신감이 부족하며 어려운 일이 닥쳤을 때 더 힘들어하는 경향이 있다. 이렇게 각각의 성격 특성이 창의적 자기효능감을 더 높이기도 하고 낮추기도 한다.

하지만 이런 창의적 자기효능감은 타고나는 것이 아니다. 배워서 익히는 것이다. 때로는 우연한 계기로 알게 되기도 한다. 《작은 기관차 The Little Engine That Could》는 미국 민담을 바탕으로 한 아동 도서로 1930년, 플랫 앤 멍크 출판사 Platt & Munk publishing house 사장인 아놀드 멍크 Arnold Munk가 와티 파이퍼 Watty Piper라는 필명으로 각색해 유명해졌다. 이 책은 산 너머 아이들에게 장난감과 음식을 가져다주는 어려운 임무를 맡은 작은 기관차의 이야기다. 아이들에게 줄 귀중한 짐을 실은 이 기차가 고장이 난다. 장난감들은 차량 기지에 있는 기관차들에 차례로 도움을 요청한다. 하지만 모두 거절한다.

결국 아주 작은 파란 기차 한 대만 남은 상태가 된다. 이 기차는 한 번도 산 너머까지 화물을 날라 본 적이 없다. 기차는 잠시 망설이지만, 결국 아이들이 깨어나기 전에 무사히 장난감과 음식들을 싣고 목적지에 도착한다.

이 책은 종종 자기 확신과 믿음의 힘을 가르쳐 주는 것으로 해석된다. 하지만 자세히 들여다보면 훨씬 깊은 교훈을 담고 있다. 이 기차는 절대 자신이 그 일을 해낼 수 있다고 장담하지 않는다. 확신과 낙관주의의 힘이 느껴지는, 눈부시도록 긍정적인 모습이 아니다. 오히려 "괜찮아, 할 수 있어, 나는 할 수 있어"라며 끊임없이 자신을 다독인다. 확신이나 긍정적인 감정, 흔들림 없는 자기 확신과는 거리가 멀다. 대신에 성장하고자 하는 열망을 보여 준다. 이 작은 기차는 자신이 할 수 있음을 스스로 증명하려고 애쓴다. 시작할 때는 확신이 없었지만, 결국 새롭고 어려운 일에 도전하고 성공적으로 해낸다. 그리고 자신도 할 수 있음을 깨닫는다. 마지막 순간에도 "역시 내가 해낼 줄 알았어"라며 확신과 승리감에 차 외치는 것이 아니라 "할 수 있을 줄 알았어!"라고 속으로 생각한다. 이 작은 기차는 장난감들의 격려를 받으며 확신 없는 상태에서 시작했지만, 결국 자신이 할 수 있음을 깨닫는다.

　이 작은 기관차의 모습을 통해 알 수 있는 창의적 자기효능감 키우는 방법은 무엇일까? 사회 심리학자들은 네 가지 구체적인 방법을 제시한다.

　　① 다른 사람들이 무엇을 하는지 관찰한다.
　　② 자신의 경험을 통해 배운다.
　　③ 자신이 감정을 알아차린다.
　　④ 다른 사람들의 격려를 통해 스스로 창의적일 수 있음을 깨닫는다.

다른 사람들이 무엇을 하는지 관찰하라

우리는 이떤 일(책을 쓴다거나 새로운 상품의 시제품을 만드는 일 등)을 직접 해 보기 전에 우리와 비슷한 사람이 그 일을 할 능력이 있을지 없을지 상상한다. 상상은 경험에 의해 형성된다. 게다가 반드시 자신이 겪은 경험일 필요도 없다.

우리는 주변의 세상과 사람들을 관찰함으로써 창의적 자기효능감을 키울 수 있다. 동료나 선후배, 책이나 영화 속 허구의 인물 등 가까이 있는 이들의 경험을 통해 배운다. 이들은 우리가 어떤 사람이 될 수 있는지, 그리고 어떤 일을 할 수 있는지를 보여 주는 롤모델 역할을 한다.

기업가 정신을 떠올려 보자. 기업가 정신은 그 자체로 창의적이다. 기업가들은 비즈니스 제품이나 서비스에 관한 아이디어를 구상하고, 발전시키고, 구체화해서, 사용자에게 판매한다. 1980년대 동유럽에서 성장한 나는, 이런 비즈니스 창출 과정이 사회나 주변에서 가치 있게 여겨지는 것을 보지 못했다. 나의 부모님은 두 분 모두 엔지니어였다. 장난감부터 자동차 부품, 의류에 이르는 제품들을 디자인하고 생산하는 아주 큰 대기업에서 일한다는 사실을 자랑스럽게 생각했다. 그들은 분명 창의적이었다. 아버지는 레저용 보트를 처음부터 전부 직접 설계하고 제작했으며, 두 분 모두 합성 폴리머를 사용해 혁신적인 산업용 제품을 개발했다. 하지만 독립해서 창업하는 것에는 관심이 없었고, 그로 인해 따를 위험을 감수할 의향도 없었다. 나는 조직 내에서의 전문적인 창의성은 익숙했지만, 기업가적 창의성은 접하지 못했다. 자라는 동안 나는 한 번도 내가 기업가가 될 수 있다고 생각 해 본 적이 없었다.

스웨덴에서 진행된 한 대규모 연구는 가까운 롤모델을 갖는 것이 기업가 정신에 얼마나 중요한 역할을 하는지 보여 준다. 연구진은 1932

년 이후 출생한 모든 사람이 기록된 스웨덴 다세대 등록부Sweden's Multi-generational Register에서 무작위로 표본을 뽑아, 입양된 사람들을 따로 구분했다. 스웨덴의 다세대 등록부는 특이하게도 아동의 생물학적 부모 양쪽을 모두 밝히고 있어서, 연구진은 40만 명 이상의 비입양아를 비교군으로 삼아 입양아 약 4,000명의 친부모 데이터를 분석할 수 있었다. 연구진은 정부 기록을 바탕으로 성인이 된 각 아동의 수입과 교육 수준, 직업 및 거주 형태 등을 조사했다.

조사 결과, 자녀가 기업가가 되는 데 부모가 지대한 영향을 미치는 것으로 나타났다. 부모 중 한 명이라도 기업가인 경우, 부모 둘 다 기업가가 아닌 가정에 비해 자녀가 기업가가 될 확률은 무려 61퍼센트나 높았다. 입양아 연구는 유전적인 요인이 가진 영향력을 어느 정도 파악할 수 있게 해 주었는데, 아동의 생물학적 부모가 기업가일 경우 아동이 기업가가 될 확률은 20퍼센트 높았다. 하지만 함께 산 양부모의 영향력이 훨씬 강력했다. 기업가 정신을 가진 양부모 밑에서 자란 아동이 기업가가 될 가능성은 45퍼센트 높았다.

중요한 점은, 연구진이 기업가를 어떻게 정의하든 결과는 달라지지 않았다는 것이다. 연구진은 기업가 정신을 네 가지로 다르게 정의해 검토했는데, 결과는 전부 유사했다. 부모의 직업, 자본이나 부에 대한 접근성, 또는 부모와 같은 업종에 있는지를 기준으로 따져도 설명할 수 없었다. 기업가 정신의 세대 간 전이를 설명해 주는 유일한 요소는 오직 부모가 롤모델이 된 경우였다.

데이터 분석 결과, 우리는 자신과 비슷한 사람일수록 그들의 행동에서 배울 확률이 더 높음을 알 수 있었다. 예를 들어, 딸은 어머니의 기업가 정신으로부터, 아들은 아버지의 기업가 정신으로부터 가장 많은 영향을 받았다. 일반적으로 우리는 자신과 닮은 타인을 더 설득력 있는 롤모델로 받아들이는 경향이 있다. 우리는 그들에게 공감하고 그들의 성공을 자신의 잠재적 성공으로 본다. 이런 현상은 기업가 정신에서만 일어나는 일이 아니다. 피에르 퀴리와 마리 퀴리의 딸 이렌Irène 역시 자신의 부모처럼 과학자가 되어 노벨상●을 받았다. 전 세계적으로 2억 부 이상 판매된 스릴러 소설 작가 댄 브라운Dan Brown은 타히티 해변에서 휴가를 즐기던 중 시드니 셸던Sidney Sheldon의 소설 《최후 심판의 날 음모The Doomsday Conspiracy》를 읽고 큰 영향을 받았다. 그는 "인생이 내게 뭔가를 말하려는 것 같았다. 어쩌면 나도 언젠가는 이런 스릴러를 쓸 수 있지 않을까 하는 생각이 들기 시작했다"라는 말을 남겼다. 우피 골드버그Whoopi Goldberg의 사례는 더욱 놀랍다. 그녀는 1960년대에 방영된 〈스타트렉Star Trek〉 시리즈에서 뇨타 우후라Nyota Uhura 역을 연기하는 니셸 니콜스Nichelle Nichols를 보고 흥분해서 어머니에게 달려갔다. 자신과 닮은 사람이 TV에서 그런 중요한 역할을 하는 걸 처음 본 것이었다. 그녀는 자신이 어떤 사람인지를 인식하고, 자신도 저런 일을 할 수 있지 않을까 생각하기 시작했다. 이렇게 동일시되는 롤모델을 보고 자신의 잠재력을 확신한 사례를 일일이 들자면 책 한 권을 쓰고도 남을 것이다. 만약 문화가 다양한 잠재적 롤모델을 제공한다면, 훨씬 더 많은 이들이 자신도 창의성을 발휘할 수 있다고 믿게 될 것이다.

　직장에는 이런 잠재적 롤모델이 넘쳐난다. 우리와 공통점이 많은 동료, 상사, 리더가 사방에 포진해 있다. 그들과 우리는 최소한 같은 업계

● 퀴리 부부는 노벨 물리학상을, 이렌 퀴리는 남편과 함께 노벨 화학상을 받았다.

에 있거나, 같은 조직에서 일하거나, 비슷한 업무를 수행하거나, 공통 관심사를 가지고 있다.

특히 리더는 팀 전체의 창의적 자기효능감에 영향을 미친다. 어떻게 이런 일이 생기는지 연구하기 위해 조직 행동을 연구하는 연구진은 리더에게 어떻게 팀원들에게 권한을 부여하는지 질문한 후, 이런 행동이 개인과 팀의 창의적 자기효능감에 어떤 영향을 미치는지 연구했다.

연구 결과, 리더가 팀원들에게 권한을 부여하는 행동은 팀의 창의적 자기효능감을 높이는 것으로 나타났다. 리더가 자신의 업무를 드러내고 높은 수준의 성과를 본보기로 보임으로써 롤모델 역할을 하고 있었다. 이와 동시에 팀원들이 주도적으로 업무를 진행할 수 있도록 지지하고 목표 달성 과정에 관심을 보임으로써 자신이 팀원들의 능력을 신뢰하고 있음을 보여 주었다.

리더의 행동은 개별 팀원에게만 영향을 미친 것이 아니었다. 팀원들은 자신의 팀이 자신감 있게 새로운 아이디어를 내고 창의적으로 문제를 해결할 수 있다고 믿었다. 특히 팀이 목표 달성을 위해 협력해야 하는 상황에서 그 효과는 더욱 두드러졌다. 그리고 높아진 창의적 자기효능감은 결과에 큰 영향을 미쳤다. 리더는 팀의 창의적 자기효능감을 높임으로써 더 큰 성과를 보상으로 받았다.

우리는 창의성을 뚜렷하게 드러내는 사람을 보면 자신도 그럴 수 있다고 믿게 될 가능성이 크다. 새로운 프로젝트나 노력이 필요한 일을 앞두고 있다면, 그리고 자신의 창의적 능력에 확신이 들지 않는다면(어쨌든 새로운 일을 시작하는 것이니까), 주위를 둘러보라. 그들이 할 수 있다면 나도 할 수 있다는 생각이 들게 해 주는 사람을 찾아보라. 내게는 어린 시절 한 살 많은 친구이자 이웃이었던 루이다가 바로 그런 사람이었다. 나는 루이다가 고등학교 시절과 대학 입학이라는 중차대한 시기를 성공적으로 헤쳐 나가는 모습을 지켜보면서 나도 할 수 있다는 확신을 얻었다. 직장 동료들도 내게 이런 롤모델이 되어 주고 있다.

우리가 그저 꿈꾸기만 했던 일을 이미 이뤄낸 이들은 우리가 앞으로 무엇을 할 수 있을지 상상하게 만든다. 당신도 종종 그런 사람들을 주변에서 찾아볼 수 있을 것이다.

자신의 경험에서 배워라

창의적 자기효능감을 키우는 가장 효과적인 방법은 개인적인 경험을 통해서 배우는 것이다. 과거에 어떤 문제를 창의적으로 해결했던 경험을 깨달을 때 우리는 앞으로도 창의적으로 문제를 해결할 수 있다고 생각하게 된다. 한 연구에서 연구진은 한 무리의 사람들에게 다양한 영역에서 자신이 어떤 창의적 성과를 이뤘는지, 그리고 자신의 창의적 능력을 전반적으로 얼마나 신뢰하는지 물었다. 그런 다음, 두 가지 창의적 사고 과제를 제시했다. 벽돌과 깡통을 각각 색다른 방식으로 활용할 수 있는 아이디어를 생각해 내라는 것이었다. 과제를 시작하기 전, 연구진은 참가자들에게 앞에 놓인 특정 과제에 대해 자신이 얼마나 창의적인 해결책을 생각해 낼 수 있다고 생각하는지, 그리고 얼마나 다른 사람들보다 더 독창적인 아이디어를 생각해 낼 수 있을 것 같은지 물었다. 그리고 참가자들이 실제로 얼마나 많은 아이디어를 생각해 냈는지 기록했다. 과제를 마친 후에는 참가자들에게 해당 과제를 해결한 자신의 창의적 자기효능감을 어떻게 생각하는지 다시 물었다.

연구 결과, 창의적인 일을 해 본 경험이 더 많은 사람, 즉 책을 출판했거나 예술 작품을 판매했거나, 특허를 취득했거나, 연구 자금을 모금해 봤거나, 국가적으로 업적을 인정받아 본 사람들이 평소 생활에서나 이 연구 과제에서나 모두 창의적 자기효능감이 높았다. 더 나아가, 과제별 창의적 자기효능감이 더 높은 사람들은 아이디어를 더 많이 생각해 냈다. 아이디어를 더 많이 생각해 낸 사람들은 과제를 마친 후, 결국 창의적 자기효능감이 더 강화되었다. 이는 자기효능감에 대한 믿음이 직업적 성취 같은 광범위한 활동뿐만 아니라 이번 연구 과제처럼 작은 활동을 통해서도 강화될 수 있음을 의미한다.

우리는 자신의 행동을 관찰하면서 창의적 정체성을 만들어 나간다. 이 과정을 업무 환경에서 더 자세히 살펴본 결과, 자신이 하는 일이 '문제에 대한 새로운 해결책을 찾고, 오래된 문제에 새로운 관점을 제시하며, 다른 사람들이 새로운 아이디어를 개발하고 실행할 수 있도록 돕는 것'이라고 말하는 사람들은, 창의적인 근로자로서의 정체성을 가지고 있을 가능성이 컸다. 그들은 자신을 창의적이라고 생각하며 그 창의적인 특성을 직업적 정체성의 큰 부분으로 여기고 있었다.

이런 정체성은 결국 자기실현적 예언이 된다. 자신을 창의적이라고 생각할수록 중요한 프로젝트나 목표에 창의적으로 임할 수 있다고 확신하게 되고, 이런 확신으로 인해 더 쉽게 프로젝트에 접근하고, 시작하고, 아이디어를 실현하는 행동을 취하게 되기 때문이다. 조직 심리학자들의 연구는 이런 경험이 보여 주는 바를 뒷받침한다. 반복 조사한 결과, 창의적 정체성이 강화될수록 업무에서 창의성을 발휘할 수 있다는 자기효능감 또한 높아졌다. 이는 내 개인적인 의견이나 느낌이 아니다. 창의적 자기효능감이 높아지면 직장에서의 창의적 행동이 증가하고, 이는 실제 성과로 나타난다.

엘리자베스 오브라이언은 친구들과 함께 앱 개발이라는 프로젝트를 시작했을 때, 자신이 성공적으로 전국적인 규모의 비영리 단체를 운영하는 기업가가 될 줄은 꿈에도 생각하지 못했다. 하지만 프로젝트를 시작하고 첫 투자자를 유치하는 동안, 엘리자베스는 자신을 창의적인 연구자로 보는 것을 넘어 조직을 만들어 문제를 해결할 수 있는 사람으로 보기 시작했다.

만일 스스로 두각을 나타내거나 중요한 문제를 해결하는 사업을 구축하는 등 위대하고 창의적인 위업을 달성하고 싶다면, 달성해 나가는 과정에서 창의적 자아효능감을 키워 나가면 된다. 한 걸음 내디디면 자신이 해낼 수 있다는 사실을 깨닫게 되고, 또 한 걸음 내디디면 그 확신이 더욱 강해질 것이다. 창의성이 당신이라는 사람의 일부가 되고 발전과 성공을 통해 배워나가는 동안, 당신은 개별적인 성공 하나하나에 의존하지 않고도 창의적 자기효능감을 키워 나갈 수 있게 된다. 그리고 이 창의적 자기효능감은 창의적 정체성의 일부가 된다.

자신의 감정을 들여다보라

창의적 자기효능감을 키우는 세 번째 방법은 자신이 창의적 작업에 대해 어떻게 느끼는지를 알아차리는 것이다. 난관에 봉착해 좌절감과 막막함을 느낄 때, 우리는 자신감이 흔들린다. 심지어 일상의 리듬도 우리의 자신감에 영향을 미친다. 예를 들어, 아침에 정신이 더 맑고 활력이 넘치는 사람들은 자신이 아침에 더 창의성을 잘 발휘할 수 있다고 믿는다. 그러나 우리가 주목해야 할 핵심은, 창의적 프로젝트를 진행하는 동안 우리가 느끼는 감정의 변화라는 더 큰 그림이다.

로헬리오 푸엔테-디아스Rogelio Puente-Diaz 교수와 주디스 카바조스-아로요Judith Cavazos-Arroyo 교수는 창의적 작업을 대하는 감정이 창의적 자기효능감에 미치는 영향을 알아보기 위해 일련의 연구를 수행했다. 그들은 경영학과 학생들에게 창의적 마케팅 문제를 제시했다. 과제는 애플이 곧 애플 TV⁺ 스트리밍 서비스를 시작하려는데, 이 신상품에 대해 확신은 있지만 넷플릭스나 아마존 프라임 같은 중요한 경쟁사가 있다는 상황을 가정했다. 이때 애플에 추천할 만한 독창적이고 유용한 마케팅 전략을 개발하라는 것이 학생들한테 주어진 과제였다. 학생들이 과제를 시작하기 전, 연구진은 학생들에게 '독창적이고 효과적인 전략을 세우는 과제를 자신이 해낼 수 있다고 얼마나 확신하는지' 스스로 평가하게 했다. 과제를 마친 후, 연구진은 학생들에게 자신의 결과물에 얼마나 만족하는지 물었다. 그리고 자신이 낸 아이디어에 대해 0점(전혀 창의적이지 않음)에서 100점(매우 창의적임)까지 점수를 매기게 했다. 마지막으로 학생들은 다시 창의적 자기효능감을 평가했다. 이번에는 미래를 향한 예상이 아니라 과거를 돌아보며 자신이 애플에 도움이 될 만한 좋은 아이디어를 얼마나 냈는지, 자신의 전략이 긍정적으로 평가될 것이라 얼마나 확신하는지, 그리고 능력을 최대한 발휘해 유용한 전략을 세웠는지를 평가했다.

연구진은 창의적 작업을 완료한 후의 창의적 자기효능감이 부분적으로는 프로젝트를 시작하기 전 학생들이 갖고 있던 믿음에 기반한다는 사실을 발견했다. 새 프로젝트를 시작하기 전의 자기효능감이 크면 클수록 사람들은 자신이 하는 작업에 더 만족했고, 이런 감정은 작업이 완료된 이후의 창의적 자기효능감을 높였다.

자신의 과제 수행에 긍정적인 감정을 느끼면 자신이 낸 아이디어의 가치를 깨닫는 데 도움이 된다. 이런 감정은 우리가 창의적 작업 능력을 판단할 때 하나의 정보로 작용한다. "내가 한 일이 만족스러운 걸 보니 나는 창의력이 있는 게 틀림없다"라는 논리가 성립하는 것이다.

이 연구를 통해 우리가 얻을 수 있는 교훈은, 자신이 일을 대하는 접근 방식을 주의 깊게 살펴봐야 한다는 것이다. 창의성은 경험을 통해 성장한다는 것을, 프로젝트 시작 전에 반드시 떠올려라. 이러한 성장 마인드셋을 받아들이면 프로젝트 초기의 창의적 자기효능감을 높일 수 있다. 프로젝트 초기는 창의성 발휘 과정에서 불확실성이 가장 높은 시점이다. 과연 프로젝트를 창의적으로 완수할 수 있을까? 그럴 수 있으면 좋겠지만 프로젝트는 늘 새롭고 불확실하다. 하지만 혹시 누군가 비슷한 작업을 성공적으로 해 내는 모습을 본 적이 있지 않은가? 그렇다면 이제 롤모델이 생겼다. 그리고 그들의 성공 사례는 당신도 할 수 있다는 믿음을 준다. 혹은, 초기의 불확실성에도 불구하고 끈기 있게 노력하고 시도함으로써 실제로 자신이 무엇을 할 수 있는지 깨닫고 자신이 해낸 결과에 만족감과 자부심을 느꼈던 경험을 떠올려도 된다. 창의적 자기효능감을 가지고 창의적인 과제나 프로젝트를 시작하면(약간의 의심이 남아 있다 하더라도), 자신감과 훌륭한 성과, 결과에 대한 만족감이라는 선순환이 일어난다. 한번 이런 일이 시작되면 당신은 앞으로도 자신이 창의적일 수 있을 거라는 믿음을 갖게 될 것이다.

사람들이 당신에게 기대하는 바를 통해 배우라

우리의 창의적 자기효능감은 다른 사람을 관찰하고 개인의 경험을 통해 배우며 창의적 작업에 대한 자신의 감정을 인지하는 것뿐 아니라, 타인의 기대를 통해서도 크게 성장한다. 사람들의 기대는 그들이 우리에게 하는 행동에 영향을 미치고, 이는 다시 자기 자신에 대한 우리의 관점과 행동에 영향을 미친다. 특히 부모나 멘토, 리더처럼, 지위가 우리보다 높거나 우리가 존경하는 사람들은 우리에게 가장 강한 영향을 미친다.

직장에서 상사나 리더의 지지는 우리가 업무를 창의적으로 해낼 수 있다는 믿음을 강화해 준다. 지원을 아끼지 않는 상사는 직원들이 창의적이고 혁신적인 목표를 설정하도록 격려하고 창의적인 작업을 인정하고 칭찬하며, 직원의 창의적 잠재력에 대한 믿음을 표현한다. 상사가 이런 기대감을 품고 있고 직원이 그 사실을 아는 경우, 직원의 창의적 자기효능감은 강화된다.

우리는 기대의 변화에도 매우 민감하다. 연구에 따르면, 6개월 동안 직원들을 추적 관찰한 결과, 직원의 창의성에 대한 상사의 기대가 커질수록 직원의 창의적 자기효능감 또한 높아졌다. 게다가 이러한 창의적 자기효능감의 변화는 직장에서의 창의적 성과 향상과도 높은 관련이 있었다.

사람들은 상사나 리더의 기대에는 근거가 있을 것으로 생각한다. 직장에서 상사가 어떤 직원에게 창의성을 기대한다면, 그에게 창의적인 잠재력이 있다고 생각한다는 의미이기 때문이다. 따라서 그는 상황에 맞게 잘 대처하고, 창의적으로 문제를 해결하며, 업무에서도 창의성을 발휘할 수 있다고 믿는다. 창의성에 대한 상사의 기대는 일종의 설득이기도 하며, 우리의 믿음을 형성하는 데 적극적인 영향을 미친다.

소설을 쓰거나, 정보와 즐거움을 제공하는 소식지를 발행하거나, 회사를 창업하는 등 창의적 작업과 목표를 향해 나아가기 위해 마인드셋과 자신감의 기반을 쌓을 때, 주변을 둘러보라. 직장과 지역 공동체 사람들을 모델로 삼아 배워라. 그들이 할 수 있다면 당신 역시 할 수 있다. 개인적인 경험에서 배워라. 당신도 할 수 있다. 돌이켜보면 당신도 이미 해낸 경험이 있을 것이다. 그때의 기분을 떠올려 보라.

그리고 사람들이 당신의 창의적 잠재력을 믿는다면, 그 말을 믿어라. 당신에 대한 그들의 믿음과 기대는 근거 없이 나온 것이 아니다. 당신이 깨닫지 못하고 있을 뿐 그들은 당신에게서 더 큰 그림을 보고 있을 가능성이 크다.

창의적 자기효능감은 창의적 행동을 시작할 때 중요한 역할을 한다. 하지만 그것은 단지 시작일 뿐이다. 자신의 창의력을 믿는 것은 출발점일 뿐, 그것만으로는 창의적 성취가 보장되지 않는다. 더 중요한 것은 일단 창의적 행동을 시작하고, 그런 다음 창의적 과정을 처음부터 끝까지 계속할 수 있도록 해 주는 전략을 세우는 일이다. 이 책의 두 번째 장에서 바로 이 부분을 다루게 될 것이다. 잠정적인 아이디어를 구체화하는 첫 단계에서부터 독창적이고 창의적인 위업을 달성하는 단계에 이르기까지, 우리를 이끌어 줄 전략은 무엇인지 알아보도록 하자.

… THE CREATIVITY CHOICE

제2부
창의성을 실현하라

4장
창작의 원동력: 흥미와 제약 사이

5장
문제의 발견: 영감을 넘어 탐색으로

6장
감정의 힘 이용하기

7장
감정이 방해할 때

8장
창작의 벽 극복하기

4장
창작의 원동력: 흥미와 제약 사이

샤민다 아마라쿤Shaminda Amarakoon은 예일대학교 드라마 스쿨Yale School of Drama의 기술 디자인 제작 학과장으로, 브로드웨이와 오프 브로드웨이에서 여러 차례 활동했다. 엔지니어인 아버지와 피아노 교사인 어머니 사이에서 태어난 그는 어린 시절부터 과학과 예술 분야 모두에 흥미를 느꼈다. 대학에서 전공을 정할 때, 가족의 권유로 생화학 공학을 택했지만 곧 자신과 맞지 않는다는 사실을 깨달았다. 이후 그는 무대 뒤, 백스테이지에서 일하다가 연극계에 입문했다. 그곳에서 무대 세트를 조립하고 재료의 특성과 구조가 만들어지는 방법에 대해 배우면서 연극 무대 기술 작업에 대한 열정을 갖게 되었다. 이는 과학과 공학에 대한 그의 관심과 예술에 대한 애정을 결합할 기회였다.

샤민다는 현재 무대 뒤에서 조명 디자인과 무대 디자인, 의상 제작 등을 하고 있다. 종종 사람들은 이런 분야를 연극의 '창의적'인 부분과는 동떨어진 순수한 기술직으로 보지만, 이는 편협한 생각이다. 물리적인 법칙부터 안전 요건, 예산 제한 등 다양한 제약 속에서, 샤민다와 그의 기술 설계 팀은 환상과 현실을 연결한다. 추상적인 상상에 생

● **드라마 스쿨**
연극 및 공연 예술 전문 대학원

명을 불어넣는 역할을 하는 것이다. 그리고 이 모든 과정에는 풍부한 창의력이 요구된다.

샤민다의 창작에는 두 가지 원동력이 작동한다. 첫 번째는 연극 공연에 필요한 물리적 구조와 요소들, 즉 관객 앞에 연극의 마법을 펼쳐 보이는 데 필요한 모든 것을 고안하고 구현하는 과정에서 얻는 도전 의식과 즐거움이다. 두 번째는 구체적인 무대 요소를 만들어 낼 때 샤민다와 그의 팀에게 주어지는 공연 창작자들의 예술적 요구(특정 연극이나 뮤지컬에 대해 그들이 가지고 있는 예술적 비전)와 그것에 반하는 현실적인 제약(사용 가능한 자재와 인력, 주어진 예산 등)이다. 예를 들어, 브로드웨이 리메이크작인 〈왕과 나The King and I〉의 무대 공간을 작업하고 있을 때, 그는 미술 디자이너의 요구에 맞춰 천장에서부터 꽃이 떨어져 내리는 듯한 장면을 연출해야 했다. 작가의 스케치에는 꽃들이 마치 공중에 떠 있는 듯한 환상적인 장면이 그려져 있었다. 이는 하나의 제약이자 매우 어려운 도전 과제였다. 또 다른 제약은, 무엇을 어떻게 만들어 내든, 일주일에 여덟 번은 사용할 수 있을 정도로 튼튼해야 하며 그동안 유지 보수 및 수리도 가능해야 한다는 점이있다. 샤민다는 이 도전을 '기술적 요소'와 '유기적 요소'를 결합하는 작업이라고 표현했다.

창의성을 연구하는 학자들은 창의적 원동력의 이 두 가지 측면을 '동기'와 '주의'(또는 집중력)라고 부른다. '동기'란 우리가 어떻게, 왜 원동력을 얻게 되는가에 대한 것이다. 우리는 샤민다처럼 창의적 작업 과정에서 느껴지는 흥분과 기쁨, 순수한 도전 의식에서 동기를 부여받는가? 아니면, 인정받고 싶거나, 다른 사람을 돕고 싶거나, 아니면 그저 요구되는 일을 하고 싶은 욕구에서 동기를 얻는가? 한편 '주의'는 창의적 원동력의 인지적 측면이다. '주의'는 우리를 특정한 창의적 목표로 이끌고, 창작에 집중해 결과물을 만들어 내게 한다. '동기'와 '주의' 모두 우리의 창작 활동과 성과에 중대한 영향을 미친다.

우리는 왜 창의적인 사람이 되고 싶어 할까?

동기는 우리를 창의적인 목표로 이끄는 원동력이자 우리가 목표를 추구하는 이유다. 테레사 아마빌레 교수는 동기를 근본적으로 외재적 동기와 내재적 동기로 구분한다. 내재적 동기를 가진 사람들은 주로 두 가지 이유로 일을 시작한다.

① 즐거움: 그들은 자신이 하는 일에 몰두하기를 좋아하고, 새로운 문제에 도전하기를 즐긴다.
② 도전 의식: 그들은 어렵거나 생각을 자극하는 질문이나 문제에 끌리며, 스스로 해결하고 싶어 한다.

반면에 외재적 동기를 가진 사람들은 일에서 얻을 수 있는 보상이나 인정, 또는 다른 사람들과 경쟁하며 그들보다 더 잘하고 싶어서 일에 참여한다. 창의적 작업은 내재적 동기를 바탕으로 할 때 잘 이루어진다. 하지만 시기에 맞게 활용한다면 내재적 동기와 외재적 동기 둘

다 창작에 도움이 된다.

무슨 일이든 독창적이고 효과적인 것을 성취해 내는 사람들은, 기본적으로 자신이 하는 일을 흥미롭다고 느끼며 그 도전 과정에서 활력을 얻는다. 아마빌레 교수와 동료들은 약 2,500명의 참가자를 대상으로 내재적 동기와 외재적 동기, 직장에서 창의성을 발휘하는 정도에 대해 질문했다. 더욱 다양한 사람들로부터 의견을 듣기 위해, 연구진은 다양한 전공의 대학생들, 행정 비서에서 고위 임원급에 이르는 다양한 직종의 사람들, 그리고 다양한 산업 분야(국내 대표적인 카메라 회사와 광고 회사, 섬유 공장, 제지 및 인쇄 회사 등)의 전문가들을 모집했다.

연구 결과, 그들은 학생들과 성인 모두 내재적 동기가 높은 사람들이 더 창의적이라는 사실을 발견했다. 예를 들어, 내재적 동기가 높은 미술 전공 학생들은 작품 활동에 더 많은 시간을 보냈으며 더 많은 작품을 완성했다. 그들을 지도하는 교수들은 그들이 미술에 헌신적이며 예술가로서 잠재력이 내재적 동기가 그들보다 낮은 다른 학생들에 비해 더 크다고 평가했다. 또한 연구팀은 내재적 동기가 높은 직원들이 그렇지 않은 직원들보다 창의적인 아이디어를 더 많이 내며, 업무에서 창의성을 더 많이 발휘한다는 사실을 발견했다.

내재적 동기가 창작 활동에 도움이 되는 이유 가운데 하나는 이것이 선순환을 일으키기 때문이다. 즐거움과 호기심, 도전의 경험은 사고를 확장해 주고, 창의적인 과제와 문제를 다양한 각도에서 접근할 수 있게 해 준다. 사람들은 성장해 나갈수록 동기 또한 더 강화되는데, 이는 목표를 향해 나아가는 것 자체가 동기 부여가 되기 때문이다.

물론 내재적 동기가 창의성을 촉진하고 돕는 주된 원동력이라는 것은 분명하지만, 그렇다고 창의적인 사람들이 인정이나 금전적 보상에 무관심한 것은 아니다. 사람들은 자신이 하는 일을 사랑하고 도전을 통해 성장하는 동시에, 자신이 한 일에 대해 적절한 보상과 인정을 원한다. 내재적 동기와 외재적 동기는 창의성에 대해 시너지 효과를 낼 수 있다.

외재적 보상이 창의성을 가장 효과적으로 촉진하는 경우는 창작 활동의 가치를 인정받았을 때다. 예를 들어, 우리는 높은 직무 평가나 성과급을 위해 노력할 수 있다. 업무 평가에서 창의적인 성과를 명확하게 칭찬하거나, 성과급이 창의적 성과와 연결되어 있다면, 우리는 조직이 창의성을 중시한다고 느낀다. 그 결과, 더 창의적인 일을 하려는 동기를 갖게 된다.

하지만 창의성을 언급하지 않는 평가, 창의성과 무관하게 주어지는 성과급은 창의적으로 업무에 임하도록 동기를 부여하지 않는다. 맞든 틀리든, 성과급이 창의성보다 처리하는 업무의 '양에 맞춰 주어진다고 믿게 되면, 직원들은 창의적으로 일하기보다 전통적인 업무(이메일에 빠르게 답장하기 같은 것!)에 집중하게 될 것이다. 나아가 리더나 직장이 창의성을 중시하지 않는다고 느낄 경우, 직원들은 창의적으로 일하는 것이 위험만 크고 이익은 적다고 판단하기 쉽다.

외재적 보상도 어떤 특정 단계에서는 창의적 프로젝트에 효과적일 수 있다. 창의적 작업 과정은 즐겁기도 하지만 때로는 고되기도 하다. 예를 들어, 신약을 개발하는 과정에서 행정적인 일들을 처리한다거나, 책을 쓸 때 끝없이 수정을 반복하거나 마음에 들 때까지 캔버스 모서리를 덧칠하거나 새로운 제품이 승인 절차를 통과할 때까지 기다리는 시간이 바로 그런 경우다. 우리는 이런 시간을 어떻게든 버텨 내야 한다. 내 전략은 작은 보상을 설정하는 것이다. 하기 싫은 일을 미루지 않고 완수하면 아이스크림이나 치즈케이크로 자축한다.

열정을 개발하라

내재적 동기와 외재적 동기를 들여다보면, 창의성의 원동력이 얼마나 다양한 근원에서 비롯되는지 알 수 있다. 일을 실용주의적 관점, 즉 생계나 가족 부양 등의 목적을 위한 수단으로 보는 사람들은 창의성이 필요할 때 창의성을 발휘한다. 반면 직장 내의 인간관계를 중시하고 직장을 타인과 함께하는 공간으로 여기는 사람들은, 다른 사람들을 지원하는 하나의 수단으로 창의성을 발휘한다. 예를 들어, 동료(가족 같은 동료)를 보살피려는 의욕에 찬 열정적인 비서라면 개인 맞춤 생일 카드를 쓴다거나 팀원들을 위한 칭찬 공간을 마련하는 등 공동체 의식을 함양하기 위한 독창적인 방법을 생각해 낼 수 있다. 이는 '일상적 창의성'에서 나오는 행동이다.

또는 장인 정신이 창의성의 원동력일 때, 사람들은 끊임없이 기술을 갈고닦으며 탁월한 결과를 만들어 내고자 한다. 예를 들어, 매우 섬세한 일본의 직물 제조는 1,000년이 넘게 이어져 온 전통이다. 콘다야 겐베이 Kondaya Genbei 같은 이 분야 최고의 명인이 되려면 수십 년에 걸쳐 직물의 디자인과 제작 방법을 익혀야 한다. 그 과정에는 은박, 자개, 청금석 등의 귀한 재료에서 실을 얻어내는 것에서부터 시작해, 전통 베틀을 이용해 그 실로 정교한 무늬를 짜내는 것까지 포함된다. 모든 단계마다 엄청난 기술이 요구되며, 그 결과물은 아름다움과 품질

뿐만 아니라 제작 과정에서 쏟아부은 정성 때문에 경외심마저 불러일으킨다.

창의성으로 이어지는 접근 방식에는 여러 가지가 있지만, 그중에서도 의미 있는 목표에 대한 헌신이나 열정의 추구는 특히 창의성으로 이어질 가능성이 크다. 창의적 작업이 열정에서 비롯될 때, 사람들은 강한 열망으로 그 일을 추구하며 깊이 헌신한다. 사람들이 열정을 쏟아붓는 분야는 따로 정해져 있지 않다. 산림을 관리하는 일이 될 수도 있고, 위안을 주는 음식을 요리하는 일, 지속 가능한 신발을 만드는 일도 될 수 있다. 새로운 치료법을 개발한다거나 고품질 의료 서비스를 제공하는 일, 엔터테인먼트 체험을 설계하는 일이나 박물관을 운영하는 일, 기업을 설립하거나 업무나 제품을 더 안전하게 만드는 공정 개발도 될 수 있다. 사실상 어떤 일, 어떤 분야든 가능하다. 더 나아가 열정적인 사람들은 일을 그냥 단순한 과업이 아니라 자신의 일부로 여긴다. 예를 들어, 글쓰기에 열정적인 사람들은 자신이 그냥 생계를 위해 글 쓰는 사람이 아닌 작가라고 생각한다. 열정적인 자영업자들은 자신이 우연히 사업을 시작한 사람이 아니라 기업가라고 생각한다. 열정의 대상은 정체성의 중심이다. 그리고 우리의 정체성은 시간이 갈수록 우리의 행동에 지대한 영향을 미치기 때문에, 열정적인 사람들은 목표를 세우고(예를 들면 '나는 책을 쓸 거야' 또는 '나는 이 회사를 상장할 거야' 등), 하고 싶은 일을 하며, 어떤 어려움이 닥쳐와도 굴하지 않는다.

열정은 창작의 욕구에 불을 지펴, 구체적이고 실질적인 결과를 불러온다. 자신이 하는 일에 열정적이고 창의적 자기효능감이 높은 기업가들은 반대와 어려움이 있어도 프로젝트를 계속 수행할 수 있다. 그들은 결코 쉽게 포기하지 않는다. 어떤 기업가들은 상품이나 서비스를 새로 개발하는 일에 특히 열정적이다. 그들은 늘 새로운 아이디어를 구하며, 기회를 찾아 주변 탐색하기를 좋아한다. 또 어떤 기업가들은 창업에 열정적이다. 그들은 새로운 조직을 세울 때 가장 큰 희열을 느끼며, 회사의 주인이 될 때 에너지를 얻는다. 어느 경우든 이런 열정은 그들이 어려움을 극복하고 어떤 상황에서도 포기하지 않도록 동기를 부여한다.

이런 열정의 불꽃은 열정적인 사람들과 함께 일하는 이들에게 더욱 분명하게 보인다. 창업주의 열정을 느끼면 직원들 또한 열의와 에너지를 가지고 일하게 되며, 자신의 책임과 목표를 더 명확하게 인지한다. 그리고 이런 열정은 실제 성과로 이어진다. 조직의 발전에 열정을 품은 창업자들, 즉 일에 적합한 인재를 찾고 투자자를 설득하며, 회사의 성장과 개선을 위해 자신과 직원들을 밀어붙이는 창업자는 자신의 목표에 더 헌신하게 되며, 그 결과 직원 수와 매출 성장이라는 측면에서 성과가 향상된다.

열정은 창의적 작업의 상황이 어려울 때 우리에게 활기와 에너지를 불어넣어 준다. 이러한 사실은 종종 '자신의 열정을 찾아야 한다'라는 조언, 아니 명령으로 이어지기도 한다. 이런 조언은 합리적이다. 만약 열정이 창의성을 얻는 데 도움이 된다면, 당연히 열정을 찾고 따르는 것이 맞지 않을까?

하지만 문제는 열정을 찾는다는 것 자체가 이미 열정이 우리 안에 존재한다는 전제를 깔고 있다는 점이다. 비록 그 열정이 잠재되어 있어서 우리가 그것을 정확히 인식하지 못한다고 하더라도 말이다. 사람들은 열정을 마치 타고나는 고유한 특성처럼 여긴다. 그래서 열정을 찾고 싶을 때 자기 안의 열정을 깨우면 된다고 생각한다.

　우리가 열정을 어떻게 생각하느냐는 매우 중요하다. 열정을 고정된 특성으로 보는 관점은 별로 도움이 되지 않는 결과를 낳는다. 스탠퍼드대학교의 연구에 따르면, 열정이 우리 안에 내재한 특성이라고 여기는 사람의 경우 관심의 범위가 제한적이었다. 기술과 과학에 열정적인 학생들은 인문학이나 예술 관련 주제에 관심이 없었으며, 그 둘 사이에 거의 연관성이 없다고 생각했다. 예술과 인문학에 열정을 가진 학생들도 마찬가지였다. 그들은 기술이나 과학에 관해 배우는 데 관심을 보이지 않았으며, 자신의 관심사와 관련이 없다고 생각했다.

　하지만 창의성은 폭넓은 호기심에서 비롯된다. 실제로 과학 분야에서 노벨상을 받은 수상자들은 일반 대중보다 시각 예술이나 음악, 목공, 유리 공예, 공연 예술 등 예술 및 공예 관련 취미를 가지고 있을 확률이 거의 세 배나 높았다. 반대로 열정을 고정된 특성으로 보는 사람들은 관심사의 폭이 좁은 탓에 결국 창의성 역시 제한된다.

　또 열정을 하나의 고정된 특성으로 보는 사람들은 일에 대해 언제나 끊임없고 흔들림 없는 동기를 느낄 것이라고 기대하는 경향이 있다. 하지만 그들은 열정을 추구하는 일이 늘 즐겁거나 순탄한 과정이 아니라는 사실을 깨닫지 못한다. 따라서 그들은 열정을 추구하다가 어려움을 겪으면 흥미를 잃을 가능성이 크다.

　그래서 우리는 사람들에게 열정을 '발견'하라고 격려하기보다는 '개발'하도록 격려해야 한다. 샤민다 역시 처음부터 연극 무대를 기술적으로 설계하는 일에 열정을 가진 건 아니었다. 그는 예술과 과학 분야 모두에 관심이 있었고, 무대 뒤편의 세계를 탐색하면서 그곳에서 새로운 열정을 스스로 키워나갔다. 그리고 그 열정은 성공적인 창작 활동으로 이어졌다. 나 역시 처음에는 기초 과학 연구에 열정을 가진 창의성 연구자로 활동을 시작했다. 그러다 창의성과 감정 기술을 가르치는 프로그램을 개발하고 그 효과를 직접 목격한 후에야, 창의성 과학을 통해 사람들의 창의력 실현 능력을 향상하겠다는 열정을 갖게 되었다.

스티브 잡스는 리드 칼리지Reed College를 한 학기 만에 중퇴했지만, 그때 이미 전자 공학에 열정을 품고 있었다. 그는 캠퍼스에 붙은 광고를 보고 호기심에 캘리그라피 수업을 듣기로 했다. 그 수업에서 그는 서체에 대해, 그리고 다양한 글자를 조합할 때의 간격에 대해 배웠다. 그리고 자신이 배운 그 역사적, 미학적 요소에 열정을 품게 되었다. 잡스는 2005년 스탠퍼드대학교 졸업식 연설에서, 당시에는 그 지식이 어떤 쓸모가 있을지 전혀 몰랐다고 회상했다. 하지만 나중에 스티브 워즈니악Seteve Wozniak과 함께 애플을 창립했을 때, 그는 개인용 컴퓨터 디자인에 자신이 배운 것을 쏟아부었다. 오늘날 우리가 컴퓨터에서 사용하는 풍부한 글꼴은, 열린 자세로 새로운 열정을 키운 스티브 잡스 덕분이다.

이 연구가 말하고자 하는 바는, 자기 자신이나 직원, 자녀에게 열정을 찾으라고 압박할 필요가 없다는 것이다. 열정은 오히려 관심이 가는 대로 따르면서 그것이 우리를 어디로 이끄는지 따르는 과정에서 키울 수 있다. "안될 것 뭐 있어?"라는 태도로 관심사에 접근하라.

AI 프롬프트 엔지니어링이 궁금한가? 웨비나webinar를 들어라. 친척이 들새를 관찰하러 가자고 하는가? 생각도 안 해 본 일이라 하더라도 일단 시도해 보라. 인생에서 열정은 꼭 하나일 필요가 없다. 영감은 예상치 못한 곳에서 올 수 있다. "열정을 찾으라"라는 조언과 달리, 열정은 인생의 여러 시기에 다양한 장소에서 키울 수 있다. 화가이자 제도사, 과학자, 엔지니어였던 레오나르도 다빈치Leonardo da Vinci는 물론, 외교관이자 정치인, 작가, 인쇄업자, 과학자, 발명가였던 벤저민 프랭클린Benjamin Franklin과 록 밴드 퀸Queen의 기타리스트이자 뛰어난 천체물리학자인 브라이언 메이Brian May, 보스턴 셀틱스Boston Celtics의 창의적인 농구 선수이자 사회 정의 운동가, 교육 운동가인 제일런 브라운Jaylen Brown 같은 창의적인 인물들처럼 여러 분야에서 동시에 열정을 키울 수도 있다. 그렇다고 해서 열정이 줄어드는 것은 아니다. 오히려 모든 열정을 풍요롭게 한다. 스티브 잡스가 서체에 대한 애정을 애플 제품에 쏟아부었던 것처럼 말이다.

　마지막으로 열정에 대해 한 가지 주의할 점이 있다. 열정이 지나치면 해로울 수 있다. 퀘벡대학교의 로버트 발레랑Robert Vallerand은 열정이 강박 관념으로 변하기도 한다는 사실을 보여 주었다. 이런 강박적인 열정은 어떤 활동에 대한 욕구가 너무 강할 때를 말한다. 그 활동을 하지 않고는 견딜 수 없고 그 활동이 없는 인생은 상상할 수도 없으며, 그 활동에 정서적으로 의존하고, 그 활동을 할 수 있느냐 없느냐에 기분이 좌우되는 상태다.

　어떤 대상에 강박적으로 열정을 품게 되면 높은 수준의 성과를 낼 수 있지만 신체적·정신적 건강이라는 대가를 치러야 한다. 강박적인

● 웨비나
웹에서 진행되는 세미나

열정으로 촉발된 끊임없는 활동은 퇴근 후나 주말, 방학에도 멈추지 못하게 만들며, 결국 더 큰 갈등과 정신적 소진을 불러올 수 있다. 이는 결국 한때 열정으로 이루어 낸 창의적 성과에 악영향을 미친다. 신제품을 출시한다거나, 책을 완성해야 한다거나, 마감에 맞춰 프로젝트를 마쳐야 한다거나 할 때처럼, 어느 정도 강박적인 열성이 필요한 창작 활동도 물론 있다. 열정의 어두운 면에 휘둘리지 않으려면 격렬히 몰입해 일해야 할 때와 차분하게 휴식을 취해야 할 때를 잘 알고 둘 사이의 균형을 맞춰야 한다. 창의성은 휴식을 통해 다시 채워지기 때문이다.

대의를 추구하라

대의 또한 창의적 작업의 원동력이 될 수 있다. 대의란, 크고 작은 사회 문제를 해결하고 소외되거나 방치된 계층을 도우며, 더 나은 세상, 더 정의로운 세상을 만드는 데 일조하고자 하는 열망이다. 사회적 기업가들은 공익을 증진하고 사회 문제를 개선하려는 사명을 가지고 영리 기업이나 비영리 단체를 설립한다. 이는 기업 수익에 무관심해서가 아니라, 기아 종식, 양질의 교육 기회 보장, 질병의 예방 또는 의료 서비스에 대한 접근성 향상, 환경 문제 해결과 같은 일에 기여하기를 원하기 때문이다.

2006년, 아르헨티나를 방문한 블레이크 마이코스키 Blake Mycoskie는 수도 바로 외곽에서 심각한 빈곤을 목격했다. 여러 번 창업해 본 혁신적인 사업가였던 그는 그들을 돕고 싶은 열망으로 곧장 신규 사업을 시작했다. 맨발로 돌아다니다가 결국 물집이나 염증, 감염에 시달

● 블레이크 마이코스키
'탐스'의 창립자이자 최고경영자

리는 아이들의 모습을 보면서, 그는 가능한 한 많은 아이에게 신발을 제공해 주고 싶었다. 그는 신발 한 켤레가 팔릴 때마다 한 켤레를 도움이 필요한 사람에게 기부하는 혁신적인 사업 모델을 고안해 'TOMS'를 설립했다. 첫 번째 신발은 아르헨티나 농촌 노동자들이 전통적으로 신던 신발 디자인에서 따온 것으로, 현지에서 생산되었다. 이후 신발 생산 지역은 에티오피아와 케냐, 인도, 중국, 아이티로 확대되었다. 그렇게 2020년까지 1억 켤레 이상의 신발이 기부되었다. 그리고 '하나 살 때마다 하나 기부'하는 탐스의 이런 사업 모델은 패션 안경 브랜드 와비 파커Warby Parker와 베터 월드 북스Better World Books 같은 회사에도 영감을 주었다.

● TOMS
Shoes for Better Tomorrows, 후에 짧게 줄여 TOMS라고 부르기 시작

반드시 회사를 설립해야만 다른 사람들을 돕거나 사회 문제를 해결할 수 있는 건 아니다. 심리학 교수 마리 포거드Marie Forgeard는 전문 예술가와 과학자들을 대상으로 연구를 진행했다. 그 결과 이들은 다른 사람들이 다양한 관점을 이해할 수 있도록 돕는 데서 동기를 얻고, 사회 전체에 이바지할 수 있도록 보다 정확하고 깊이 있는 현실 인식을 제공하고자 하며, 자신이 하는 일이 다른 사람들의 삶에 긍정적인 영향을 미치기를 바란다는 사실을 알게 되었다.

저명한 예술가와 과학자들을 살펴보면 이러한 대의가 어떻게 창의적 작업의 원동력이 되는지 알 수 있다. 예를 들어, 제이콥 로렌스Jacob Lawrence는 대이주Great Migration 기간에 아프리카계 미국인 노동자들이 겪은 생생한 경험을 묘사하고자 했다. 그는 당시의 이주 상황을 60점의 연작 그림을 통해 처음부터 끝까지 담아냈다. 제1차 세계대전 당시 물가 상승으로 인한 굶주림과 목화 바구미 등으로 인한 면화 작

● 대이주
20세기 전반 대체로 농촌 지역인 남부에서 산업 지역인 북부와 중시부로 흑인들이 대거 이주한 현상

115

물의 초토화 같은 이주 배경에서부터 붐비는 열차와 새로 이주한 도시에서의 인구 초밀집과 인종 폭동에 이르는 모습을 그려냄으로써, 위대한 예술 작품을 창조하는 동시에 역사의 현실을 기록으로 남겼다. 또 외상 외과 의사이자 의학교수, 생의학 엔지니어인 앨버트 치Albert Chi의 사례를 보자. 그는 외상성 손상을 입은 사람들의 삶을 개선하고자 하는 열망으로 가득 차 있다. 테드엑스TEDx 강연에서, 그는 자신의 개인적인 목표 중 하나는 필요한 모든 사람이 저렴하고 편리하게 이용할 수 있는 첨단 의수족 기술을 개발하는 것이라고 밝혔다.

대의를 찾는다는 것이 반드시 세상의 큰 문제를 혼자 해결해야 한다는 것은 아니다. 주위 사람들의 일상을 개선하기 위해 노력하는 것 또한 당신에게 적합한 대의가 될 수 있다. 나는 창의성 과학이 일반인들이 이해하기에는 어렵다는 것을 깨달았다. 많은 이들이 자신과 다른 사람들의 창의성을 키우는 방법에 관심은 있지만, 연구 보고서나 논문을 읽을 기술적 배경지식은 부족한 경우가 많았다. 이 점을 깨닫고 나는 여러분과 과학적 통찰력을 공유하고, 창의성을 키우는 데 필요한 지식을 알리고 싶다는 동기가 생겼다. 누군가는 직원들이 기존의 작업 흐름에 불만을 느끼는 것을 보고 이를 재설계하고 싶다는 동기를 갖게 될 수도 있다. 또 누군가는 사람들의 삶을 조금 더 즐겁고 효율적으로 만들어 줄 상품을 개발하고자 할 수도 있다. 어떤 대의든 찾기만 한다면, 그것이 당신에게 창의적 작업의 긴 여정을 헤쳐 나갈 수 있는 힘을 줄 것이다.

창의적 집중력을 발휘할 대상을 찾아라

창의적인 작업을 시작하고 지속하는 데 동기가 필요하다. 하지만 그것만으로는 충분하지 않다. 동기에서 비롯된 에너지는 독창적이고 효과적인 방식으로 방향과 초점을 맞춰야 한다. 그런데 창의적인 작업에서 이런 방향과 초점은 찾기도 어렵고 명확하지도 않다. 시작할 때 우리는 빈 캔버스나 대리석 블록, 깨끗한 화이트보드, 새 문서창을 앞에 두고 있는 것이나 마찬가지다. "가능성은 무한하다"라는 슬로건은 매력적으로 들리지만 추상적이다. 무한한 가능성을 가진 일을 시도했다가 오히려 무력감에 빠질 위험이 있다.

연구에 따르면, 아무 제약도 없는 과제를 받으면 사람들은 익숙한 것부터 시작한다. 문제는 이것이 창의성을 발휘하는 방법과는 거리가 멀다는 사실이다. 우리의 생각과 행동은 더 독창적인 길로 가야 한다. 하지만 창의적인 작업에는 역설적인 면이 하나 있다. 그것은 바로 창의성을 직접 요구하고 기대할 때, 그리고 그 제약 때문에 생각을 집중할 때 오히려 더 나은 결과를 낸다는 점이다.

창의성을 기대하라

창의성이 '기대될 때', 즉 우리가 스스로 자신에게 기대하거나 다른 사람들이 우리에게 기대할 때, 창의적 작업은 조금 수월해질 수 있다. 창의성을 발휘하라는 분명한 요구는, 창의성을 '가능하다면 좋은 것', 즉 선택적인 것이 아닌 의도적으로 반드시 추구해야 하는 목표로 바꿔 놓는다. 그리고 이때 요구되는 창의성은 부담스러운 '의무'가 아니라 창의적으로 일해도 된다는, 즉 창의적인 활동과 새로운 가능성의 탐색에 시간과 에너지를 쏟아부어도 좋다는 '허락'으로 다가온다. 창의성이 기대된다는 사실은 동료나 팀원, 리더 등 다른 사람들이 우리의 독창적인 아이디어나 해결책, 그리고 그것들을 추진하기로 한 우리의 결정에 부정적으로 반응할지도 모른다는 내면의 불안을 잠재우는 데에도 도움이 된다.

직장에서는 창의성이 자주 기대된다. 예를 들어, 프로젝트 매니저는 디자이너에게 특정 용도의 상품(예를 들어, 인체공학적 자동차 엔터테인먼트 시스템?)을 만들어 달라고 요청한다. 마케팅 에이전시의 전문가는 신제품의 이름을 짓는 업무를 맡을 수 있다. 새로 부임한 고위 임원은 기존 조직이 가진 수많은 도전 과제와 문제에 대해 참신한 해결책을 마련해야 한다. 기술 프로덕션 디자인 책임자로서 다양한 작품의 무대 디자인을 담당하는 샤민다는 각 작품의 요구 사항과 아티스트의 고유한 관점에 주의를 기울여야만 한다.

특정 과제에 창의성을 발휘하라고 직접적으로 요구하면, 사람들은 그 상황에 맞춰 능력을 발휘한다. 노스캐롤라이나대학교의 창의성 연구진은 창의성 있는 아이디어를 내기보다 (브레인스토밍 세션에서 흔히 그렇듯) 많은 과제를 처리하도록 요구받았을 때 사람들의 창의적 사고력이 어떻게 달라지는지 알아보기 위해 한 가지 실험을 했다. 실험 참가자들은 흔히 볼 수 있는 밧줄과 상자, 이 두 가지 물건으로 무엇을 할 수 있을지 생각해 보라는 요청을 받았다. 연구진은 참가자들에게 '실험의 목표는 창의적인 아이디어, 즉 기발하고, 특이하고, 흥미롭고, 흔치 않고, 유머러스하고, 혁신적이면서도 색다른 아이디어들을 생각해 내는 것', 그리고 '아이디어의 수보다 아이디어가 얼마나 창의적인지가 더 중요'하다고 말했다. 그리고 또 다른 참가자들에게는 그냥 '가능한 한 많은 아이디어를 떠올리는 것'이 목표라고 말했다. 그런 다음 독립적인 평가자들이 모든 답변에 대해 창의성을 기준으로 평가했다.

그 결과, 창의적인 아이디어를 내라고 직접 요청받은 사람들이 훨씬 더 창의적으로 생각하는 것으로 드러났다. 창의성에 집중하라는 분명한 지시가 있었기 때문에, 사람들은 목적의식을 가지고 흔치 않고 기발한 답변을 떠올리기 위해 주의력을 기울였다. 또한 정서적으로 민감하고 자의식이 강한 사람들에게 추가적인 이점이 있었다. 창의성을 발휘하라고 분명하게 지시하자, 개방형 질문에 답해야 하는 상황에 대한 걱정이 줄어들고 과제 수행 과정에서 느끼는 모호함이 사라졌기 때문이다.

이 결과를 보고 놀랍다는 생각이 들 수 있다. 브레인스토밍 세션에서는 진행자가 보통은 아이디어의 질보다 양이 중요하다고 강조하는 경우가 많다. 질은 양의 부산물로 나타난다는 것이다. 하지만 창의성 과학은 반드시 그런 것은 아니라고 말한다. 창의성을 기대하고 목표로 삼을 때 우리는 더욱 창의성을 발휘한다. 우리는 스스로 자신에게 창의성을 기대하기도 하고, 직장에서 기대를 받기도 한다. 결과는 같다. 다른 사람들로부터 창의성을 기대받을 때 우리는 더욱 창의적인 사람이 된다. 리더라면 이 사실을 기억하라. 같이 일하는 사람들에게 창의적으로 일하라는 목표를 주면, 그들은 더욱 창의적인 모습을 보일 것이다.

창의성을 목표로 삼는 것 외에 또 한 가지 기억해야 할 것은, 창의성을 발휘하기 위해서는 시간을 들여 노력해야 한다는 점이다. 창작에 시간과 노력을 많이 들이면 들일수록 더 독창적인 아이디어가 떠오른다. 그런데 문제는 사람들이 맨 처음 떠오른 아이디어가 가장 창의적이라고 생각하는 경향이 있다는 사실이다.

조직 행동학 교수인 브라이언 루카스Brian Lucas와 로런 노드그런 Loran Nordgren은 참가자들에게 창의적 사고가 필요한 과제를 제시하고 다양한 해결책을 생각해 내도록 지시했다. 그러면서 일부 참가자들에게 자신이 처음에 낸 아이디어와 나중에 낸 아이디어 중 어느 아이디어가 더 창의적일지 예측해 보게 했다. 그리고 다른 참가자들에게는 창의적 사고 과제를 완수한 후에 자신의 아이디어를 다시 살펴보게 했다. 연구 결과는 실험 설계와 무관하게 동일했다. 참가자들은 처음에 낸 아이디어가 가장 창의적이라고 믿었지만, 외부 평가자들은 항상 나중에 나온 아이디어가 가장 창의적이라고 평가했다.

이 연구가 시사하는 바는 분명하다. 우리가 창의적인 작업에서 시간과 노력, 끈기가 차지하는 중요성을 과소평가하고 있다는 점이다. 우리가 참석하는 회의는 보통 창의적인 아이디어를 신속하게 제시하라고 요구하는 경우가 많다. 또 그렇게 해서 나온 아이디어 중 일부는 괜찮게 여겨지기도 한다. 하지만 더 많은 시간을 투자하면 훨씬 더 창의적인 아이디어가 될 수도 있다는 사실 또한 알아야 한다. 이는 이 책에서 가장 하기 어려운 조언이기도 하다. 우리는 모두 시간적 압력을 받고 있기 때문이다. 하지만 창의적인 작업을 위해서는 시간을 더 확보해야 한다.

행동에 제약을 두라

창의적 원동력에 집중하게 만드는 가장 강력한 방법은 우리가 하는 일에 제약을 두는 것이다. 이 말은 역설적으로 들릴 수도 있다. 흔히 창의성을 발휘하기 위해서는 제약 없는 자유가 필요하다고 생각하는 경향이 있기 때문이다. 실제로 6개국의 참가자들을 대상으로 실험한 결과, 70퍼센트의 참가자가 행동이 완전히 자유로울 때 가장 창의적이라고 대답했다. 그러나 실제로는 그렇지 않다.

우리는 흔히 제약을 불편하게 여기고 거부감을 느낀다. 제약은 무언가를 못 하게 하거나 해야 할 조건을 부과하여 사고와 행동에 제한을 가한다. 디자이너는 고객이 요구하는 구체적인 요구 사항을 작품에 반영해야 하고, 저널리스트는 지시를 따라야 하며, 해당 매체의 형식과 스타일이라는 제약을 지켜야 한다. 소프트웨어 및 제품 엔지니어는 사용자가 기대하거나 좋아할 만한 기능을 결과물에 포함해야 한다. 예술가들조차도 종종 관객이나 특정한 작품을 의뢰하는 개인, 특정한 종류의 작품을 찾는 갤러리의 요청에 맞춰야 한다. 아마도 역사상 가장 유명한 예술 작품일 레오나르도 다빈치Leonardo da Vinci의 〈모나리자Mona Lisa〉 역시 이탈리아의 귀족 여성 리자 델 조콘도Lisa del Giocondo의 초상화를 의뢰받아 그린 것이고, 역사상 가장 유명한 반전反戰예술 작품인 파블로 피카소Pablo Picasso의 〈게르니카Guernica〉 또한 스페인 공화국 정부의 의뢰를 받아 그린 것이었다. 다빈치는 소재를 자유롭게 선택할 권리가 없었다. 만일 그에게 선택권이 있었다면, 그가 과연 리자 델 조콘도의 초상화를 그렸을지, 아니 초상화라는 그림 자체를 그렸을지 알 수 없는 일이다. 피카소는 주제에 특별히 제약을 받지는 않았지만, 전쟁의 참상을 그려야 한다는 제약이 있었다.

제약은, 만일 제약이 없었다면 고려하지 않았을 아이디어나 접근법을 택하도록 우리를 유도하여 창의적인 작업에 영향을 미친다. 사람들은 자율에 맡기면 쉽고 익숙한 것을 찾는 경향이 있다. 따라서 '제약 없는' 작업은 독창성이 떨어질 가능성이 크다. 만일 어떤 아이디어가 쉽고 빠르게 떠오른다면, 그 아이디어는 많은 이들의 눈에 뻔하게 느껴지는, 별로 놀랍거나 독특하지 않은 아이디어일 가능성이 크다.

5세에서 11세 사이의 아동이 가지고 놀 만한 장난감을 디자인한다고 상상해 보자. 연구원들은 디자이너들에게 이 과제를 주고 제약의 정도에 따라 누가 더 창의적인 결과물을 만들 수 있는지 살펴보았다.

모든 디자이너에게 새 장난감에 적용할 20개의 형태를 준 다음, 한 그룹에는 이 가운데 5개의 형태를 선택하게 했다. 다른 그룹의 디자이너들은 20면체 주사위를 굴려 그 결과 무작위로 결정되는 5개의 형태를 사용하도록 했다. 그런 다음 각 그룹의 일부 참가자에게는 이 5개의 형태를 모두 사용해야 한다는 제약을 주고, 나머지 참가자들에게는 5개 전부를 쓰든 일부를 쓰든 마음대로 할 수 있도록 했다. 그리고 디자이너들이 작업을 마쳤을 때, 경험이 풍부한 심사위원단이 참가자들이 만든 장난감의 창의성을 평가했다.

결과는 우리 직관과 정반대로 나타났다. 사용할 형태를 자유롭게 선택할 수 있었던 디자이너들이 만든 장난감이 가장 창의성이 부족했다. 무작위로 선택된 형태 중에 사용할 형태의 개수를 선택할 수 있었던 디자이너들의 장난감은 조금 나았다. 그리고 사용할 형태나 개수를 선택할 수 없었던 디자이너들의 장난감이 가장 창의적이었다.

이 연구 결과, 어떤 종류의 창작이든 제약이 있을 때 더 창의적인 결과물이 나온다는 사실을 알 수 있다. 예상치 못한 제약이 주어지면 (예를 들어, '당근'이라는 말을 넣어 생일 카드를 적으라는 등) 뻔한 아이디어로는 과제를 만족스럽게 해결할 수 없으므로, 오히려 독창적인 아이디어를 떠올리게 된다.

반면 제약이 없는 상태에서 창작 활동을 할 때 우리는 익숙한 방식에 의존하는 경향이 있다. 예를 들어, 외계인을 그리라고 하면 우리 대부분은 자동으로 팔, 다리, 몸통, 머리가 있는 생명체를 떠올린다. 눈이 더 크거나 손가락이 다섯 개는 아닐 수 있어도, 어쨌든 상당히 인간을 닮은 모습을 상상한다. 이제, 신체적인 운동 능력이 없는 외계인을 그리라는 요청을 받았다고 상상해 보자. 주변을 둥둥 떠다니는 생명체를 떠올리는 사람도 있을 수 있고, 외계인을 위한 기술 기반의 교통수단을 만들어 내는 사람도 있을 수 있으며, 전혀 예상치 못한 특이한 외계 생명체를 떠올리는 사람도 있을 수 있다. 이렇게 제약은 우리를 낯선 영역으로 몰고 가 더욱 큰 창의성으로 가는 길을 열어 준다.

이 모든 연구가 실질적으로 의미하는 바는 분명하다. 우리는 제약의 힘을 의도적으로 활용할 수 있다. 작곡가 이고르 스트라빈스키Igor Stravinsky도 다음과 같이 표현했다. "제약이 많을수록 오히려 더 자유로워진다. 제약의 임의성은 오직 실행을 더 정밀하게 만들 뿐이다."

무한한 가능성은 우리를 어쩔 줄 모르게 만들어 쉽게 상상할 수 있는 익숙한 해법을 선택하도록 만든다. 예술가와 창작자들이 스스로 제약을 가하는 이유는 무한한 가능성에서 벗어나 새로운 해법을 찾기 위함이다.

제약을 설정할 때는 그 제약이 집중력을 높여주는지, 예상하지 못한 새로운 방향으로 주의를 끄는지 유의해야 한다. 모든 제약이 유용한 것은 아니다. 때로는 기존의 제약에 의문을 제기하고 새로운 제약을 설정해야 한다.

19세기의 예술가들은 사실주의를 추구함으로써 자신의 독창성을 제한했다. 힐마 아프 클린트Hilma af Klint와 바실리 칸딘스키Vassily Kandinsky가 실제 사물과 장소, 사람들만을 그려야 한다는 제약에서 벗어나기로 한 후에야, 비로소 새로운 화풍, 즉 추상 미술이 시작되었다. 새로운 예술 사조를 만들지 않아도 제약만 잘 설정한다면 관습적이고 예측 가능한 틀에서 벗어나 독창성의 영역으로 나아갈 수 있다.

물론 아무리 좋은 것이라 하더라도 과하면 안 된다. 과도한 제약은 오히려 좌절감을 불러올 수 있다. 따라서 유익하면서도 자유로운 제약과 창의적 원동력을 해치는 제약 사이에서 적절한 균형점을 찾아야 한다. 문제는 그 지점이 늘 명확하지 않다는 데 있다. 대부분 시행착오를 통해 발견하게 된다. 이 사실을 좋게 포장할 생각은 없다. 분명 답답함을 느끼고 의욕을 잃기도 할 것이다. 하지만 창의적 성공으로 가는 긴 여정을 계속하기 위해서는 이런 감정을 다스리는 기술이 필요하다. 그래야 그런 감정에 억눌리거나 휘둘리지 않을 수 있다.

계획을 세우되, 계획에 지배당하지 않도록 주의하라

창의적 원동력에는 집중력을 높이고 일의 방향을 제시해 줄 계획이 필요하다. 계획을 세울 때 우리는 목표에 도달할 방법을 구상하며 업무에 임한다. 계획을 세우는 행위는 우리를 실천적 마인드셋으로 바꿔 놓는다. 창의적 원동력이 단순한 동기에서 목표를 향한 추진력으로 전환되는 것이다. 목표는 이제 추상적인 개념이나 이루고 싶은 아이디어가 아니라, 노력하면 실제 달성할 수 있는 것이 된다.

하지만 창의적인 계획은 로드맵이 아니다. 다른 유형의 목표 달성 계획과 비교해 보면 이는 더욱 분명해진다. 운동을 위해 달리기를 시작하겠다는 목표를 생각해 보자. 몇 년 전, 나는 지역 러닝 센터에서 '소파에서 벗어나 5킬로미터 달리기'라는 프로그램에 등록했다. 일주일에 3일씩 조금씩 거리를 늘려가며 달리도록 만든 체계적인 프로그램이었다. 처음에는 1분 달리고 1분 걷는 식으로 열 번을 진행했다. 프로그램이 끝날 무렵 30분 동안 쉬지 않고 달릴 수 있는 지구력이 생겼다. 5킬로미터를 달리겠다고 결심한 순간부터 실행에 이르기까지의 과정은 매우 체계적이었다. 사람들은 그저 날마다 꾸준히 노력하기만 하면 됐다. 행동으로 옮기는 끈기만 있으면 됐다. 나이키의 유명한 슬로건 '그냥 하라Just Do It'처럼 그냥 하면 됐다. 하지만 사실 '그냥just'은 쉬운 일이 아니다. 인간의 행동에는 많은 관성이 작용한다. 일단 달리기를 하러 나가는 일이 좀처럼 쉽지 않다. 더군다나 내가 사는 뉴잉글랜드의 4월은 날씨가 좋은 편이라고 하기는 어려웠다.

그러나 명확한 계획과 정해진 단계만 따르면 되는 달리기와는 달리, 창의적 활동은 명확하게 규정되지 않는 경향이 있다. 원하는 목표가 명확하지 않다는 얘기가 아니라(책을 쓴다거나, 새로운 휴대전화 앱을 개발한다거나, 새로운 박물관을 설계한다거나 등등 목표는 분명하다), 처음부터 끝까지 따라갈 명확한 경로나 정형화된 단계가 없다는 얘기다. 어디서부터 시작하고 어떤 방향으로 나아가야 할지조차 불분명하다. 바로 가

저다 적용할 수 있는 본보기도 없다. 결국 창작자는 스스로 길을 정하고 개척해야 한다.

아이디어에서 완성품까지 이끄는 단계별 가이드가 있으면 좋겠지만, 창작 활동의 경우에는 그런 안내가 효과적으로 작동하지 않는다. 창작의 목적지로 가는 길은 항상 예상치 못한 막다른 길과 상애물과 교통 체증, 혼란스러운 이정표들로 가득하기 때문이다. 단계별 가이드가 우리의 출발을 도와줄 수는 있겠지만, 결국 도중에 어딘가에서 길을 잃고 헤매거나 방향을 다시 설정해야 할 시점에 직면하게 된다.

창작 활동을 계획할 때의 핵심은 '몰입할 방향을 찾는 것'과 '다양한 가능성에 대해 열린 마음을 유지하는 것' 사이의 균형을 맞추는 일이다. 하나의 아이디어에서 출발하더라도, 그 아이디어를 현실화하는 과정에서 얻는 피드백이나 예상치 못한 깨달음을 통해 새로운 아이디어가 떠오르는 경우가 많다. 계획은 그렇게 생겨난 새 아이디어가 실현될 수 있는 여지를 주어야 한다. 프로젝트를 진행하는 동안 아이디어를 완전히 실현하기 전에 여러 아이디어를 충분히 탐구하고 시험해 볼 필요가 있다. 교육 지도자들을 대상으로 진행한 연구에서 한 혁신가는 이렇게 말했다. "저는 목표 달성을 위해 개요를 작성하는 걸 좋아하지만, 그 틀은 일반적으로 유지하되 정해진 과제에 집착하지는 않는 편입니다." 목표를 위한 계획을 세우고 그 과정을 관리할 때 유연하게 대처할 수 있다면 더욱 창의적인 행동을 하게 되며, 한층 창의적인 최종 결과물을 만들어 낼 수 있게 된다.

심리학자들은 어떤 종류의 계획이 창의적인 작업에 가장 도움이 되는지 연구했다. 대학생을 대상으로 한 연구에 따르면, 개요를 작성하라는 지시를 받은 후 쓴 글이 개요 없이 작성했을 때보다 질이 높았다. 중요한 점은 종이에 적지 않고 머릿속으로만 개요를 정리해도 충분했다는 사실이다. 개요는 무엇을 어떻게 해야 할지 고민하는 데서 오는 정신적 부담을 덜어 주는 동시에, 계속해서 변화하고 진화하는 아이디어를 열린 마음으로 받아들일 수 있게 한다. 즉 구조와 유연성 사이에 완벽한 균형을 제공함으로써 창의성에 도움을 준다.

또 다른 연구에서는 특정 유형의 계획이 창의적 문제 해결에 미치는 영향을 비교했다. 연구원들은 다양한 집단의 사람들에게 다음과 같은 과제를 부여했다.

① 앞으로 취해야 할 세부 단계를 도표와 타임라인으로 나누어 작성할 것
② 해당 문제와 관련이 있는 개인적인 경험을 떠올려 보고 그것을 계획에 적용할 것
③ 실패할 경우를 예상할 것

연구원들은 이 세 가지 계획 방식을 서로 비교하고, 아예 명확한 계획을 세우지 않았을 때의 경우와도 비교해 보았다. 그 결과, 과거의 경험에 의존해 세부적인 작업 목록을 작성하는 경우 창의적인 해법을 이끌어내지 못했다. 가장 도움이 된 접근 방식은 목표 달성 과정에 위협이 될 만한 장애 요소를 예측하는 것이었다.

계획을 세울 때는 유연해야 한다는 것을 기억하라. 창의성은 깔끔하게 마련된 단계를 통해 발휘되는 것이 아니다. 마치 둥근 구멍에 네모

난 못을 끼우려고 애쓰는 것과 같다. 억지로 끼울 수는 있겠지만, 창의성이라는 원래 목표에는 도달하기 어렵다. 그러니 단계를 마련하는 대신 무슨 일이 어디서 잘못될지 예측하라. 모든 어려움을 예측할 수는 없지만 창의적인 작업에 도움이 되기에 충분한 유연성을 갖추게 될 것이다.

창의적 원동력을 관리하라

우리를 성공적인 창의적 성과와 결과물로 이끄는 창의적 원동력은 '골디락스 원리Goldilocks principle'를 따른다. 이 이름은 과학자들이 호기심 많은 동화 속 소녀 골디락스에서 유래했다. 골디락스는 깊은 숲속에서 길을 잃고 헤매다가 오두막을 발견한다. 지치고 배가 고팠던 소녀는 빈 오두막 안 식탁 위에 놓인 그릇 세 개를 발견한다. 하나는 너무 뜨겁고, 하나는 너무 차갑고, 마지막 하나는 딱 적당한 온도다. 골디락스는 세 번째 그릇에 담긴 죽을 먹고 침대로 간다. 첫 번째 침대는 너무 작고, 두 번째 침대는 너무 크고, 세 번째 침대는 낮잠 자기에 딱 알맞은 크기다. 골디락스 원리는 창의적 원동력을 활용하기 전에 그것이 너무 차갑거나 뜨겁지는 않은지, 또는 너무 작거나 크지는 않은지 살펴보라고 말한다. 창의성은 우리가 너무 작거나 크지 않고, 너무 단순하거나 지나치게 어렵지 않은 대상을 추구할 때 가장 잘 발휘된다.

가장 성공적인 창의적 원동력은 독창적인 성과를 향한 도전 정신과 장애물을 해결하는 능력이 조화를 이룰 때 형성된다. 이런 조화의 마법은 몰입flow을 경험할 가능성을 높인다. 몰입이란 남의 눈을 신경 쓰지 않는 상태에서 시간이 순식간에 흐르며 우리의 행동이 연속적으로 술술 이어지는 듯한 느낌이 드는 심리적 상태를 말한다. 몰입 상태에 있을 때, 우리는 자신이 하는 일에 완전히 몰두한다.

몰입의 경험을 가장 먼저 말로 설명하고 선구자적 연구를 수행한 사람은 심리학자 미하이 칙센트미하이Mihalyi Csikszentmihalyi다. 그는 혁신가부터 예술가, 그리고 세상을 이해하는 우리의 관점을 바꾼 과학자들(노벨상 수상자 14명 포함)에 이르는 90명이 넘는 창의적인 인물들을 인터뷰했다. 그리고 그들이 종종 몰입을 경험한다는 사실을 발견했다. 몰입은 아이디어를 실현하는 데 도움이 되었을 뿐만 아니라, 몰입의 경험 그 자체가 만족스러운 과정이었다. 이처럼 특별한 창의성을 가진 사람들은 몰입 상태를 끊임없이 추구했고 그 상태는 일상적인 작업 방식이 되었다. 몰입은 우리를 이상적인 집중 상태로 이끌고 동시에 미래의 창의적 작업에 대한 동기를 높인다.

'혁신적 창의성' 유형 창작자의 몰입을 돕는 창의적 원동력은 '전문적 창의성' 유형 창작자의 일상적 창의성도 높여 준다. 도전 과제의 한계까지 자신을 밀어붙이는 경험은 아이디어 구현에 큰 도움이 된다. 그럴 때는 강한 집중력과 함께 명료함과 통제감을 유지해야 하므로, 오랫동안 방해받지 않고 작업에 몰두할 수 있는 시간을 확보하는 것이 좋다.

창의적 원동력의 과제는 균형을 유지하는 것이다. 창의성을 자극하는 제약과 도전 사이의 경계가 뚜렷하지 않기 때문이다. 열정을 키우되 그것이 삶 전체를 지배하지 않도록 조율하는 일 역시 쉽지 않다. 우리는 창의적 원동력이 골디락스 영역에 머물도록 잘 관리해야 한다. 다음 장에서는 창의적 작업의 감정적인 측면을 살펴보고, 이 감정의 롤러코스터를 어떻게 이용하고 다룰 수 있을지 알아보도록 하자.

5장
문제의 발견: 영감을 넘어 탐색으로

새로운 발명품을 접하거나 삶에 영향을 주는 상품을 떠올릴 때, 또는 상상하기 힘들 정도로 복잡한 시스템이 어떻게 만들어졌는지 궁금할 때(예를 들면, 날마다 전 세계 수만 편의 항공편은 어떻게 운행되는 걸까?), 흔히 떠올리는 질문이 있다. "어떻게 저런 생각을 했지?" 우리는 누가 어떻게 이런 놀라운 아이디어를 생각해 냈는지 알고 싶어 한다.

  하지만 창작자들과 창의성 연구자들은 이런 질문이 창의성을 이해하는 데 그다지 적절한 것은 아니라고 말한다. 오히려 창의성의 핵심은 과학자들이 '문제 발견'이라고 부르는 것에 해당한다. 이는 질문을 던지고 창작이나 탐구의 기회를 포착하며, 질문을 구성하고 재구성해 기존의 방식에 의문을 제기하고 새로운 방식을 탐색하는 과정을 말한다. 여기서 '문제'란 우리가 일상에서 맞닥트리는 귀찮은 일이나 장애물 같은 것이 아니다. 창의성의 맥락에서 문제는 우리를 움직이게 하는 무엇, 우리의 작업을 이끌어나가는 질문, 특정 주제에 대한 특별한 접근법이다. 또한 문제를 '발견'한다는 말은 문제를 제기하는 방법이 여러 가지가 있음을 의미한다. 문제는 다양한 수준의 일반성을 가진다. 너무 일반적인 문제는 해결책을 어떻게 찾아야 할지 방향을 제시하지 않기 때문에 그다지 유용하지 않다. 우리는 더 생산적인 해결 방법을 찾아야 한다.

이에 관해 알베르트 아인슈타인과 레오폴트 인펠트Leopold Infeld는 이런 말을 남겼다. "문제를 공식화하는 것이 해결책보다 더 중요할 때가 많다. 해결책은 단순한 수학적, 실험적 기술의 문제에 지나지 않을 수 있다. 새로운 질문과 새로운 가능성을 제기하는 일, 오래된 질문을 새로운 관점에서 바라보는 일에는 창의적 상상력이 필요하며, 이는 과학의 진정한 발전을 의미한다." 물리학계의 거장들이 설명한 과학적 탐구의 본질에 대한 이 내용은 패션 디자인, 신기술 개발, 예술, 비즈니스 혁신 등 다양한 분야에도 적용된다.

'문제의 발견'이라는 말은 직관에 반하는 것처럼 들릴 수 있다. 우리는 문제를 우리에게 주어지는 것으로 생각하며, 아이디어와 잠재적 해결책을 떠올리는 것으로 문제에 반응한다. 이유는 명확하다. 우리가 대부분의 시간을 보내는 학교와 직장은 늘 과제를 부여하는 방식으로 운영되기 때문이다. 학교에서는 수학 문제를 풀어야 하고 문학 작품 토론 시간에는 구체적인 질문에 답해야 하며(독후감을 기억하는가?), 과학 시간에는 다양한 과학 현상을 설명해야 한다. 직장에서는 종종 상사와 고객, 의뢰인이 제기한 문제를 해결하는 프로젝트를 맡는다. 심리학자들이 처음 개발한 창의적 사고 테스트 역시 이와 비슷하게 사람들에게 문제를 제시하고 그 해결 과정을 지켜보는 접근 방식이었다.

하지만 아무리 주어진 문제라도 문제를 어떤 관점, 어떤 시각으로 볼지 선택해야 한다. 창의적 과제는 대개 광범위하게 시작하기 때문이다. 기존에는 직접 대면으로만 가르쳤던 업무 기술을 디지털로 교육하는 시스템을 개발한다거나, 사용자에게 팟캐스트를 추천해 주는 새로운 알고리즘을 개발해야 한다고 상상해 보라. 이런 문제는 휘트니 울프 허드Whitney Wolfe Herd가 새로운 유형의 데이팅 앱을 개발할 때 겪었던 문제와 매우 비슷하다. 그녀가 처했던 문제는 매우 광범위했다. 그녀가 출시한 범블Bumble 앱의 창의성은 '여성의 경험을 중심으로 앱을 디자인하면 어떨까?'라는 초기 프레임에서 비롯되었다. 문제를 프레이밍 하는 다른 방법도 생각해 볼 수 있다. 예를 들면, 잠재 이용자 그룹에 맞춘 특별한 앱을 개발한다든지, 프로필을 탐색하는 새로운 방법을 고안하는 것도 가능하다. 문제를 어떤 관점으로 프레이밍 하느냐에 따라 만들어지는 제품도 달라진다. 그리고 그중 일부는 다른 제품보다 더 창의적이다.

심리학자들은 '문제 발견'을 두 가지 사고 과정을 포괄하는 용어로 사용한다. 그 첫 번째 사고 과정은 바로 '문제 인식'이다. 문제 인식이란, 같은 상황 속에서 다른 사람들은 인식하지 못하거나 무시하는 문제를 발견, 또는 인지하는 것을 뜻한다. 많은 경우 하나의 문제를 인식하면 다른 문제가 또 눈에 들어오고, 하나의 프로젝트가 성장해 다른 프로젝트가 된다. 문제를 인식할 때, 우리는 문제를 인지하는 그 경험에서 영감을 받았다고 느끼며 해결책을 모색해야 한다고 생각하는 경향이 있다. 카티 카리코 박사Dr. Kati Kariko는 mRNA 연구를 자신의 과제로 인식했다. 그녀는 mRNA가 세포에 단백질 생성을 지시할 수 있는 분자라는 점에 주목했고, 이 발견에 영감을 받아 새로운 응용 분야를 개척하기 위한 연구에 몰두했다. 그리고 결국 그녀의 기초 연

● **카티 카리코 박사**
코로나19 백신 개발 연구로 2023년 노벨 생리의학상을 받았다.

구는 mRNA 코로나19 백신 개발을 가능하게 했다.

두 번째 사고 과정은 '문제 구성'으로, 탐색과 실험을 거쳐 문제를 구성하는 것이다. 정물화를 그린다고 친다면, 그리기를 결정하는 (또는 요청받는) 것에서부터 어떤 사물을 어떤 식으로 그려 독특한 작품을 만들어 낼 것인지를 탐색하는 것까지 포함하는 과정이다. 이미 문제가 주어진 상황이므로 문제를 새롭게 인식할 필요는 없지만, 문제를 구체적으로 구성하는 일이 필요하다.

문제 인식: 영감을 찾아라

실비아 베어Sylvia Baer는 영문과 교수다. 그녀는 자신의 여성 문학 수업을 듣는 학생들이 에밀리 디킨슨Emily Dickinson의 작품을 제대로 이해하지 못한다는 사실을 알게 되었다. 물론 형식적으로는 분석할 수 있었지만, 시가 주는 본능적 감동은 느끼지 못하는 것 같았다. 실비아는 이 문제를 그대로 둘 수는 없다고 생각했다. 학생들이 시인과 교감할 수 있게 돕고 싶었다. 실비아의 표현을 빌리자면, 디킨슨의 작품은 '자신의 머릿속에 무엇이 있는지'를 탐색할 기회였다. 그녀는 제대로만 접근한다면 한창 정체성을 키우고 있는 젊은 학생들이 디킨슨의 시에 공감할 수 있을 거라고 확신했다.

탐구할 가치가 있는 문제를 인식하는 일은 고무적이다. 그리고 많은 경우, 인식 그 자체만으로도 잠재적 해결책이 눈에 보이기도 한다. 실비아가 인식한 문제는 학생들이 디킨슨의 시에 개인적으로 공감하지 못한다는 것이었다. 실비아는 누군가를 개인적으로 알게 되면 공감할 수 있을 거라고 판단했다. 그리고 아이디어 하나가 불꽃처럼 타올랐다. "어느 날 문득 에밀리 디킨슨으로 변신해 강의실에 들어가 봐야겠다는 생각이 들었어요." 그녀가 내게 말했다. "저렴한 가발을 구했죠. 그리고 길고 새하얀 드레스를 입었고요. 그리고 기쁘게 방문객들을 맞이했어요."

학생들은 실비아의 변신을 반겼다. 실비아는 자신의 역할을 탐구하고 다듬기 시작했다. 친구에게 부탁해 디킨슨이 자주 입었던 드레스의 복제품을 만들었고 진짜 가발을 구매했다. 강의실에서는 에밀리 디킨슨을 완벽하게 연기했다. 시를 읽고, 학생들과 이야기를 나누었다. 그리고 에밀리의 오빠와 그의 연인, 그리고 19세기 매사추세츠주 애머스트에서 있었던 일들에 관해서도 이야기했다. 실비아의 학생들은 처음으로 에밀리 디킨슨을 먼 과거의 알 수 없는 작가가 아니라, 생생히 살아 있는 인물로 보게 되었다. 에밀리 디킨슨의 시가 새롭게 생명력을 갖기 시작했다. "학생들은 마치 실제로 에밀리 디킨슨을 만난 느낌을 받았어요." 실비아가 말했다. "언어는 사람과 연결될 때 더 큰 힘을 가집니다."

실비아의 경우, 문제가 있었고 그녀는 그 문제를 해결할 가치가 있다고 인식했다. 에밀리 디킨슨의 시를 직관적으로 이해하지 못하는 사람들이 그녀의 학생들만 있는 건 아닐 터였다. 실비아가 내린 결정의 독특한 점은 그녀가 이 문제에 창의적으로 접근해야겠다고 판단했다는 것이다. 창의성은 에밀리 디킨슨의 시를 가르치는 직업에 요구되는바가 아니었다. 하지만 실비아는 더 깊이 파고들기를 원했고, 결국 이 문제를 해결하기 위해 창의적인 해결책이 필요했다.

어디에서 영감을 찾아야 할까?

문제 인식이란 '무언가를 해야겠다' 또는 '해 볼 만한 하다'라는 사실을 깨닫는 것이다(아, 여기 도전 과제가 있군). 문제 인식의 첫 번째 규칙은 관심을 보이는 것이다. 다행히 이는 어렵지 않다. 창의성에 있어서 문제의 인식은 영감처럼 다가오기 때문이다. 실비아는 학생들이 에밀리 디킨슨과 교감하는 데 어려움이 있음을 알았다. 그 사실이 매우 신경 쓰였고 동시에 호기심과 해결하고 싶다는 강한 의지를 느꼈다. 그리고 그 문제를 해결하기 위해 뭐라도 해야겠다는 영감을 받았다. 마찬가지로, 예술가들은 다른 예술가와 관계를 맺고, 여행하고, 세상을 배우면서 자신의 문제를 인식한다. 창의적 작업 과정에 관한 심층 연구에 의하면, 예술가들은 오랜 시간을 '수용적인 상태'에 머무르며, 이를 통해 다른 사람들은 그냥 지나치는 문제를 포착하는 능력을 갖춘다.

    레오나르도 다빈치는 《회화론A Treatise on Painting》에서 영감을 온 주변에서 얻는다며 이렇게 썼다. "특히 빼먹을 수 없는 것은, 겉으로는 별것 아닌 듯하고 우스꽝스럽기까지 하지만 새롭고 실험적인 아이디어 하나를 반드시 포함해야 한다는 것이다. 이는 천재가 다양한 작품을 구성하는 데 매우 유용하다. 낡고 얼룩진 벽이나 다양한 색의 돌과 대리석을 주의 깊게 들여다보면 그 안에 여러 가지 구도와 풍경, 전투, 빠르게 움직이는 인물, 기이한 얼굴, 옷은 물론 무수히 많은 사물이 들어 있는 것 같은 착각이 든다. 창의적인 천재는 이런 혼란스러운 선들에 자극을 받아 새로운 시도를 한다."

예술가들만 주변에서 영감을 찾는 것이 아니다. 과학자들은 자신이 관찰한 내용을 바탕으로 앞서 발표된 연구의 모순이나 틈, 논문이나 책에서 읽은 내용, 동료들과의 토론에서 추구할 만한 가치가 있는 문제를 인식한다. 그들은 비공식적으로는 실험실 회의에서, 공식적으로는 학회에서 자신의 연구를 다른 과학자들에게 발표한다. 그리고 그 이후의 논의에서 제기되는 질문들은 또 다른 문제를 인식하는 계기가 된다.

기업가들은 사람들의 삶에서 충족되지 않은 욕구나 불편함을 파악함으로써 문제를 인식한다. 각각의 문제는 삶을 더 쉽고 편리하게 만들어 줄 제품과 서비스를 개발할 기회를 제공한다. 아푸르바 메타 Apoorva Mehta는 식료품점의 형광등에서부터 매장의 진열, 계산대에 이르기까지 식료품 쇼핑의 모든 것을 싫어했다. 전부 그에게는 골칫거리였다. 그리고 그렇게 생각하는 사람이 자신만이 아니라는 것을 깨달았다. 해결할 수 있고 또 해결해야 할 문제를 발견한 것이다. 그는 여기서 영감을 받아 식료품 배달 서비스인 '인스타카트Instacart'를 만들었다.

뉴욕시립대학교 박사과정에 있는 카일 스미스Kaile Smith와 심리학과 교수인 제니퍼 드레이크Jennifer Drake는 300명 이상을 대상으로 연구를 진행했다. 참가자들 가운데 절반은 직업적으로든 취미로든 창의적 활동을 하는 사람들이었고(이들을 창의적 활동가라고 부르자), 나머지 절반은 거의 창의적 활동을 하지 않는 사람들이었다. 연구진은 2주 동안 그들에게 매일 설문을 진행하며 얼마나 자주 영감을 받았는지, 무엇이 영감을 주었는지, 그리고 그 영감을 가지고 무엇을 했는지 물었다.

연구진은 창의적 활동가들이 그렇지 않은 사람들보다 더 자주 강렬하게 영감을 받는다는 사실을 알게 되었다. 그들은 다른 사람들이 알아차리지 못하는 것에 주목했다. 그리고 일단 영감을 주는 것을 발견하면, 행동으로 옮기고 뭔가를 만들어 내는 것으로 반응했다. 다시 말해서, 그들은 단지 영감을 느끼는 데 그치지 않고 실제 행동으로 이어갔다. 또한 호기심을 가지고 (읽고, 관찰하고, 토론하는 등) 세상과 적극적으로 소통하며 영감을 얻고자 노력했다. 그리고 그 영감의 불씨를 살려 뭔가 구체적인 결과물로 발전시켰다.

창의적인 사람들이 더 많은 영감을 얻는 한 가지 이유는, 문제를 인식하고 해결해 나가는 과정에서 새로운 문제를 또 인식하기 때문이다. 실비아의 혁신적인 교수법에 대한 소식이 알려지자, 지역 신문에 기사가 실렸다. 실비아는 자신의 행동이 공감을 불러일으켰음을 깨달았다. 그리고 그때 또 하나의 새로운 문제를 인식했다. 바로 디킨슨의 시를 대학 강의실이라는 틀에서 벗어나 더 많은 이들이 접할 수 있도록 하는 것이었다. 그녀가 생각해 낸 해결책은 디킨슨의 삶을 바탕으로 연극을 기획하고 연기하는 것이었다. 무대 위에는 그녀와 소품, 시가 담긴 바구니가 전부였다. 몇 달간의 준비 끝에, 그녀는 대학과 극장, 심지어 군 기지에서 수백 명의 장교와 그들의 배우자를 앞에 두고 공연을 했다.

실비아의 삶은 컬럼비아대학교 심리학자 하워드 그루버Howard Gruber가 말한 '창의적 작업 네트워크networks of enterprise'의 전형적인 예다. 문제를 인식하는 순간 과제가 시작되고, 과제는 하나의 프로젝트로 발전하며, 그 하나의 프로젝트는 또 다른 프로젝트에 대한 영감을 불러일으켜 결국 모든 것이 어우러져 평생 지속되는 창의적 작업 네트워크로 이어진다. 실비아는 학생들이 에밀리 디킨슨의 시와 교감할 수 있도록 도와야 한다는 문제를 인식했다. 자신의 강의실에서 시인의 삶을 재현하는 일은, 자신이 가르치는 대학 밖의 사람들에게도 디킨슨의 시를 전하는 과제로 발전했다. 시를 사람들의 삶 속으로 가져가는 문제는 또 다른 수단을 모색하게 했다. 실비아는 핼러윈에 (사탕과 함께) 자신이 쓴 시를 아이들에게 나눠주었고 시를 번역했으며, 예일대학교에서 열린 하이쿠 시인이자 사진작가인 로베르토 페르난데스 Roberto Fernandez의 전시를 큐레이팅했다. 그녀의 삶은 다양한 방식으로 다른 사람들의 창의적 노력을 키우는 일을 중심으로 구성되었다. 그녀는 학생들을 가르치는 일을 비롯해 인문·사회과학 분야 학술지를 창간하고, 뉴저지 갤러리를 세워 멀티미디어 아티스트들을 초청하고 전시를 기획하는 등 다채로운 활동을 이어가고 있다.

자신이 인식한 문제가 프로젝트로 발전하고 그 프로젝트가 대규모 사업으로 성장할 수 있다는 깨달음은 해방감을 준다. 지금부터 5년, 10년 후에 무엇을 할지 미리 계획할 필요가 없다는 뜻이기 때문이다. 실제로 창의성이 목표라면 그런 식의 계획을 세우기 어려울 가능성이 크다. 그 대신 더 많은 질문을 던져야 한다.

행운을 만들어 내라

문제를 인식하라는 말은 그다지 인상적이지도 않고 너무 뻔하게 느껴질 수 있다. 실비아는 학생들이 에밀리 디킨슨의 시를 제대로 감상하지 못하는 문제를 알아차리는 데 큰 노력을 기울일 필요가 없었다. 그 문제는 바로 눈앞에 있었다. 하지만 우리는 종종 바로 눈앞에 있는 문제와 기회를 알아보지 못한다.

영국의 심리학자 리처드 와이즈먼Richard Wiseman은 BBC의 한 쇼 프로그램을 위해 두 사람을 대상으로 하는 재미있는 실험을 고안했다. 한 사람은 자신을 운 좋은 사람이라고 말했고, 나머지 한 사람은 자신을 운 나쁜 사람이라고 말했다. 두 사람은 각자 커피숍에 가서 음료를 주문하라는 요청을 받았다. 와이즈먼은 두 사람 모르게 두 가지 행운을 마련해 두었다. 첫 번째 행운은 커피숍 바로 앞 길가에 놓아둔 5파운드짜리 지폐였고, 두 번째 행운은 성공한 사업가를 카운터에 앉힌 것이었다.

스스로 자신을 '운 나쁜' 사람이라고 했던 참가자는 주어진 과제에만 집중했다. 그는 커피숍에 들어가서 커피를 주문하고, 맛있게 마신 후 자리를 떠났다. 그는 5파운드짜리 지폐를 발견하지 못했고, 바로 옆에 성공한 사업가가 앉아 있었음에도 그는 물론 다른 누구와도 대화를 나누지 않았다. 나중에 그 경험에 대해 어땠는지 묻자, 그는 별일 없었다고 말했다. 하지만 '운 좋은' 사람은 주위를 둘러보다가 지폐를 발견하고 집어 들었다. 기분이 좋아진 그는 그 사업가와 대화를 시작했고, 결국 그의 명함을 들고 커피숍에서 나왔다. 그 경험에 대해 어땠는지 물었을 때, 그는 자신은 운이 좋았으며 일자리를 얻을 가능성도 있다고 말했다. 운이란 우연히 문제를 인식하는 것과 비슷하다. 둘 다 먼저 작은 행운을 알아차리고 그것을 쫓아 기회를 잡아야 한다.

어떤 사업은 우연처럼 보이는 행운serendipity을 통해 우연히 시작된다. 하지만 물론 행운만으로는 충분하지 않다. 프랑스의 화학자이자 미생물학자인 루이 파스퇴르Louis Pasteur가 말했듯이, "오직 준비된

- **운 좋은 사람**
  "나한테는 늘 좋은 일이 생겨요"라고 말하는 유형

- **운 나쁜 사람**
  "좋은 일은 늘 남들에게만 일어나요"라고 말하는 유형

사람만이 우연에서 행운을 발견할 수 있다." 현대 심리학 관점에서 준비된 사람이란 새로운 경험에 수용적이고 열린 마음을 가진 사람을 뜻한다.

다른 버전에서는 행운은 대담한 사람에게 찾아온다고 말한다. 두 표현 모두 사실이다. 예상치 못한 기회를 알아채려면 마음이 열려 있고 수용적이어야 한다. 그리고 그 기회를 창의적인 무언가로 전환하기 위해서는 뭔가 새로운 시도에 따르는 리스크를 감수할 용기가 필요하다. 새로운 경험과 가능성에 대한 열린 마음과 대담한 행동이 만나면 스스로 행운을 만들어 낼 수 있다.

BBC 프로그램에 나왔던 자칭 행운아처럼 되려면 주변 환경을 의식하며 살아야 한다. 삶을 자동 조종 모드로 두지 않을수록 우리는 더 많은 문제를 인식할 수 있다. 암스테르담대학교의 마티스 바스Matthijs Baas 교수와 동료들은 생각과 감정, 주변 환경의 특징을 관찰하고 알아차리는 능력이 높을수록 유연하고 독창적인 사고, 창의적인 행동, 높은 창의적 성취와 관련이 깊다는 사실을 밝혔다. 연구진은 사람들이 매일 명상을 통해 현재 순간을 관찰하고 생각과 감정, 신체 감각을 인식하는 데에 도움을 받는다면 창의성을 더 많이 발휘하게 될지 궁금했다. 그리고 실험 결과, 명상 훈련을 받은 사람들이 더 창의적인 사고를 했다.

물론 명상이 주변 환경에 대한 인식을 높이는 유일한 방법은 아니다. 살바도르 달리Salvador Dalí의 획기적인 예술 작품을 떠올려 보자. 그는 미술 수집가였으며, 철학은 물론 당시 신흥 학문이었던 심리학, 정신분석학에도 관심이 많았다. 지적 호기심은 그에게 끝없는 질문을 던졌다. 꿈의 혼란스러움을 어떻게 생생하게 시각화할 수 있을까? 죽음과 부패의 공포를 어떻게 일깨울 수 있을까? 그는 이런 질문에 대해, 녹아내리는 시계와 성, 곤충의 이미지를 반복적으로 사용하는 것에서 그 해답을 찾았다.

제2차 세계대전이 끝난 후, 달리는 자신의 가톨릭 신앙뿐만 아니라 물리학과 분자생물학의 새로운 이론에서도 예술적으로 탐구할 만한 주제를 발견했다. 히로시마 원폭 투하 사건에 깊은 충격을 받은 그는, 후에 이렇게 말했다. "그 이후로 원자는 내가 가장 자주 떠올리는 주제가 되었다." 그리고 그는 예술을 통해 이 문제를 탐구하기 시작했다. 달리는 과학 저널을 구독했고, 진화론에서 양자 역학에 이르기까지 다양한 과학 이론을 다루는 서적들을 소장했다. 그중에는 그가 여백에 메모와 관찰 내용을 적어놓은 책들도 많았다. 핵물리학은 새로운 질문거리를 던져 주었다. '원자보다 작은 입자가 산재한 빈 공간을 어떻게 표현할 것인가?'라는 질문이었다. 그가 찾은 해결책은 여러 구체와 비물질화된 물체로 구성된 그림을 그리는 것이었다.

만약 더 많은 것을 알아차리고 싶다면, 달리뿐만 아니라 다른 예술가, 과학자, 작가들이 했던 것처럼 해 보라. 눈앞에 일에만 매달리지 말고, 책을 읽고, 영화를 보고, 이야기를 듣고, 호기심을 갖고, 동료와 대화하고, 전문 행사에 참여하고, 폭넓게 교류하라. 그럴 때 더 많은 것을 인식할 수 있게 될 것이다.

영감을 비축하라

현실 세계에서는 언제든 필요할 때마다 여러분이 창의력을 발휘하기를 바란다. 언제든 문제를 인식하고 있어야 한다는 얘기다. 하지만 문제는 언제 어디에든 있을 수 있지만, 정작 필요한 순간에 눈에 띄리라는 보장은 없다. 과학자들은 현재 다루지 않는 주제에 관한 연구 제안을 받을 수 있고, 디자이너들은 고객으로부터 특별한 요구 사항을 의뢰받을 수 있으며, 연극 제작자는 특정 유형의 연극을 찾고 있을 수 있다.

이처럼 즉석에서 문제를 인식해야 하는 상황을 대비하기 위해, 창작자들은 (뮤즈의 처분에 따라) 불시에 찾아오는 영감의 불꽃을 비축해 두는 경향이 있다. 노트나 컴퓨터 파일에 기록하거나, 천 조각이나 색 타일 같은 샘플을 모아 두었다가 나중에 작업에 활용하는 것이다. 한 프로젝트에서 떠오른 생각거리나 영감은 다른 프로젝트에서도 활용될 수 있다. 레오나르도 다빈치의 노트에도 그가 나중에 그림에 가져다 쓴 스케치와 관찰 내용, 발명품이나 장치와 관련된 도표가 가득하다.

요즘은 굳이 노트를 들고 다닐 필요도 없다. 21세기 초 우리 삶에 들어온 포켓 사이즈의 컴퓨터가 있지 않은가. 작가이자 팟캐스트 진행자인 존 그린John Green은 그의 저서 《인류세 리뷰The Anthropocene Reviewed》에서 자신이 아이폰의 메모 앱을 어떻게 사용하는지 설명한다. 그는 순간적으로 떠오르거나, 흥미롭거나, 그 순간 중요하다고 생각되는 건 무엇이든 적는다. 하지만 다시 들여다보면, 메모를 적을 당시 무슨 생각을 했는지, 즉흥적으로 적어 넣는 메모가 나중에 어떤 의미를 가질 거라고 상상했는지, 늘 선명하게 떠오르는 건 아니라고 한다. 예를 들면, 2011년에 그는 "그들이 암스테르담국립미술관 천장을 칠하고 있다고?"라고 적어 놓았지만, 그걸 왜 적어 놓았는지, 그걸로 뭘 하려고 했는지 전혀 기억나지 않았다고 한다. 어쩌면 이야기 속 한 문장이나 줄거리의 포인트로 쓸 생각이었겠지만, 결국은 쓰이지 않았다. 2016년에는 이렇게 적어 놓았다. "상상과 기억 사이에는 명확한 경계가 없다." 이 구절은 베스트셀러가 된 그의 2017년 작품 《거북이는 언제나 거기에 있어Turtles All the Way Down》의 일부로 쓰였을 뿐 아니라, 그린의 말대로 '자신이 상상한 것을 끊임없이 기억하고, 기억을 상상하는 아이'에 관한 이야기의 줄거리에도 영감을 주었다.

  질문이나 단편적인 영감을 글로 쓰거나 기록해 두면, 그중 일부는 당신의 작품 속에 자리 잡을 가능성이 크다. 그린의 작품 《거북이는 언제나 거기에 있어》에서 그랬듯이 영감을 느낀 직후에 그럴 수도 있고, 훨씬 나중에 쓸모가 생기기도 한다. 영감을 모으는 것에 관해 연구한 한 실험에서, 한 건축가는 눈에 띄는 분홍색 테라초 타일을 우연히 발견했던 일을 설명했다. 그 타일은 그가 당시 진행 중이던 어떤 프로젝트에도 어울리지 않았다. 그런데 몇 년 후, 새 호스텔을 짓다가 그 타일이 다시 생각났다. 쓰임새는 달라졌지만 아무튼 결국 그 타일은 제자리를 찾았다. 인식한 문제들을 곧바로 활용할 수 없다고 해도 걱정하지 말라. 영감에는 유효 기간이 없다.

문제 구성: 영감을 활용하라

영감을 주는 문제를 찾아냈든 주어졌든, 그 문제를 얼마나 창의적으로 해결할지는 우리가 생각하는 방식에 달려 있다. '문제의 어느 측면에 집중할 것인가?', '어떤 틀에서 생각할 것인가?' 이런 사고 과정은 마치 문제를 바라보는 관점이 모두 망라된 다중 우주 속에서 우리가 집중할 문제를 고르고 새롭게 구성하는 일과 같다. 이 과정은 정밀한 청사진을 바탕으로 다리를 짓는 것과 달리, 시행착오와 많은 변화가 필요하다.

나는 어느 유명 유튜버가 픽사Pixar의 영화에 대해 처음에는 형편없는 아이디어로 시작하지만 결국에는 걸작이 된다고 말하는 걸 들은 적이 있다. 그 말에는 '걸작을 연달아 만들어 내는 픽사가 처음에는 형편없는 아이디어로 시작했다는 게 믿어지지 않는다'라는 의미가 담겨 있었다.

사실 이건 픽사만의 이야기가 아니다. 처음에는 마치 작은 씨앗처럼 문제 인식이나 영감의 불꽃, 뭔가 시도해 볼 만한 것이 떠오른다. 그렇다고 그것이 최종 결과물까지 이어진다는 얘기는 아니지만. 창의성과 관련된 모든 것이 다 이렇다.

픽사의 사례에서 주목할 만한 점은 자사의 창의적 작업 과정이 얼마나 혼란스러운지 대담하게 밝혔다는 데 있다. 픽사의 전 사장인 에드 캣멀Ed Catmull은 픽사의 브랜드 스토리를 담은 책《크리에이티비티 주식회사Creativity, Inc.》에서 "창의성이란 문제를 받아들이고 잠재적 해결책을 개발하는 것이며, 거기에는 필요한 작업을 취소하고, 포기하고, 다시 만들거나 일부를 유지만 하는 것이 포함된다."라고 고백했다.

내가 제일 좋아하는 픽사 영화 〈업Up〉은 처음에는 완전히 다른 이야기였다. 원래 아이디어는 외계 행성의 공중 도시에서 온 두 형제를 중심으로 그들이 아버지의 왕국을 누가 물려받을지를 놓고 싸우는 이야기였다. 감독인 피트 닥터Pete Docter가 어린 시절 사회적 상황을 헤쳐 나가는 데 어려움을 겪었던 경험에서 영감을 받은 것이었다.

당신의 기억과 다르다고? 당연하다. 영화는 결국 심술궂은 노인이 죽은 아내와의 약속을 지키기 위해 모험에 나서는 이야기가 되어 버렸기 때문이다. 그는 집에 풍선을 매달고 남미로 날아가는데, 우연히 소년 하나를 같이 데리고 가게 된다. 그들은 말하는 개와 거대한 새를 만난다. 화려하지만 날지 못하는 그 새는 노인의 어린 시절 영웅이자 결국 불명예스럽게 사라졌던 탐험가에게 사냥당하는 중이다. 최초 아이디어에서 살아남은 유일한 것은 모험의 많은 부분을 차지하는 그 새였다.

어쩌다 주인공은 두 형제에서 노인과 소년으로 바뀌었을까? 그것은 바로 크리에이터들이 탐색 과정에 참여했기 때문이다. 그들은 일상의 좌절과 탈출의 환상을 뚜렷하게 대조시켜 줄 다양한 이미지를 떠올렸다. 그리고 셀 수 없이 많은 스케치 끝에 마침내 주인공이 탄생했다. 풍선을 손에 든 심술쟁이 노인을 보고 닥터 감독은 직감적으로 '이거'라는 느낌을 받았다. 그렇게 변화와 성장의 여지가 주어지자, 아이들이 조부모를 떠올리며 공감할 수 있는 캐릭터가 탄생한 것이다.

탐색의 힘

문제의 구성은 생각이나 아이디어를 (때로는 말 그대로) 정리하고 재배열하는 형태를 취한다. 또는 여러 가지 가능성을 공식적으로 검증하는 과정이 될 수도 있다. 심리학자 미하이 칙센트미하이와 야콥 게첼스Jacob Getzels는 시카고대학교에 있는 연구소에 미술 스튜디오를 설치하고 미술학과 학생들에게 정물화를 그리도록 했다. 연구진은 학생들에게 서른 개가 넘는 사물을 제시한 후 그들이 형태를 선택하고 배열하고 그리는 과정을 관찰했다.

어떤 학생들은 사물을 고르고 그 무게와 질감을 느끼며 기계적인 작동 원리를 파악하는 데에 더 많은 시간을 보냈다. 그들은 사물을 배열해 놓고, 뒤로 물러섰다가 다시 재배열하기를 반복했다. 스케치한 후에는 그림과 대상을 살펴보고, 그런 다음에는 사물의 배열과 구성, 즉 작품의 문제를 바꿨다. 사물의 자리를 바꾸기도 하고, 전부 치워버리기도 하고, 없던 사물을 추가하기도 했다. 그들은 구성을 완성하기 전에 정물의 여러 요소를 가지고 놀며 시간을 보냈다. 나머지 학생들은 사물을 가지고 노는 데 시간을 쓰는 대신 그림 작업에 몰두했다. 그들은 무엇을 할지 정한 후 남은 시간 대부분을 거기에 투자했다.

연구진이 그들의 완성된 그림을 검토한 결과, 창의적 작업 과정에서 탐색에 더 많은 시간을 투자한 학생들의 그림이 유명 예술가와 미술 평론가들로부터 더 독창적이고 매력적이라는 평가를 받았다. 이들은 어떤 정물화를 그릴지 숙고하며 여러 다양한 사물을 놓고 배열을 고민해 본 후에야 무엇을 그릴지 결정했다. 정물화를 그리라는 기본 문제는 이미 주어져 있었지만, 그 안에는 많은 구체적인 문제들이 숨어 있었다. 그들은 다양한 방법으로 사물과 배열을 조합해 보면서 어떤 정물화를 그리면 좋을지 스스로 자신의 과제를 구성하고 있었다. 그들은 배열을 조합하면서 말 그대로 과제를 재구성한 것이었다.

이런 탐색의 힘은 예술뿐만 아니라 새로운 사업을 시작하는 데에도 유익한 것으로 나타났다. 펜실베이니아대학교 와튼 스쿨 연구진은 미국 전역 120만 개가 넘는 기업의 성장 데이터를 분석했다. 그들이 관심을 가진 것은 '과연 기업 확장의 효과를 예측할 수 있는 요소는 무엇인가'라는 것이었다.

그들은 기업 확장이 시작되는 시점을 '창업팀이 가진 자원으로는 더 이상 충분히 아이디어를 개발하고 구현할 수 없을 때'라고 정의했다. 사업을 계속하려면 회사는 관리자와 영업 직원을 추가로 채용해야 한다. 관리자 및 영업직 채용 공고를 낸 시기를 조사하면 회사가 확장하기 시작하는 시점을 편리하게 측정할 수 있다. 연구진은 이 방법을 통해 38,217개의 벤처 기업과 630만 개의 일자리를 분석할 수 있었다.

그 결과, 이른 확장 시도가 기업의 실패와 관련이 있는 것으로 나타났다. 창립 2년 후 규모를 키운 기업에 비해, 처음 6개월에서 12개월 사이에 확장을 시도한 기업은 실패할 가능성이 20~40퍼센트 더 높았다. 그리고 이 결과는 해당 산업의 종류, 창립 연도, 창립 장소의 차이를 고려해도 여전히 유의미했다.

연구진은 탐색이 성공의 핵심 비결이라는 가설을 세웠다. 그리고 이 가설을 검증하기 위해 기업들의 A/B 테스트 도구 활용 여부를 조사해 기록했다. A/B 테스트는 다양한 비즈니스 아이디어를 대규모로 비교할 수 있는 도구다. 이 도구를 활용한다는 것은, 다양한 제품 기능을 탐색하고, 어떤 아이디어가 더 나은 결과를 내는지 파악해 다음 단계를 준비한다는 뜻이다. 예상대로 이런 실험을 수행한 기업일수록 실패 확률이 낮았다.

이 연구는 매우 실용적인 함의를 담고 있다. 최상의 결과를 얻으려면 아무리 합리적으로 보이는 방법이라도 성급하게 결정해서는 안 된다. 대신 문제에 어떻게 접근할지 다방면으로 탐색해야 한다. 정확히 어떤 접근법이 될지는 과제의 특성에 따라 다르다. 정물화 연구에서처럼 사물의 배열을 바꿔 보는 것일 수도 있고, 여러 가지 제품의 기능을 비교 실험해 보는 것일 수도 있다. 일마다 특화된 다른 형태의 접근법이 필요하다.

문제 재정립

문제의 구성은 재정립이라는 방법을 통해서도 가능하다. 아멜리아 윙거-베어스킨Amelia Winger-Bearskin은 디지털 기술과 예술·비즈니스의 융합 분야에서 활동하는 혁신가다. 그녀는 창의적인 환경에서 성장했다. 아버지는 코닥Kodak의 혁신 연구원이었고, 어머니는 호데노소니Haudenosaunee 출신 작가로 분산된 공동체의 문화를 글로 기록하고 알리는 데 힘썼다. "저는 사람들이 손에 쥘 수 있는 걸 만들고 싶었어요. 조지 이스트먼George Eastman처럼요." 아멜리아가 내게 말했다. "그가 이룬 진정한 혁신은 카메라를 발명했다는 사실이 아니에요. 모든 사람이 사용할 수 있는 카메라를 발명했다는 것이죠. 일단 그가 전 세계 수백만 명의 사람들 손에 카메라를 들려 주자 사진이 바뀌었고, 그 결과 세상이 바뀌었어요. 현실에 대한 사고방식, 세상의 기준에 대한 사고방식, 기록에 대한 개념에 이르기까지, 이 모든 것을 카메라가 바꾸어 놓았어요."

아멜리아는 조지 이스트먼과 사진의 대중화를 예술과 기술의 접목이 세상에 얼마나 큰 영향을 미칠 수 있는지를 보여 준 에라고 생각했다. 그녀는 늘 여러 분야가 교차하는 지점에서 일했다. 아멜리아

● **호데노소니**
이로쿼이족, 북아메리카 인디언의 한 부족

- IDEA
  인터랙티브 디지털
  환경 연합

의 주요 프로젝트 중 하나는 가상 현실VR 애플리케이션에 중점을 둔 IDEAInteractive Digital Environments Alliance였다. IDEA는 뉴로셸New Rochelle시로부터 기술을 접목한 도시 계획 방법을 개발해 줄 것을 요청받았다.

도시와 건물을 블록이나 작은 모형으로 표현해 의미를 주고받는 상징적인 상호 작용과는 달리, VR은 상상력에만 의존하지 않고 정신적·육체적으로 세상에 온전히 몰입할 수 있게 한다. VR 기술을 통하면, 사람들은 도시 이곳저곳을 돌아다니며 다양한 모습을 직접 체험하고 실감할 수 있었고, 그 경험을 바탕으로 한 피드백을 제공할 수 있었다.

IDEA는 처음에는 뉴로셸 도시 계획 설계자들이 VR 도구를 이용해 업무 수행하는 일을 돕는 것이 목표였다. 도시 계획 설계자들이 그 도구를 성공적으로 활용했으니 목표는 달성한 셈이었다. 하지만 아멜리아와 동료들은 곧 이 도구가 없어도 그들이 상상을 통해 도시 공간 계획을 할 수 있음을 깨달았다. VR이 도움이 된 건 맞지만, 결정적인 전환점은 되지는 못했다.

아멜리아와 IDEA 팀은, 전문적인 도시 계획 설계자들과 달리, 일반 시민들은 다양한 구조물과 그것들을 어떻게 도시 풍경에 어울리게 포함할 수 있을지 고민하고 상상하느라 시간을 허비하지 않는다는 사실을 깨달았다. 그래서 시민들에게 몰입형 기술을 소개하면 엄청난 변화를 불러올 수 있을 거라는 생각이 들었다. 예를 들어, 길을 가다가 도심 공원이 나오면 잠시 걸음을 멈출 것인지 묻는 경우, 시민들은 추상적으로 생각할 때보다 가상 환경에서 직접 체험했을 때 훨씬 쉽게 대답할 수 있을 것 같았다. 시뮬레이션 환경에서 도시의 특징을 경험하면 실제 같은 느낌을 받을 수 있을 테고, 그러면 가치 있는 피드백으로 이어질 수 있을 터였다. IDEA 팀은 해결하려는 문제의 범위에 시민들을 포함하는 것으로 재정립했다.

그들이 재정립한 또 하나는 사용하는 기술이었다. 가상 현실은 이미 도시 계획 설계자들과 시민들에게 유용함이 증명되었지만, VR 환경을 만들어 내는 데에는 상당한 시간과 자원이 필요했다. 하지만 또 다른 형태의 몰입형 미디어인 증강 현실AR은 훨씬 적은 시간과 장비로 개발할 수 있었다.

AR은 현실 세계와 컴퓨터가 만든 가상 콘텐츠를 결합한 몰입형 경험의 한 형태다. 아마 가장 잘 알려진 예가 포켓몬 고Pokémon Go 게임일 것이다. 게임 플레이어가 스마트폰 카메라를 통해 주변을 둘러보면, 컴퓨터가 만들어 낸 가상의 생명체(포켓몬)가 마치 환경의 일부인 것처럼 보인다. AR이 도시 계획에 적용되면, 사람들은 휴대전화 카메라를 통해 도시의 모습을 실제 존재하는 것처럼 볼 수 있으며, 컴퓨터로 만들어 낸 설계 및 계획 중인 구조물들도 볼 수 있다. 예를 들어, 계획 중인 공원이나 도서관을 마치 바로 눈앞에 있는 것처럼 볼 수 있다. 이로써 새로운 건물이나 공원을 상상하기 어려운 사람들도, 그런 공간이 도시에 얼마나 어울리는지에 대해 가치 있는 의견을 제시할 수 있다. 값비싼 VR 환경이 아니어도 가능해진 것이다.

아멜리아의 사례는 문제를 정립했다가 재정립하고 점차 변화시키는 과정이 창의적 작업 과정의 전형적인 방식임을 보여 준다. 조직 심리학자들은 문제 해결팀이 문제 상황 구성에 얼마나 많은 시간을 쓰는지 수치화했다. 아이디어 도출에 가장 많은 시간을 할애할 거라는 예상과 달리, 주어진 시간의 53퍼센트를 문제 상황 구성에 할애한 것으로 드러났다. 성공적인 팀일수록 주어진 시간을 대부분 토론을 통해 문제를 정립하고 요약하는 데 사용했다. 즉, 토론을 통해 문제의 본질에 대한 의견 충돌을 해소하고 과거의 경험을 공유하며 문제를 구조화하는 데 더 많은 시간을 쓰는 반면, 실제 해결책을 도출하는 데에는 상대적으로 적은 시간을 들였다.

모순되는 문제를 통합하기

네브래스카대학교 오마하 캠퍼스에서 조직 심리학자로 근무하고 있는 로니 라이터-팔몬Roni Reiter-Palmon 교수는 문제의 재구성이 창의적인 해결안을 도출하는 데 어떤 영향을 미치는지 체계적으로 조사했다. 팔몬 교수와 연구진은 연구 참가자들에게 '베키의 문제Becky's Problem'라는 가상 시나리오를 제시했다.

    베키는 몇 년 전 상점에서 물건을 훔친 혐의로 체포되었지만, 지금은 피자 가게에서 즐겁게 일하고 있다. 그녀는 기회를 준 가게 주인에게 감사하는 마음으로 열심히 일하고 있으며, 매니저 승진 제의까지 받았다. 문제는 직장 동료이자 룸메이트인 짐이 실수도 잦은 데다 손님들에게 무례하게 굴고, 최근에는 도둑질까지 시작했다는 사실이다. 베키는 짐의 행동을 그냥 두면 안 된다고 생각하지만, 짐과 친한 사이이기도 하고 만약 짐이 직장을 잃으면 월세를 감당할 수 없게 된다. 베키는 좋은 해결책이 생각나지 않는다.

    해결책을 제시하기 전에, 실험 참가자들은 가능한 한 다양한 방식으로 문제를 재구성해 볼 것을 요청받았다. 그들에게 주어진 과제는 하나의 광범위한 문제, 즉 '베키는 어떻게 해야 할까?'라는 추상적인 문제를 여러 가지 다양한 문제로 변형해 아이디어 탐색에 집중할 수 있도록 하는 것이었다.

연구진은 해결책의 창의성은 사람들이 문제를 '얼마나 다양한' 방식으로 구성했느냐와 관련이 없음을 발견했다. 그보다는 오히려 '어떻게' 구성했느냐가 중요했다. 누구보다 창의적인 해결책을 생각해 낸 사람들은 서로 모순되는 문제들을 활용했다. 예를 들면, 그들은 '베키는 어떻게 룸메이트를 잃지 않을 수 있을까?'라는 질문과 '베키는 어떻게 하면 해고되지 않을 수 있을까?'라는 두 질문을 모두 다루었다. 이런 접근 방식을 따른 한 참가자가 창의적인 해결책을 제시했다.

"이 문제를 처음 읽었을 때, 왜 베키가 룸메이트와 직접 이야기를 나눴다는 내용이 없는지 궁금했어요. 짐은 매장 주인이 베키에게 얼마나 많은 도움을 주었는지, 그리고 베키에게 일자리가 필요했을 때 베키에게 기회를 주었다는 사실을 알 필요가 있어요. 베키 또한 단호해질 필요가 있고요. 룸메이트에게 일을 제대로 할 것, 그리고 이른 시일 내에 태도를 개선할 것을 요구해야죠. 매장 주인을 실망하게 만드는 건 베키의 선택 사항이 아니니까요. 만일 다음 급여일까지 짐이 충분히 변화된 모습(또는 뭐가 되었든 베키가 필요하다고 생각하는 변화)을 보이지 않는다면, 그때는 새로운 룸메이트를 찾아야죠."

다른 많은 참가자가 매장 주인과 룸메이트 중 하나만 선택한 것과 달리 이 참가자는 폭넓게 가능성을 타진함으로써 보다 독창적이고 효과적인 해결책을 제시하고 있다.

이 연구는 실제로 적용 가능한 구체적인 전략을 제시한다. 서로 대립하는 것처럼 보이는 문제를 통합해 해결책을 설계하는 것이다. 그렇게 접근할 때 창의적인 성과가 나올 가능성이 크다. 제품 엔지니어들이 세탁기 디자인을 새로운 관점에서 바라볼 때 활용하는 것이 바로 이런 방식이다. 세탁기는 회전을 통해 옷을 깨끗이 세탁하고 마지막에는 탈수 과정을 거친다. 그런데 세탁기 안에는 기계가 강하게 회전할 때 기계가 흔들리거나 움직이지 않도록, 무거운 콘크리트 블록이 장착되어 있다. 하지만 무게 때문에 세탁기 운반이 어렵고(따라서 오염 물질 배출이 증가하고), 가정에 설치할 때도 옮기기 힘들다. 세탁기는 무거워야 한다는 생각, 즉 그 무게가 탈수 과정의 안정성 문제를 해결해 준다는 생각은 오랫동안 지속되었다. 하지만 최근 엔지니어들은 새로운 방식으로 문제를 재구성해 새로운 해결책을 찾기 시작했다. 가벼우면서도 작동 중에 제자리에 고정될 수 있도록 할 방법을 모색한 것이다. 그들은 '세탁기가 무거워야 할 때는 무겁고, 가벼워야 할 때는 가벼울 수는 없을까?'라는 의문을 품었다. 세탁기는 굳이 가벼울 필요도, 무거울 필요도 없었다. 서로 대립하는 것 같은 목표를 놓고 새로운 방식으로 문제를 구성하자 새로운 해결책이 도출되었다. 그것은 콘크리트 블록을 물을 채운 수조로 대체하는 것이었다. 운반 시에는 수조를 비워 세탁기의 무게를 가볍게 만들고, 설치 후에는 수조를 채워서 무겁게 만드는 것이다.

안내심을 가져라

숙련된 크리에이터들은 문제 발견의 중요성을 잘 안다. 문제 발견이 성공과 실패를 가른다는 강력한 근거도 있다. 그런데 왜 그렇게 자주 실패하는 걸까? 그 답은 창의성의 본질에 대한 약간의 오해, 그리고 빠르게 해결책을 마련할 수 없을 때의 불편한 감정에 있다.

창의성에 대한 오해는 앞서 논의했던 것, 즉 창의성이란 문제 해결을 위한 것이라는 잘못된 가정으로 거슬러 올라간다. 창의성과 문제 해결을 동일시하는 데에는 문제 자체가 완성된 독립체라는 믿음이 내포되어 있다. 우리는 그저 문제를 발견하고, 받아들이고, 해결하면 된다는 것이다. 따라서 뭔가 창의적인 작업을 하려면 정신을 가다듬고, 꾸준히 노력하며, 성실해야 한다고 생각한다.

하지만 이런 사고방식은 오랜 시간을 들여 문제를 발견하는 일의 중요성을 간과하게 하고 창의적인 해결책을 찾는 데 장애가 된다. 어떤 의뢰인이 디자이너에게 문제를 매우 편협하게 고정하여 제시하고 여기서 벗어나지 않기를 바라는 경우, 또는 조직의 리더들이 탐색 활동이 불가능할 정도로 촉박하게 마감일을 정하는 경우가 이에 해당한다.

두 번째 이유는 문제 탐색 과정이 주는 느낌과 관련이 있다. 일단 불편하다. 한 가지 방식 외에 다른 방식에 눈을 돌리면 시간을 낭비하는 것처럼 느껴진다. 시간은 촉박하고 마감일은 다가오면서, 허둥대는 느낌이 드는 것이다. 아이디어와 기능, 프로토타입을 확실히 정하지 못해 제품을 만들지 못한다는 생각에 불안하다. 문제를 탐색하고 탐구하는 동안, 우리는 불확실성의 늪에서 허우적거린다. 이때 느끼는 압박감은 현실이다.

　하지만 탐색하고 문제를 발견할 여지가 없다면 창의성은 발휘되기 어렵다. 이런 불편한 감정을 받아들일 용기와 다스릴 기술이 필요하다. 창의성 발휘에 따르는 이런 어려움을 해결하기 위해, 창의적 작업 과정에서 일어나는 감정적인 기복을 어떻게 관리해야 할지 다음 장에서 알아보도록 하자.

6장
감정의 힘 이용하기

얀 킨츨Jan Kinčl은 사람들이 직업을 물으면 음악 프로듀서라고 대답한다. 사실 그는 음악가이자 기업가, 작곡가, 연주자, 하우스 및 테크노 음악 DJ, 엔지니어, 그리고 음반사 소유주이기도 하다. 그의 일은 때로는 매우 기술적이고 매우 예술적이며, 음악 비즈니스 측면에서는 사업적이다. 그는 어떻게 이 모든 역할을 해낼 수 있을까? 그와 함께 이야기를 나누면서 알게 된 바에 따르면, 그는 작업 중 핵심적인 무언가를 마주하게 되면 감정의 힘을 활용해 창의성을 북돋운다고 한다.

얀은 창의성을 발휘하려면 오랜 시간 탐색하고 몰입할 필요가 있다는 사실을 잘 알고 있다. 하지만 삶이란 여러 가지 요구를 한다는 사실도 잘 알고 있다. 고객은 최근 프로젝트에 대해 의논하고 싶어 하고, 공동 작업자들은 자꾸 연락해 오고, 동료들은 '딱 한 가지만 확인'하겠다며 말을 건다. 이런 작은 요구들은 종종 문제를 해결할 효과적인 방법을 찾도록 자극함으로써 우리에게 좋은 쪽으로 활력을 준다. 그러나 정신적, 감정적 활성화가 계속되면 문제가 된다. 새로운 아이디어를 시도하고, 실험하고, 발전시키는 데 필요한 시간이 방해받고 줄어

들면서, 생산적이어야 할 활동이 짜증과 긴장, 스트레스로 변질될 가능성이 있기 때문이다.

이런 사실을 잘 아는 얀은 수요일에는 연락을 받지 않는다. "수요일에는 스튜디오에 있는 컴퓨터 메일함을 열지 않습니다." 그가 내게 말했다. "스마트폰도 확인하지 않아요." 이메일, 전화, 다이렉트 메시지는 물론, 연기를 피워 신호를 보낸다 해도 소용없다. 그는 답하지 않는다. 그의 동료와 협력자들, 고객들도 이 사실을 잘 안다. 이 시간은 무슨 일이 있어도 협상의 여지가 없다. 수요일은 스튜디오에서 일하는 날이다. 엔지니어링 작업과 새로운 아이디어 탐색, 새로운 악기 연습을 위해 따로 시간을 내는 것이다. "나는 이런 작업을 연구 개발이라고 부릅니다." 그가 말했다. "이러고 있다 보면 종종 매우 흥미로운 일이 일어나거든요. 아주 실용적이고 유용한 일이요. 만약에 내가 끊임없이 일정에 따라 움직이면서 뭔가를 마무리해야 한다면, 이런 일은 일어나지 않겠죠."

수요일에 다른 일들을 차단함으로써 얀은 심리학자들이 '일상의 골칫거리daily hassles'라고 부르는 사소한 스트레스 요인들을 제거한다. 개인적인 이메일이나 전화 한 통은 사소해 보이지만, 이런 것들이 쌓여 스트레스를 유발하고, 때로는 긴 시간 끊김이 없이 집중해야 하는 창작 활동을 방해하기도 한다.

얀이 창작 활동을 위해 심리적, 정서적 환경을 조성하는 또 다른 방법은 저녁 시간을 활용해 새로운 음악 아이디어를 시도해 보는 것이다. 그때쯤이면 약간 피곤하고 집중력도 흐트러지지만, 무작위적으로 떠오르는 연상을 순순히 받아들일 수 있는 상태가 되어 서로 다른 생각이 연달아 떠오르는 것을 받아들일 수 있다는 사실을 깨달았다. 자의식에 얽매이지 않고 마음껏 장난쳤고 심지어 엉뚱한 행동도 했다. "불을 어둡게 하고 아무 생각 없이 연주하기 시작해요." 그가 말했다. "대개 너무 피곤해서 뭘 생각할 겨를도 없어요. 그냥 아무 곡이나 연주하다 보면, 어느 순간 흥미로운 게 만들어지기도 해요. 그렇게 뭔가 근사한 게 나오면 계속하는 거죠. 그러면 곡이 완성돼요."

이 시간은 그가 자신이 가진 모든 것을 장난삼아 시도하는 시간이다. 이런 의식의 흐름 속에서 아이디어가 완전히 다듬어진 형태로 떠오르는 경우는 (설사 있다고 하더라도) 거의 없지만, 아이디어가 이끄는 대로 따라가며 전부 스마트폰에 적어 두거나 녹음해 둔다. 원한다면 언제든 나중에 다시 손볼 수 있다는 사실을 알기 때문이다. 그는 이런 접근 방식을 '단어 쌓기' 또는 '색채의 향연'이라고 표현한다. 이런 작업을 한 시간 정도 하면 그의 하루가 끝난다.

이렇게 모은 아이디어들을 곡으로 발전시키는 작업은 다음 날 이루어진다. 아침이 되면 얇은 집중력이 높아지고 진지해진 상태다. 그는 전날 녹음한 곡을 다시 듣는다. 너무 거칠게 느껴지는 아이디어는 버리고, 뭔가 의미 있는 결과물을 만들어 낼 수 있을 것처럼 느껴지는 아이디어를 골라낸다. 그리고 그 가치 있어 보이는 아이디어들을 발전시키기 시작한다. 세부 요소들이 형태를 갖추며, 다양한 아이디어 가락이 서로 엮이기 시작한다. 그에게 조용하고 진지한 아침은 분석적인 사고와 음악의 퍼즐 조각을 참을성 있게 조합하는 시간이다.

감정을 활용하라

얀은 감정이 창의성을 북돋는 힘이 된다는 걸 직관적으로 이해하고 있다. 그는 서로 다른 상황이 다양한 감정을 불러일으킨다는 것, 그중 일부가 특정 사고와 작업에 도움이 된다는 사실을 안다. 그리고 자신이 창의적인 작업에 도움이 되는 감정 상태를 스스로 조성할 수 있다는 것도 안다. 심리학자들은 이런 행동을 '감정 활용 능력'이라고 부른다. 사고력과 문제 해결 능력을 촉진하는 데 감정을 활용하는 것이다. 감정을 효과적으로 활용하기 위해서는 감정이 우리에게 무슨 말을 하는지, 그리고 우리의 사고에 어떤 영향을 미치는지를 먼저 이해해야 한다. 그런 다음 이 지식을 실제로 적용할 줄 알아야 한다.

감정은 정보라는 사실을 잊지 말자

내가 부모님이나 CEO들에게 감정 과학의 가장 큰 교훈, 즉 감정이 우리의 사고력과 문제 해결력, 의사 결정력, 행동 결정력에 유용할 수 있다는 사실을 이야기할 때, 그들이 가장 먼저 보이는 반응은 저항이다. 어쨌든 문제 해결력과 의사 결정력을 높이기 위해서는 합리적인 사고가 필요하지 않은가! 감정에 귀를 기울이는 것이 어떻게 도움이 된다는 것일까?

감정 때문에 잘못된 행동을 했던 경험을 떠올리기는 어렵지 않다. 참지 못하고 동료에게 후회할 말을 하고, 호기심에 이끌려 마무리해야 할 일을 마감 직전까지 미루기도 하며, 너무 불안해서 최고의 성과를 내지 못하기도 하고, 자의식에 사로잡힌 나머지 회의에서 아이디어를 공유하지 못해 원했던 프로젝트를 놓치기도 한다. 아마 우리 대부분은 여기에 각자의 경험을 얼마든지 덧붙일 수 있을 것이다. 감정이 사고와 의사 결정의 방향을 정하는 데 도움이 될 수 있다는 생각은, 우리가 지금까지 감정과 감정의 기능에 대해 알고 있다고 생각한 것과 대치된다.

감정은 우리를 움직인다. 우리는 감정 때문에 움츠리고, 흠칫 놀라며, 기뻐 펄쩍 뛰고, 흥미와 호기심을 갖고 접근하고, 분노로 속을 끓인다. 이건 우리가 이미 다 알고 있는 사실이다. 하지만 과학은 감정이 우리가 해석할 수 있는 메시지를 담고 있다고 말한다. 얀은 과학자들이 '정보로서의 감정 이론feelings-as-information theory'이라고 부르는 기본 원리를 직감적으로 깨달았다. 그는 감정 상태가 서로 다른 정보를 제공하며, 그것을 창의적 작업 과정의 여러 단계에 유용하게 활용할 수 있다는 사실을 이해하게 되었다. 일과를 마친 후 피곤하고 몽롱하고 집중력이 흐려진 상태에서는 자기 검열 없이 자유롭게 아이디어를 기록하기에 좋았고, 우울하고 비판적인 기분일 때는 기술적이고 세부적인 스튜디오 작업에 몰두하기에 좋았다.

'정보로서의 감정 이론'은 감정을 우리 주변과 우리의 내면에서 무슨 일이 벌어지고 있는지 알려 주는 신호로 설명한다. 예를 들어, 불만족은 우리가 아직 원하는 방식으로 목표에 도달하지 못했음을 의미한다. 행복감은 할 일을 끝냈다, 세상이 잘 돌아가고 있다는 신호다. 좌절감은 벽에 부딪혔든, 앞에 장애물이 있든, 뭔가가 잘 돌아가고 있지 않다는 것을 의미한다. 실망감은 기대가 충족되지 않았음을 의미하고, 불안감은 우리가 불확실성에 직면해 있음을 의미한다. 이 외에도 감정이 의미하는 것은 많다.

  이런 신호를 읽음으로써 우리는 감정에 담긴 정보를 해독하고 다른 정보와 마찬가지로 생각과 의사, 행동을 결정하는 데 활용할 수 있다. 감정이 곧 정보라는 개념이 자리 잡으면, 감정을 무시하거나, 깎아내리거나, 억누르려 해서는 안 된다는 것이 분명해진다. 우린 모두 더 많은 정보가 사고와 의사 결정에 도움이 된다는 사실을 잘 알고 있다. 그리고 창의적 작업은 불확실성으로 가득하기 때문에, 추가적인 정보는 창의적인 과정을 더 잘 해내는 데 도움이 된다.

감정을 파악하라

감정에 담긴 정보를 창의적 목적으로 활용하려면 자신이 경험하고 있는 바를 정확하고 세밀하게 파악해야 한다. 많은 이들이 감정을 일상생활에 방해가 되는 귀찮은 존재에 지나지 않는다고 생각한다. 혼란이나 불안, 분노 같은 불쾌한 감정의 경우에는 특히 더 그렇다. 〈스타 트렉Star Trek〉의 미스터 스팍Mr. Spock처럼, '비논리적인' 감정은 제거하고 전적으로 이성에 의해서만 움직이기를 바랄 수도 있다. 하지만 사실 감정은 억누르고 억압할수록 되살아나는 경향이 있다. 감정은 순식간에 무의식적으로 표출되며, 의식하지 못하는 사이에 우리의 행동을 좌우한다. 감정을 밀어내거나 억누르면, 그 원인과 결과는 사라지지 않고 그대로 남아 우리의 행복과 목표를 모두 해칠 수 있다.

  놀랍게도 자신이 어떤 감정을 느끼고 있는지 알아채는 일은 꽤 어려운 일이다. 대체로 우리는 감정에 대해 생각하고 말할 때 매우 일반적인 용어를 사용한다. 최근 기분이 어떠냐는 질문을 받았을 때 어떻게 대답했었는지 떠올려 보라. 아마 "좋아요", "괜찮아요" 또는 "스트레스 받아요", "피곤해요"와 같은 대답을 했을 것이다. 이런 표현의 문제는 우리에게 별다른 정보를 주지 않는다는 것이다. "좋아요"라는 말은 만족스럽다는 뜻인가, 행복하다는 뜻인가, 아니면 마음이 편안하다는 뜻인가? "스트레스 받아요"라는 말은 뭔가 애써야 하는 상황이라는 뜻인가, 아니면 어쩔 줄 모르겠다는 말인가, 아니면 긴장된다는 말인가?

물론 '어떻게 지내느냐'라는 질문에 어떻게 대답할지는, 묻는 사람이 누구인지, 그 사람과는 무슨 관계인지, 그리고 어떤 맥락에서 나온 질문인지에 따라 달라진다. 보통은 동료나 상사보다 가까운 친구나 가족에게 감정을 자세히 얘기한다. 때로는 자신이 어떤 감정을 겪고 있는지 알면서도 말하지 않기도 한다. 하지만 스스로에게 감정을 설명할 때조차 일반화된 생각에 빠지기도 한다. 자신의 감정에 대해 정확히 파악하고 설명하는 일은 어려울 수 있다. 우리는 감정의 미묘한 차이에 대해 거의 알지 못하고, 비슷하면서도 조금씩 다른 감정에 대해 피드백을 받는 경우가 드물기 때문이다.

하지만 일반적으로 말하는 "괜찮아요" 또는 "스트레스 받아요"라는 말 뒤에는 분명 감정이 숨어 있으며, 그것들은 서로 다른 신호를 보내고 있다. 좀 더 효과적인 창의적 사고와 의사 결정에 유용한 정보를 얻기 위해서는, 자신의 감정을 최대한 구체적으로 파악해야 한다. 이렇게 비슷하지만 미묘하게 다른 감정들을 구분하는 것을 과학자들은 '감정 세분화 능력 emotional granularity'이라고 부른다.

먼저 두 가지 질문을 생각해 보자. 첫 번째, 기분이 좋고 나쁜 정도가 어느 정도인가? 매우 불쾌한가? 비교적 괜찮은가? 아니면 매우 좋은가? 두 번째, 몸의 상태는 어떠한가? 몹시 가라앉아 있는가? 다소 초조한가? 아니면 매우 에너지 넘치는가? 감정은 기분이 좋고 나쁨, 그리고 에너지 수준에 따라 네 가지로 분류할 수 있다.

① 기분 좋고 에너지 넘치는 상태

즐겁거나, 흥미롭거나, 장난기가 발동하거나, 희망적인 감정이다. 좀 더 강렬하게 기분이 좋고 에너지 넘치는 상태라고 한다면, 열정적이거나 매우 기쁘거나, 영감을 느끼거나, 마냥 행복한 감정이다.

② 기분은 좋으나 에너지가 약한 상태

차분하고 마음이 편안한 상태에서부터 쾌적하고 만족스러운 상태, 평화롭고 고요한 상태에 이르기까지 다양하다.

③ 기분은 좋지 않으나 에너지 넘치는 상태

이 범주에 속하는 감정 그룹은 두려움, 분노라는 두 큰 감정과 관련이 있다. 두려움과 관련된 범주에는 긴장과 불안, 두려움, 공황에 이르는 다양한 감정이 속하고, 분노와 관련된 범주에는 짜증과 성가심, 약오름부터 좌절과 분노, 심지어 격노, 격분에까지 이르는 다양한 감정이 속한다.

④ 기분도 좋지 않고 에너지도 약한 상태

슬픔이나 비관주의, 낙담이나 외로움, 절망, 우울 등이다.

때로는 감정을 파악하는 것만으로도 해야 할 일이 명확해진다. 어떻게 해야 할지 혼란스럽다면 더 알아야 할 게 남아 있다는 뜻이다. 좌절감이 벽에 부딪혔다는 뜻이라는 것을 알면, 우리는 그 정보를 활용해 다른 걸 시도해 볼 수 있다. 벽을 오르든, 벽을 돌아가든, 사다리를 만들든, 일단 하던 일을 멈추고 다른 길을 찾아보는 것이다. 지루함은 주변 환경이 자극적이지 않다거나 별다른 의미가 없다는 신호다. 이럴 때 우리는 뭔가 다른 걸 하거나, 지금 하는 일을 새로운 시각으로 바라볼 수 있다(어쨌든 지금 우리가 이 일을 하는 데는 어떤 이유가 있을지도 몰라). 분노는 불의에 대한 경고이며, 그 문제를 해결하라는 내면의 요구다.

다양한 감정, 다양한 생각

감정은 자신과 주변에서 일어나고 있는 일에 대한 정보를 전달해 줄 뿐 아니라 우리가 세상을 바라보고 처리하는 방식에도 영향을 미친다.

뉴욕 거리를 걷는다고 상상해 보자. 세 가지 가상 시나리오가 있다.

시나리오1. 당신은 행복하다. 주위를 둘러보며 풍경을 즐기고 있다. 고개를 들었다가 전에는 보지 못한 건축적인 요소를 발견했다. 평소처럼 지하철을 타고 외곽으로 가는 대신, 센트럴 파크를 산책하기로 한다. 한 아이가 신이 나서 다람쥐에게 먹이를 주고 있다. 이 장면을 보고 당신은 디자인 중인 로고에 쓸만한 아이디어를 얻는다. 당신이 본 건 회색 다람쥐지만, 활력을 불어넣기 위해 주황빛이 도는 빨강으로 로고를 칠할 것이다. 그리고 다람쥐 꼬리로는 원했던 C자 청의 모노그램을 그릴 것이다.

행복할 때 우리는 세상을 장밋빛으로 바라본다. 즐겁고 긍정적인 소식을 좀 더 기억하고 주변에서 기회를 발견할 가능성이 크다. 사고는 더 넓고 개방적이 된다. 밝고 행복한 기분일 때, 우리는 겉으로는 전혀 관련 없어 보이는 아이디어들 사이에서도 연관성을 찾아낸다. 자유롭고 유쾌한 사고를 통해 전혀 예상치 못했던 새로운 아이디어를 쉽게 떠올리며, 심지어 엉뚱하고 바보 같은 시도도 해 본다. 세상이 문제없이 잘 돌아가는데, 왜 안 그러겠는가?

시나리오 2. 당신은 지금 뭔가 불만스러운 기분으로 분주히 오가는 행인들과 혼란스러워 보이는 관광객 사이를 지그재그로 피해 지나가는 중이다. 한쪽에는 쓰레기 더미가 보이고, 저리 비키라는 말이 목까지 차오른다. 다른 길로 빠져나갈 시간도, 잠시 멈추어 쉴 시간도 없다. 업무 문제로 머리도 복잡하다. 준비 중인 제안서는 원하는 대로 되지 않고, 관련 문제들이 계속 불거지고 있다.

다소 짜증스럽거나 침울할 때, 우리는 문제를 더 잘 발견한다. 이런 기분일 때는 우리는 자신이 저지른 실수를 더 쉽게 발견하고 잠재적인 장애물을 더 잘 포착한다. 현재 상태와 할 수 있는 일, 해야 할 일 사이의 불일치와 빈틈이 눈에 띄고, 그것을 바로잡고 싶어진다.

시나리오 3. 당신은 지금 시내를 가로질러 가는 중이다. 왠지 기분이 우울하다. 도시가 잿빛으로 보인다. 얼마나 가야 하나? 솔직히 당신은 그냥 택시를 잡아타고 싶은 심정이다. 하지만 그러면 시간이 더 오래 걸릴 거라는 걸 안다. 끝없는 교통 체증에 갇힐 테니까. 자, 이제 어떻게 할까? 당신은 문제 해결 모드로 전환해 집중하기 시작한다. 확실히 지하철이나 버스는 타고 싶지 않지만, 음, 그편이 합리적이다.

　우울한 기분은 우리의 시야를 좁게 만들고 비판적으로 생각하게 만든다. 이런 기분일 때 우리는 세부적인 내용을 자세히 들여다보며 그것을 전제로 삼아 '이러면 어떨까, 저러면 어떨까?'라고 추론하기 시작한다.

　특정 감정을 인식하고, 그 감정이 전하는 메시지를 읽어 내며, 감정마다 어떤 사고방식이 지배적인지 알게 되면, 우리는 이 모든 퍼즐 조각들을 맞출 수 있다. 흥미와 호기심은 의미 있는 활동을 추구하게 할 것이다. 언짢고, 좌절감이 들고, 우울하고, 슬픈 감정은 유쾌하지 않지만, 문제점을 발견하고 실수를 포착하며, 일이 제대로 진행되지 못 하도록 막는 요소들을 파악하는 데 도움이 된다. 창의성을 발휘하는 과정에는 많은 과제와 요구가 있으며, 과제마다 도움이 되는 감정 상태가 있다. 다시 말해서, 창의성은 한 가지 감정이나 기분을 느낄 때만 발휘되는 것이 아니다. 창의적인 활동 중에 마주치는 다양한 도전 상황들은 다양한 감정 상태의 도움을 받을 수 있다.

　다양한 감정들은 상호 배타적이지 않으며, 한 번에 여러 감정을 동시에 느낄 수도 있다. 불안하면서도 호기심이 들거나 좌절하면서도 완강할 수 있는 것처럼 말이다. 복잡한 감정일 때는 달콤 쌉싸름함이나 애증처럼 공존할 수 없어 보이는 두 감정이 양립하기도 한다. 이런 감정들은 다양한 관점을 제시함으로써 창의성에 도움을 준다. 예를 들어, 기후 낙관주의 또한 기후 변화 위기에 대처해야 한다는 긴박감과 일련의 해결책을 고안해 낼 수 있으리라는 희망감에서 태동했다.

감정의 흐름을 이용하라

창의성에 감정을 활용하는 가장 간단한 방법은 감정이 생각과 행동에 영향을 미치도록 허용하는 것이다. 파블로 피카소는 이에 대해 다음과 같이 표현했다. "예술가는 사방에서 밀려드는 감정을 담는 그릇이다. 하늘, 땅, 종잇조각, 스쳐 지나가는 형상, 거미줄 등 모든 것이 감정의 원천이 될 수 있다." 피카소의 작품 〈늙은 기타리스트The Old Guitarist〉를 보면 슬픔이 손으로 만져질 듯 생생하게 느껴진다. 그의 〈글을 쓰는 여인Femme Écrivant, Marie-Thérèse〉은 은밀하고 몽환적이며, 그리움이 가득하다. 피카소는 나치가 바스크 지방의 게르니카를 폭격한 후 느낀 고통과 절망감을 작품에 담았고, 〈게르니카Guernica〉는 나중에 그의 작품 중 가장 유명한 작품이 되었다. 그 앞에 서면 비통함에 휩싸이는 느낌을 받는다. 예술 작품에 감정을 이용하고 표현한 건 피카소뿐만이 아니었다. 피에르 오귀스트 르누아르Pierre-Auguste Renoir의 〈보트 파티에서의 오찬Luncheon of the Boating Party〉은 생동감이 물씬 풍긴다. 에드바르 뭉크Edvard Munch의 〈절규The Scream〉는 공포로 가득하다. 구스타프 클림트Gustav Klimt의 〈키스The Kiss〉는 열정을 내뿜는다. 프란시스코 데 수르바란Francisco de Zurbarán의 〈성 프란치스코St. Francis〉는 경외심을 불러일으킨다.

우리 연구진은 화가, 조각가, 작곡가, 작가, 디자이너 등 다양한 매체와 영역에서 활동하는 창작자들을 대상으로 한 가지 연구를 진행했다. 우리는 그들에게 작품 활동에 어떤 감정을 활용하는지 물었다. 그들은 사랑과 기쁨, 행복과 흥분, 경이로움, 경외심뿐만 아니라 슬픔과 두려움, 향수와 그리움, 고통과 분노 같은 감정들에 대해서도 이야기했다. 한 작곡가는 여자친구 집에 막 도착했을 때의 감정을 담아 신곡을 만들었던 경험을 이야기했다. "그곳에 있는 게 기분이 좋았고, 주말이 막 시작되어 느긋한 마음이었습니다. 여자친구에 대한 사랑을 느꼈고, 나도 여자친구에게 사랑받고 있음을 느꼈어요." 그가 말했다. "여자친구의 피아노 앞에 서서 그 모든 감정이 내 손가락과 피아노 사이에서 마음껏 흐르도록 내버려두었어요. 그리고 그것을 아이폰으로 녹음했죠."

우리는 예술가들이 그림이나 조각, 공연에 감정의 흐름을 집중적으로 이용하는 모습을 쉽게 상상할 수 있다. 광고나 디자인 같은 창의산업에 종사하는 사람들도 마찬가지다. 하지만 창의적인 분야에서 감정을 활용하는 이런 방식은 다른 분야에서도 마찬가지로 찾아볼 수 있다. 예를 들어, 성공적인 혁신은 공감의 경험에서 시작된 경우가 많다. 옥소 굿 그립스OXO Good Grips 주방용품은 샘 파버Sam Farber가 관절염 때문에 전통적인 주방 도구를 사용하기 어려워하는 아내 베시Betsey를 도우려는 마음에서 탄생했다. 그의 말에 따르면, 프랑스에서 휴가를 보내던 중 베시가 사과파이를 만들다가 손이 아프다고 불평했다고 한다. 그는 아내의 불편함에 공감했다. 그리고 아내와 함께 손잡이가 편한 필러를 디자인했다. 문제에 대한 공감이 씨앗이 되어 이뤄진 혁신 사례는 무수히 많다. GE 헬스케어 직원들이 MRI 검사를 받는 아이들의 고통을 덜어 주기 위해 검사 과정을 해적의 모험으로 재설계한 사례부터, 에어비앤비Airbnb가 여행객들이 숙소 예약 편의를 위해 그들에게 필요할 만한 정보를 상상해 사업을 구축한 사례에 이르기까지 다양하다.

또한 감정의 흐름을 이용하는 일은 창의적인 작업을 설명할 때도 핵심 요소가 될 수 있다. 테네시대학교의 연구진은 기업가들을 대상으로 한 가지 실험을 진행했다. 연구진은 투자자들에게 창업자의 홍보 영상을 보여 주고, 그들의 다양한 감정 표현 지표, 즉 발표자가 얼마나 활기찬 표정으로 말하는지 발표자의 어조와 음조는 얼마나 다양한지, 몸짓은 얼마나 활기 넘치는지, 또는 아이디어를 설명할 때 몸짓이 얼마나 풍부한지 등을 평가하도록 했다. 투자자들은 또한 창업자들이 얼마나 열정적이고 열의 넘치는지, 그리고 새로운 사업에 얼마나 관심이 있는지 평가했다.

실험 결과, 홍보에 감정을 담은 기업가들의 사업에 투자자들이 더 관심을 보이는 경향이 나타났다. 투자자들은 이 기업가들이 사업에 대한 헌신과 에너지를 보여 주었으며, '재능과 자본을 끌어들이는 전염성 있는 매력'을 지녔다고 답했다. 그리고 그들의 태도에서 장애물을 만나거나 초기에 실패하더라도 포기하지 않고 계속 나아갈 것이라는 인상을 받았다고 말했다.

활기찬(긍정적이면서 적극적인) 프레젠테이션과 격정적인 (부정적이지만 적극적인) 프레젠테이션은 모두 열정적으로 받아들여졌다. 반면, 긍정적이면서 차분한(에너지가 약한) 목소리나 부정적이지만 활기찬(에너지 넘치는) 목소리를 낸 기업가들은 상대적으로 더 준비가 잘 되었다는 인상을 주었다.

만약에 투자 유치 금액이 열정과 준비성에 따라 달라진다면(실제로도 그렇다!), 당신은 어떻게 하겠는가? 연구진은 이번 연구를 통해 매우 유용한 조언 하나를 찾아냈다. 그건 바로 최적의 결과를 얻으려면 창의적 아이디어를 전달하거나 홍보할 때 격정적으로, 불같은 결단력을 연상시키는 목소리를 사용하는 편이 현명하다는 것이다. 이 방법을 쓰면 열정적이면서도 준비된 사람으로 인식될 가능성이 높아진다. 그리고 그 효과는 프로젝트에 필요한 자금을 조달하는 것으로 나타날 것이다.

불편한 감정을 따라가라

감정을 최대한 활용하려면 제일 먼저 감정에 몰두해야 한다. 그리고 그 감정에 잠시 머물면서 행동을 일으키는 불꽃이나 신호가 있는지 찾아야 한다. 보통 우리 감정은 의식의 뒤편에서 배경처럼 자리하고 있다가 때때로 우리가 주의를 뺏길 만큼 강렬한 것, 즉 분노나 두려움, 즐거움을 느낄 때 드러난다.

다른 시나리오를 한번 상상해 보자. 잠시 멈춰 서서 감정이 중요한 정보를 전달해 준다는 것을 상기하며 자신의 감정을 돌아보는 것이다. 그렇다, 좌절감은 불쾌하다. 하지만 그 감정을 통해 우리는 어딘가 문제가 있으며 우리의 관심과 기술이 필요한 상황이라는 것을 깨닫는다. 그렇다면 지금 느끼는 좌절감에 잠시 그대로 머물러 본다면 어떻게 될까? 주의를 전환하거나 순간 기분을 나아지게 할 뭔가 즐거운 일을 하지 않고 말이다. 어쩌면 우리는 이 불편한 감정에 집중하지 않았더라면 얻지 못했을 기회나 통찰력을 발견하게 될지도 모른다.

19세기, 미국의 사교계 명사였던 조세핀 코크런Josephine Cochrane 은 하인들이 그릇을 설거지할 때마다 자신이 아끼는 도자기 접시를 깨트리자 속상함을 느꼈다. 그녀는 종종 집에서 손님들을 접대했기 때문에 접시가 깨지는 것은 문젯거리였다. 하지만 그녀는 그릇을 조심스럽게 다룰 새 하인을 고용하거나 차를 마시며 친구들에게 가정부들에 대한 불평을 늘어놓는 대신, 창의적인 방법을 택했다. 그릇을 세척해주는 기계를 개발하기 시작한 것이다. 그릇을 깨지 않고도 세척할 수 있는 새롭고 독창적인 방법이었다. 사교계 명사였던 그녀가 이제는 전문적 창의성을 발휘하는 크리에이터가 된 것이다.

이가 나가고 깨진 도자기에서 비롯된 좌절을 해결하고자 했던 조세핀은 결국 1866년, 기계식 식기세척기 설계로 특허를 취득했다. 그리고 수많은 개량과 개선을 거친 후, 1893년에 시카고 세계 박람회에 자신의 식기세척기를 전시, '최고의 기계 구조와 내구성, 적응성'상을 받았다. 호텔과 레스토랑의 주문이 잇따랐다. 그녀가 세운 회사는 그녀 사후에 주방용품 브랜드 키친에이드KitchenAid에 인수되어 100년이 지난 지금까지도 명맥을 이어 오고 있다. 그녀가 개발했던 기본 설계 역시 현대식 식기세척기에 여전히 사용되고 있다.

조세핀은 과학이나 공학을 정식으로 배우지 않았지만, 당시 최첨단 기술을 가진 엔지니어와 발명가의 딸이자 손녀였다. 그녀의 아버지는 다수의 모직 공장과 제재소, 곡물 제분소를 감독하는 토목 기사였으며, 그녀의 할아버지는 미국 최초로 증기선 특허를 보유한 인물이었다. 조세핀은 기술이 낯설지 않았고, 기술적 해결 방법을 생각해 낼 준비가 되어 있었다. 하지만 그 과정은 쉽지 않았다. 문제를 파악하고,

잠재적인 해결책(물 분사식 시스템을 이용한 기계식 세척기)을 정하고, 시제품을 만들고, 마침내 만국 박람회에서 상업화의 전환점(새로운 세척기의 상업적 판매)을 경험하기까지 수십 년이 걸렸다. 이 모든 것의 시작은 좌절감이었다. 그녀는 그것을 무시하거나 억누르지 않고 행동으로 전환해 활용했다.

감정에 귀 기울이고 그 감정에 집중하면 문제 해결의 불씨가 타오르기 시작한다. 멜리사 버틀러Melissa Butler는 미용 산업의 현실에 좌절을 느꼈다. 흑인이었던 그녀는 자신의 피부색에 맞는 색조 화장품을 찾을 수 없었다. 이 좌절감은 그녀뿐만 아니라 다른 사람들을 위해서도 해결해야 할 문제였다. 2010년, 그녀는 다양한 피부색에 적합한, 동물 실험을 거치지 않은 합리적인 가격의 비건 제품을 제공하는 것을 목표로 '더 립 바The Lip Bar'를 창립했다. 그녀의 브랜드는 2020년 말 즈음에는 500개 이상의 매장에 입점했으며, 세계적인 팬데믹 상황에서도 그 수는 줄지 않고 계속 증가했다. 스티브 카우퍼Steve Kaufer는 휴가를 가려고 정보를 검색하다 겪은 불쾌한 경험에서 영감을 받아 세계 최대 규모의 여행 정보 네트워크 중 하나인 트립어드바이저Trip Advisor를 만들었다. 도전이나 해결해야 할 문제로 재해석된 좌절과 불만족에서 탄생한 발명품이나 창업 사례는 수없이 많다.

기업가들의 창의성 관련 이야기는 너무 익숙해서 이제는 뻔하다 못해 당연하게 여겨진다. 하지만 기업가들에게 효과적이었다고 해서 과연 우리에게도 효과적일까? 내가 연구하면서 접했던 가장 고무적인 사례는 전혀 예상치 못한 곳에서 나왔다. 그것은 바로 캐나다 오타와 병원의 배식 부서였다. 부서 책임자였던 마이클 나이트Michael Knight

는 환자들에게 나갈 식사를 쟁반에 챙기는 직원들의 짜증과 불만을 감지했다. 직원들은 음식을 담으려면 허리를 굽혀야 했고, 쟁반에 담아야 할 음식 목록은 불편한 곳에 있었다. 직원들은 지쳐 있었고 육체적 고통을 호소했으며, 업무 부담으로 감정적인 스트레스에 시달리고 있었다. 그들은 거의 탈진 직전이었다.

직원들이 겪는 좌절감은 업무 시스템에 문제가 있다는 의미였다. 마이클은 이 문제에 주목했다. 직원들에게 좌절감을 잘 처리하고 스트레스를 견디라고 말하는 대신, 그는 직원들과 함께 짜증과 부담을 덜어줄 배식 준비 과정을 설계할 방법을 모색했다. 그래서 결과는 어떻게 되었을까? 더 이상 허리를 굽히거나 팔을 뻗거나 무리하게 몸을 혹사하지 않아도 되는 새로운 작업 프로세스가 마련되었다. 재설계된 작업 공간과 일의 흐름은 직원들의 만족도를 높이고 배식 준비의 정확성을 높였다. 이는 두 가지 성과를 가져왔다. 직원들의 좌절감이 줄어들었고 환자의 안전이 향상되었다. 좌절과 불만을 문제의 신호로 인지한 것이 폭넓은 긍정적 결과로 이어진 혁신 사례다.

부서 책임자였던 마이클의 직무에 창의성이 꼭 필요한 건 아니었다. 하지만 그는 ① 직원들의 감정을 감지하고 주의를 기울였고, ② 그들의 그런 감정이 업무에 문제가 있다는 의미임을 이해하고 받아들였으며, ③ 문제를 탐색했다. 그리고 ④ 시간과 노력을 들여 새로운 업무 흐름을 만들었다. 감정의 힘을 창의성에 활용한 이런 사례는 마이클의 경우만이 아니다. 이 책도 그런 감정에서 출발했다. 나는 오랫동안 기존의 창의성 관련 서적에 뭔가 빠져 있다는 느낌을 받았다. 그리고 지속적인 이런 느낌이 뭔가 문제이자 기회임을 깨달았다. 빠진 것이 무엇인지, 그리고 그것을 어떻게 채울 수 있을지 탐색해 보기로 마음먹자, 책이 형태를 갖추기 시작했다. 그리고 1년 동안의 집필과 편집 과정을 거쳐 이 책을 완성했다. 물론 그 과정에는 스트레스도 많았고 때로는 의심도 찾아왔지만, 열정과 기쁨도 컸다.

사람마다 괴로운 감정은 다르고 그 감정이 가리키는 문제 또한 다를 수 있지만, 감정에서 결과로 이어지는 단계들(감정을 인지하고, 문제를 파악하고, 문제를 탐색하고, 해결책을 마련하는 것)은 대체로 비슷할 것이다.

감정과 작업을 매칭하라

탁월한 음악 프로듀서인 얀 킨츨이 자신의 일하는 패턴을 통해 보여주었듯이, 우리도 매칭 게임을 통해 감정의 힘을 이용할 수 있다. 서로 다른 감정은 특정 사고방식을 더 쉽고 효과적으로 만들어 준다. 따라서 어떤 감정이 어떤 업무에 도움이 되는지를 알면, 그 감정에 맞게 과제를 매칭할 수 있다.

물론 언제 무엇을 할지 항상 선택할 수 있는 건 아니지만, 그렇게 할 수만 있다면 이 매칭 게임을 통해 창의력을 북돋울 수 있다. 과학자이자 작가인 나는 기분에 따라 해야 할 일을 주기적으로 맞춘다. 나는 아침형 인간이 아니다. 아침에는 짜증이 나 있고 침울한 편이다(왜, 대체 왜 세상은 아침형 인간들에게 유리하게 돌아가는 걸까?) 우리 가족은 모두 내가 아침에는 별로 재미있는 사람이 아니라는 걸 잘 안다. 하지만 짜증이 나 있을 때 우리는 반대 의견을 내는 능력이 향상된다. 그리고 반대 의견이 필요할 때가 분명 있다. 예를 들어, 아침마다 짜증스러워지는 내 기분 덕분에 나는 동료 심사자나 독자의 관점을 더 쉽게 받아들인다. 내 글에서 일관성 부족이나 불완전한 줄거리 같은 문제를 더 잘 발견하며, 어떻게 하면 개선할 수 있을지도 더 쉽게 생각해 낸다. 그러다 오후 중반부터 늦은 오후가 되면, 에너지 수치가 올라가고, 우울했던 기분이 긍정적인 기분으로 바뀌는 기분 변화가 일어난다. 바로 이때가 새로운 아이디어를 떠올리고 글을 쓸 시간이다.

아침마다 내가 느끼는 저조한 기분은 과학자들이 '크로노타입 chronotype'이라고 부르는 것으로, 사람마다 선호하는 활동 및 수면 시간대가 다른 것을 말한다. 사람들은 보통 강한 아침형 아니면 강한 저녁형, 또는 그 중간 어디쯤 되는 유형에 속한다. 우리 삶의 리듬은 학교 일정이나 통근, 업무 시간 등의 외적인 요구와 의무에 따라 정해질 때가 많지만, 하루를 마음대로 계획할 수 있다면 각자 선호하는 취침 시간과 기상 시간이 있기 마련이다. 선호하는 활동 시간대, 즉 에너지가 높고 기분이 고조되는 시간대에는 창의적인 아이디어가 더 잘 떠오른다. 또 비판적 사고가 필요한 작업을 수행하거나, 동료 또는 협력자와 대화하거나, 필요한 정보를 검색하기에 더 나은 시간대도 있다.

물론 시간대가 우리의 기분을 좌우하는 유일한 요소는 아니다. 주변 환경이나 타인과의 대화 및 관계, 더 큰 바깥세상에서 일어나는 사건들도 우리의 기분에 영향을 미칠 수 있다. 예를 들어, 코로나19 COVID-19 팬데믹은 전 세계 사람들에게 영향을 미쳤으며 수백만 명에게 불안과 우울감을 유발했다. 하지만 이런 괴로운 감정은 사람

- **강한 아침형**
  아침에 가장 정신이 맑고 일찍 잠자리에 드는 유형

- **강한 저녁형**
  하루 중 늦은 시간에 가장 정신이 맑고 늦게 잠자리에 드는 유형

들을 개인적인 삶과 직업적인 삶 모두에서 훨씬 창의적인 활동을 하게 만드는 원동력이 되었다. 우리는 친구나 가족에게 연락하고, 동료와 협력하고, 원격으로 업무를 처리하고, 여가를 활용하는 획기적인 방법을 찾아냈다(발효종 만들기와 제빵에 대한 집단적인 집착을 기억하는가?). 국가적 비극이나 정치적 사건 역시 집단의 기분을 좌우한다. 예를 들어 2020년, 미국에서 조지 플로이드George Floyd가 경찰에 의해 살해된 사건은 전 국민의 분노를 일으켰다. 이 집단적인 분노는 인종적 정의와 경찰 개혁을 요구하는 창의적인 행동을 촉발했다.

일상에서 느끼는 감정의 원인은 대부분 개인적이다. 예를 들어, 하루에 처리할 수 있는 분량을 넘어서는 업무량 때문에 느끼는 당혹감과 업무 평가를 앞두고 있을 때의 불안감, 새로운 프로젝트를 시작할 때의 호기심과 관심, 하는 일에 대한 불만, 뭔가 잘못된 듯한 느낌 등이 그렇다. 이런 감정들은 다양한 분야의 창의적인 작업에 도움이 될 수 있다. 대체로 피하고 싶어 하는 불쾌한 감정들도 마찬가지다. 나는 불안감이 들 때 업무 계획을 세운다. 위험이나 장애물을 더 잘 예측하고 대처 방법을 더 빨리 생각해 낼 수 있을 뿐만 아니라, 계획을 세워 두면 불안감을 어느 정도 잠재울 수 있다. 호기심이나 흥미가 동할 때는 내 분야의 최신 연구를 읽으며 독서에 몰두한다. 새로운 연구 아이디어가 마음에 들지 않으면 다시 돌아보고, 동료들에게 조언을 구하며, 새로운 접근법을 모색한다.

일단 감정을 인식하고 파악한 후에는 매칭 게임을 시작할 수 있다. 그 특정 감정으로부터 도움을 받을 수 있을 만한 일을 해야 할 일 중에서 고르는 것이다. 일상적으로 느끼는 감정(예를 들면, 아침에는 보통 어떤 기분이고 오후에는 어떤 기분인지)에 대해서는 미리 계획을 세울 수 있다. 그 외 다른 시간대의 기분은 그날의 사건과 경험의 흐름에 따라 달라지므로, 그때그때 맞는 일을 선택하면 된다. 감정에 맞춰 시간별로 할 일을 유연하게 조절하면 일을 더 쉽게 수행하고 성공할 가능성도 커지는 결과를 얻을 수 있다.

평가는 여유를 두고 하라

얀은 프로젝트를 마친 후 몇 달이 지나야 비로소 완전히 끝났다고 생각한다. 이런 접근 방식은 작업을 일정한 거리를 두고 새로운 시각으로 볼 수 있게 해 주며, 개선점을 고민할 시간을 제공한다. 어째서 그럴까? 그는 노래나 앨범을 완성한 직후에 처음 드는 기쁜 감정이 종종 착각을 불러일으킬 수 있다는 것을 이해하기 때문이다. 완성된 앨범을 볼 때는 기쁨은 큰 그림을 볼 수 있게 해 주지만(이번 앨범은 정말 독창적이야!), 세세히 들여다봐야 할 구체적인 시항들을 간과하게 만들 수 있다. 행복감은 기분을 좋게 만들어 주지만, 세부 사항을 놓치게 만들고 문제의 징후를 축소시키는 단점이 있다. 프로젝트를 완성한 후 그것이 완전히 완성되었다고 판단하고 세상에 내놓기까지 약간의 시간 여유를 둠으로써, 얀은 프로젝트를 개선할 새로운 방법을 찾고 최고의 결과물을 만들어 냈다는 자부심 또한 느낄 수 있게 된다.

 감정이 창작 활동을 평가하는 데 유용하다면, 즉 작품이 정말 완성된 것이 맞는지 또는 뭔가를 더 해야 하는지 판단하는 데 도움이 된다면, 과연 어떤 감정에 그런 효과가 있을까? 기분이 좋을 때, 우리는 자신이 만들어 낸 작품의 가능성을 본다. 반대로, 기분이 좋지 않을 때는 문제점을 더 잘 본다. 긍정적인 시각에만 의존하면 잠재적인 문제점을 눈치채지 못한다. 그렇다고 부정적인 시각에만 의존하면 강점과 가능성을 보지 못한다. 그렇다면 결정을 내릴 때 감정에 의존하면 안 되고 의존할 수도 없는 것일까? 아니, 전혀 그렇지 않다. 사실 '어떤 감정이 도움이 되고, 어떤 감정이 우리를 방해되는가?'라는 질문 자체가 적절하지 않다. 또한 낙관주의든 비관주의든 그것에 기반해 의사를 결정하는 것이 유일한 선택지도 아니다.

아이디어를 평가하고 결정을 내릴 때 기억해야 할 것은 어떤 감정이든 우리에게 뭔가 주목할 만한 가치가 있는 정보를 주며 모든 감정은 우리의 작업을 평가하는 데 도움이 될 수 있다는 점이다. 비결은 한 걸음 물러나 유쾌한 감정이든 불쾌한 감정이든, 모든 감정이 제공하는 다양한 시각으로부터 무엇을 배울 수 있는지 생각해 보는 것이다. 같은 프로젝트를 진행하면서도 낙관적인 순간이 있는가 하면, 조심스럽고 심지어 비관적으로 느껴지는 순간도 있을 수 있다. 이 차이는 대개 다른 측면에 초점을 맞추기 때문에 발생한다. 감정에 의존하면 일부만 볼 수 있을 뿐 전체는 볼 수 없다.

감정-과제 매칭 게임과는 달리, 감정을 활용해 결과물을 평가할 때는 하나의 감정에만 의존해서는 안 된다. 계속 불만족스러우면 어떻게 할 것인가? 그것은 여전히 무언가 더 개선해야 할 일이 남아 있다는 신호다. 그렇다면 기발한 해결책을 발견했을 때 느껴지는 행복감은 무엇을 의미할까? 그것은 성공의 가능성이다. 이 두 가지 모두를 고려해 결

● **감정-과제 매칭 게임**
특정 유형의 사고와 문제 해결에 가장 적합한 감정이 있다고 보는 것

정할 때, 우리는 최적의 결과를 얻을 수 있다.

우리는 종종 직관적으로 이렇게 행동한다. 예를 들어, 학교에 입학 원서를 넣는 상황을 떠올려 보자. 당신의 학위를 준비하는 경우든, 자녀의 입시를 돕는 경우든, 경쟁이 치열한 과정이 될 수 있다. 아마 당신은 아무리 가고 싶은 학교가 있고 결과에 대해 낙관적이라 하더라도 한 학교에만 지원하지는 않을 것이다. 그보다는 미래에 대한 불확실성과 의구심을 고려해 충분히 합격할 만한 안전한 학교도 지원 목록에 넣을 것이다. 동시에 자신의 강점과 희망을 고려해 동경의 대상인 학교도 목록에 넣을 것이다. 그리고 최종 목록에는 이 둘의 중간쯤 되는 학교도 포함될 것이다. 어떤 학교에도 합격한다는 보장은 없다. 완벽한 목록을 만드는 이상적인 공식도 존재하지 않는다. 하지만 목록을 만드는 과정에서 드는 다양한 감정을 고려해 여러 학교 그룹에서 지원할 학교를 선택한다면 더 나은 결정을 내릴 수 있다.

감정을 활용해 자신의 작업을 평가할 때도 균형이 필요하다. 지나치게 높은 기준에 사로잡혀 작은 불만에 집착하는 완벽주의는 작업을 끝내는 데 걸림돌이 된다. 반면 순간적인 흥분에 지나치게 집중하면, 충분한 시간을 들여 다양한 아이디어를 탐색하거나 시험하지 못한 채 안주하는 함정에 빠질 수 있다. 이 양극단은 양립할 수도, 조화를 이루기도 거의 불가능하다. 그리고 이상적인 균형을 이룰 완벽한 방법은 없다. 하지만 다른 창작 활동이 그렇듯, 이는 모호함을 견디는 법을 배우는 과정이다. 하지만 용기를 내자. 자신이 느끼는 감정 안에 풍부한 정보가 숨어 있으니까.

불필요한 감정을 느낄 때

우리는 자연스럽게 느껴지는 감정을 다음과 같이 활용할 수 있다. 우리의 생각에 영향을 미치도록 허용하고, 앞에 놓인 과제에 매칭하고, 감정이 제공하는 다양한 관점을 활용해 균형 잡힌 결정을 내리는 것이다. 하지만 자연스럽게 일어나는 감정이 꼭 편리하지만은 않을 때가 있다.

지치고 우울한 기분으로 브레인스토밍 회의에 들어갔다고 상상해 보자. 브레인스토밍은 폭넓은 사고를 요구하며, 마치 허공에서 아이디어를 끌어내는 것처럼 자신이 가지고 있는 지식과 전문성의 예상치 못한 구석에서 아이디어를 끌어모아야 한다. 하지만 우울한 기분은 우리의 관심 범위를 좁게 만들어 브레인스토밍을 방해한다. 또는 엄청 좋은 소식을 들었는데 중요한 회의를 앞두고 프레젠테이션을 비판적으로 검토하고 다듬어야 한다고 상상해 보자. 이런 기분 좋은 상태에서는 자신의 성과가 두드러져 보이고, 앞으로 나아갈 다양한 방향을 그려보게 된다. 하지만 프레젠테이션을 위한 세부 사항에 집중하기는 어렵다. 이 두 경우 모두 당신의 감정은 당장 해야 하는 일과 잘 맞지 않는다. 불편한 것이다. 그렇지만 우리는 일을 해야 하고, 우리는 계속 해내야 한다.

우리는 감정이 우연히 찾아오거나 외부에서 주어지는 것이라고 여긴다. 하지만 우리는 감정의 주체가 되어 감정에 영향을 미치고 심지어 기분을 바꿀 수도 있다. 그리고 의도적으로 우리에게 필요한 감정을 만들어 낼 수 있다. 이것이 바로 과학자들이 실험실에서 기분 유도

기법을 사용해 특정 기분을 조성할 때 사용하는 방법이다. 예를 들어, 사우샘프턴대학교의 심리학 교수 콘스탄틴 세디키데스Sedikides와 그의 동료들은 한 연구에서 사람들에게 향수를 불러일으키는 기억과 평범한 하루를 떠올린 뒤, 그 상태에서 글을 쓰도록 요청했다. 향수는 과거의 어떤 사물이나 사람에 대한 기쁨이나 애착, 또는 이미 세상을 떠났거나 먼 곳에 있는 사람이나 사건, 장소에 대한 그리움이나 슬픔을 포함하는 복잡한 감정이다. 참가자들은 향수를 불러일으키는 것을 떠올린 후 그것에 관한 이야기를 글로 적었다. 한 실험에서는 이야기에 반드시 공주나 고양이, 경주용 자동차가 포함되도록 했고, 또 한 실험에서는 반드시 미스터리를 암시하는 문장으로 시작하도록 했다. 예를 들면 이런 문장이었다. "어느 추운 겨울밤, 한 남자와 여자는 이웃집에서 들려오는 소리에 깜짝 놀랐다."

향수를 불러일으키는 기억을 떠올린 사람들은 실제로 향수를 느꼈다. 그리고 그들이 쓴 이야기는 평범한 날을 떠올린 사람들이 쓴 이야기보다 더 창의적이라는 평가를 받았다. 향수에는 씁쓸하면서도 달콤한 애성, 우울감, 그리움 등의 다양한 감정이 담겨 있다. 연구진은 향수가 사람들에게 다양한 시각을 열어 주고 그런 시각이 글에도 담겨 결국 더 창의적인 글을 쓰게 해 준다는 사실을 깨달았다.

이런 심리 실험을 보면 우리도 창의적인 목적을 위해 의도적으로 다양한 감정을 만들어 낼 수 있음을 알 수 있다. 조엘 코헨Joel Cohen 교수와 에두아르도 안드라데Eduardo Andrade 교수는 사람들이 앞에 놓인 과제를 수행하는 데 맞는 기분을 의도적으로 조성한다는 사실을 실험을 통해 입증했다. 그들은 먼저 참가자들에게 행복한 영화의 한 장면(〈아메리칸 파이American Pie 2〉의 클립)과 긴장감 넘치는 영화의 장면(〈탑건Top Gun〉의 비행기 사고 장면), 그리고 별다른 감정을 불러일으키지 않는 중립적인 장면(여행 다큐멘터리)을 보여 주면서 다양한 감정을 유도했다. 이런 기분 유도 실험을 통해 연구진은 각 참가자의 기분이 어디서 시작되는지 정확히 알 수 있었다.

그런 다음에는 참가자들에게 두 가지 과제를 제시했다. 하나는 '신중함과 정밀함, 분석적이고 논리적인 사고가 필요한 어려운 인지 과제', 또 하나는 '직관과 창의성, 고정관념에서 벗어난 사고와 상상력이 필요한 어려운 인지 과제'였다. 이 두 과제를 선택한 이유는, 분석적 사고 과제에는 부정적인 기분이 도움이 되고 브레인스토밍 과제에는 행복한 기분이 도움이 되기 때문이다.

과제를 시작하기 전 연구진은 참가자들에게 기분 좋은 음악 또는 슬픈 음악을 선택해서 듣게 했다. 음악은 감정에 영향을 주기 때문에, 참가자들은 음악 감상을 통해 자신의 기분을 긍정적으로 만들지, 또는 부정적으로 만들지 스스로 선택할 수 있었다. 예상한 대로, 참가자들은 의도적으로 음악을 선택했다. 고정관념에서 벗어난 사고가 필요한 과제를 앞에 둔 참가자들은 사고를 확장하기 위해 긍정적이고 활기찬 기분이 필요했고, 그런 이유로 경쾌한 음악을 선택하는 경우가 많았다. 특히 긴장감 넘치는 영화 장면을 본 뒤, 부정적인 기분으로 해당 과제를 제시받은 사람은 더욱 그런 음악을 선택했다. 반대로, 분석적 과제를 제시받은 참가자들은 슬픈 음악을 선택하는 경우가 많았다(집중력을 높여 주는 부정적인 기분을 느낄 가능성이 있다).

실험실에서와 마찬가지로, 우리는 원한다면 즉석에서 감정 상태를 유도할 수 있다. 감정을 자극하는 일을 떠올리는 것만으로도 우리는 정신적으로 그 일을 다시 경험하게 된다. 우리는 살면서 여러 차례 그리움을 느끼기도 하고, 누군가의 불행에 동정심을 느끼기도 하며, 불의에 분노하기도 하고, 뭔가 어려운 일을 해낼 수 있다는 낙관에 빠지기도 한다. 그런 순간들을 떠올린다고 해서 실제와 똑같은 느낌을 느끼는 건 아니지만 현재에 도움이 될 만큼은 충분히 되살릴 수 있다. 내 연구에 참여했던 한 소설가는 이렇게 말했다. "글을 쓴다는 건 어쨌든 외로운 일입니다. 하지만 저는 글을 쓰는 동안 그 외로움을 활용해 등장인물들이 각자 느낄 외로움을 포착하려고 노력해요. 작품을 쓰는 동안은 그 마음을 유지하려고 애씁니다. 그리고 이야기에 필요한 세부적인 내용을 위해 가족이 겪은 상실의 기억을 떠올려 보려고 노력합니다. 어떤 기억이 떠오르는지 보기 위해 묘를 방문하기도 하고요. 당시의 기억과 감정을 적극적으로 끄집어내는 거지요." 이런 과정은 배우들이 생생하고 실감 나는 연기를 위해 개인의 감정적 기억을 활용하는 것과 같다.

감정의 힘을 활용할 때는, 창의성에만 도움이 되는 특정 감성이 아니라 아이디어 발상부터 구현까지 각 과업에 도움이 되는 구체적인 감정을 떠올려야 한다. 여러 경우에, 창의적인 작업은 폭넓은 사고(새로운 아이디어를 찾을 때)와 분석적인 사고(작업을 검토하고 새로운 개선 및 개발 방법을 찾을 때)를 요구한다. 중요한 것은 눈앞에 놓인 특정 과업에 적합한 기분을 조성할 자신만의 방법을 찾는 것이다. 나는 활기찬 기분이 필요할 때 동료들과 회의 일정을 잡는 편이다. 일에 대해 논의할 때 신이 나고 열정적인 기분을 느끼기 때문이다. 약간의 기분 전환이나 웃음이 필요할 때는 친구에게 엽서를 쓴다(내가 항상 엽서를 많이 준비해 두는 이유다). 과거의 기억을 떠올리거나 음악을 듣는 것처럼 보편적인 방법이 효과적일 때도 있지만, 개인적으로 특화된 방법이 있을 수 있다. 엽서를 쓰는 방법은 흔치 않기도 하고 다른 사람 마음에는 들지 않을 수 있어도 내게는 매우 효과적이다.

　물론 감정에는 창의력을 높이는 힘이 있지만 길을 가로막을 가능성도 있다. 누구나 한 번쯤은 압박감에 온몸이 뻣뻣하게 굳었던 적, 애로사항을 극복하기 위해 스트레스를 받은 적이 있을 것이다. 막다른 길에 갇힌 듯한 느낌을 받거나 의욕을 잃고 포기하고 싶을 정도로 낙담한 적도 있을 것이다. 그럴 때는 우리를 침체 상태로 몰아넣는 감정의 정체 상태에서 벗어나야 한다. 감정이 우리의 발전을 위협적으로 방해할 때 어떻게 대처하면 좋을지, 다음 장에서 살펴보도록 하자.

7장
감정이 방해할 때

카티아 포브스Katja Forbes는 인간 중심 디자인을 실천하는 디자이너이자 사업가, 조직의 리더다. 그녀는 자신만의 디자인 회사를 설립한 후, 한 사람의 고객부터 시작해 항공 산업, 금융 서비스, 정부 기관 등 다양한 주요 고객사를 거느린 회사로 성장시켰다. 그리고 8년 후, 세계적인 기술 서비스 및 컨설팅 기관 중 한 곳에 회사를 매각했다. 카티아는 인수된 회사를 3년에 걸친 코로나19 팬데믹 동안 운영했으며, 그동안 단 한 명의 직원도 잃지 않았다.

그녀는 대형 다국적 은행의 눈에 띄어 기업·상업·기관 금융 부분의 고객 경험 책임자 자리를 제안받았다. 개발도상국 시장과 금융 서비스를 받지 못하는 사람들을 위한 금융 포용Financial Inclusion을 실현하겠다는 조직의 사명에 끌린 그녀는 채용 제안을 수락했다. 그리고 호주에서 싱가포르로 이주했다. 현재 그녀는 전 세계 50개 시장에서 복잡한 자본 및 금융 시장 상품, 무역 상품, 무역 금융 상품을 담당하고 있다. 그녀가 제작을 맡은 콘텐츠는 관리자의 상품 판매를 지원하고 고객들이 상품 및 서비스를 통해 직접 자금을 움직일 수 있도록 돕는다.

전직 아이스하키 선수였던 카티아는 경쟁심이 매우 강하다(그녀는 자신에 대해 누구보다 엄격하다고 말한다). 그리고 얼음판 위에서든 밖에서든 늘 실력을 키울 방법을 찾는다. 새롭게 맡은 역할에서 그녀는 복잡한 시스템 설계에 따르는 어려움뿐 아니라 큰 조직의 일원이 됨으로써 겪게 되는 사회적, 감정적 어려움을 알게 되었다. 남편의 비유에 따르면 그녀의 직업적 변화는 직접 결성한 밴드의 리드 기타리스트이자 보컬에서, 모두가 악보에 맞춰 연주하는 오케스트라 단원으로 바뀐 것과 같았다.

간혹 대형 금융 회사의 디자이너인 그녀의 가치를 알지 못하거나 알아주지 않는 사람들이 있을 수 있다. 그녀는 계층 구조도 헤쳐 나가야 하고, 설계에 익숙하지 않은 사람들에게 자신이 하는 일이 얼마나 중요한지를 설득해야 한다. 이런 일을 하는 데는 에너지가 필요하다. 그녀는 이런 상호 작용을 종이에 베이는 상처에 비유한다. 대단한 상처는 아닐지 몰라도 피가 날 수 있다. 이것이 쌓이면 일의 맥이 끊기는 일종의 '번아웃'을 경험하게 되는 것이다. 이것이 바로 카티아가 때때로 경험하는 '종이에 베이는 상처'가 쌓여 업무에 큰 지장을 주기 전에 주의를 기울여 관리하는 이유다. 자신이 속한 조직의 가치를 깊이 믿는 그녀는 스스로 행동을 취하고 업무를 지속할 수 있게 해 주는 전략을 개발했다.

내적·외적 비판에 대처하기 위해 카티아는 자신의 강점에 기댄다. 기디이는 말한다. "나는 내 장점을 더 강화할 생각이에요. 소통이나 말하기, 전략적 사고, 미래지향적 사고, 그리고 조직을 위해 틀에 박히지 않은 방식으로 생각하는 능력 등이요." 그녀는 스스로 여유를 가지려고 노력하는 것도 도움이 된다고 말한다. "뭔가 충분히 해 내지 못한 것 같고 심지어 잘못한 것 같을 때도, 그런 불편한 감정을 받아들이고 자신을 마주할 수 있어야 해요. 의식적으로요." 그녀가 말하는 이 태도는 감정을 연구하는 과학자들에게 잘 알려진 기술, 즉 감정을 사전에 관리해 행복을 증대시키고 성공적인 창의적 작업의 길을 닦는 능력에 대한 것이다. 그녀가 감정을 관리하는 적극적인 방법 또 한 가지는 피드백을 구하고 그것을 성장의 도구로 삼는 것이다. 직장 생활 초기에, 카티아는 직원의 성장을 중시하는 조직 가치를 둔 회사에서 일한 적이 있었다. 그 회사에서는 회의가 끝날 때마다 직원들에게 자신의 업무 중 잘한 점은 무엇이고 델타delta는 무엇인지 질문했다. 카티아는 '델타'라는 단어를 마음에 새겼다. '델타'는 흔히 수학과 과학에서 변수의 변화를 의미하는 말로 사용된다. 이와 마찬가지로 카티아가 몸담고 있던 회사에서는 개선이 필요한 부분을 말할 때 델타라는 단어를 사용했다. 카티아는 이 단어의 중립성이 마음에 들었다. 문제점에 대한 지적이나 부정적인 의미를 담고 있지 않기 때문에, 직원들은 마음을 열고 피드백을 통해 배울 수 있다. "우리는 비판이나 비난을 빠르게 받아들여요. 그리고 생각하죠. 맞아, 난 형편없어." 그녀가 말했다. 하지만 다른 언어로 표현함으로써 우리는 수치심이나 방어적인 태도를 보이는 대신 수용적인 태도로 피드백을 받아들이고 개선할 방법을 찾게 된다. 피드백을 위협적으로 받아들이기보다는 생각을 자극하는 계기로 받아들이고, 위축되기보다는 생산적인 상태가 되는 것이다. 생각을 자극하는 피드백이라면, 우리는 그것을 감당할 뿐만 아니라 심지어 환영한다.

  카티아가 하는 일은 감정적인 요구가 많다. 오랫동안 자신의 회사를 운영하다가 대규모 조직의 일부로 적응해야 하고, 고객들이 복잡한 금융 상품과 상호 작용할 수 있는 방법을 설계하고 구축해야 하며, 설계자들로 이루어진 팀을 책임져야 하는 일까지 다양하다. 어려움과 자극의 양상은 각자의 상황에 따라 다르겠지만, 창의적 작업의 여정이 누구에게나 감정의 롤러코스터가 된다는 점은 같다. 카티아의 경우와 마찬가지로, 우리가 마주치게 되는 어려움 중 일부는 내면(늘 가차 없이 의견을 제시하는 내면의 비판자)에서, 일부는 주위 사람들로부터, 그리고 나머지는 창의적인 작업의 본질, 즉 말 그대로 뭔가 새롭고 어려운 걸 해야 한다는 것에서 비롯된다. 결국 창의적인 활동의 성공은 모든 창의적 노력의 일부인 감정적 어려움을 어떻게 관리하는가에 달려 있다.

창의적인 작업에는 감정 관리가 필요하다

카티아 포브스는, 성공적으로 창의성을 발휘하기 위해서는 자신의 에너지를 관리하고, 자신이 이끄는 창의적인 스태프들을 지원하며, 제품 디자인 과정에서 마주하는 어려움을 헤쳐나가고, 팀의 작업을 조직 안팎의 이해관계자들에게 효과적으로 전해야 한다는 사실을 잘 알고 있다. 눈앞에 과제에 도움이 될 만한 감정을 만들어 내는 일이 가능한 것처럼, 창의적 작업에 헌신하는 일을 방해하는 감정을 관리하는 일 또한 가능하다.

흥미로운 점은, 그럴 때 우리를 압도할 만큼 강렬한 감정적 경험이 존재한다는 것이다. 트라우마를 유발할 정도로 큰 충격이나 생존에 즉각적인 위협이 될 만한 일을 경험하는 순간은 오랜 시간이 흘러도 강렬한 감정을 불러일으킬 수 있다. 극단적인 감정은 비정상적인 상황에 대한 정상적인 반응이다. 이런 경우에는 우리의 능력으로는 감정을 관리하기 힘들다. 하지만 대부분의 일상적인 상황에서는 충분히 감정의 흐름을 조절할 수 있다.

다양한 분야의 창작자들에게 아이디어를 상품화하는 일상적인 창작 작업에서 어떤 감정을 경험했는지 물었을 때, 그들은 좌절과 흥분, 기쁨이 뒤섞인 감정이었다고 말했다. 또 어떤 연구에서는 최종 목표를 향해 반복적으로 뭔가를 하고, 실패하고, 다시 고치는 과정이 고통스럽고 심지어 괴로웠다고 대답한 창작자들도 있었다. 다시 말해, 창작 활동은 스트레스를 동반한다.

매일의 경험은 스트레스를 받으면 불쾌하다는 사실을 분명하게 보여 준다. 건강 심리학 연구는 특히 만성적인 스트레스의 경우, 신체 건강 및 정신 건강에 문제를 일으킬 수 있음을 보여 준다. 하지만 연구에 따르면, 특이하거나 예상치 못한 경험, 즉 근본적으로 스트레스를 유발하는 경험은 종종 창의적 작업과 성취에 영감을 주고 동기를 부여한다. 이때 중요한 열쇠가 바로 감정 조절 능력이다. 효과적인 감정 조절은 스트레스의 부정적인 영향을 경감시키고 스트레스로부터의 회복을 촉진하며, 창의성으로 가는 문을 열어 준다.

쉽게 말해, 스트레스는 특별한 요구를 대할 때 발생하는 심리적 결과다. 우리는 직장에서 어려운 프로젝트를 맡거나, 동료와 갈등을 겪거나, 팬데믹이나 정치적 혼란 같은 광범위한 사회적 위기를 겪을 수 있다. 중요한 건 이런 사건과 사람들 경험이 일대일 대응 관계가 아니라는 점이다. 같은 사건이라도 어떻게 해석하고 어떤 결과를 예상했느냐에 따라 사람마다 다른 경험이 될 수 있다. 만일 우리가 어느 사건을 위협으로 해석하고 위험하고 해로울 것으로 예측한다면, 우리의 스트레스 경험은 강화되고 그 감정적·심리적 영향은 부정적일 것이다. 그리고 스트레스가 만성화되면, 우리는 감정적 소진과 번아웃의 위협에 놓이게 되고, 눈앞의 요구에 효과적으로 대응하지 못하게 된다. 하지만 우리가 사건을 도전, 즉 어려워도 우리의 노력과 시간, 다른 사람의 도움을 통해 충분히 극복할 수 있는 것으로 해석한다면 대개는 부정적인 결과를 피할 수 있다.

감정 조절이란 무엇인가?

감정 조절이란, 원하는 결과를 얻기 위해 감정을 조절할 수 있는 능력을 의미한다. 직관적으로 우리는 감정 조절을 단순히 기분을 나아지게 하거나 행복해지기 위한 것으로 생각한다. 하지만 이건 여러 가지 가능한 목표 중 하나에 불과하다. 때로 감정 조절은 중요하다고 여겨지는 뭔가를 성취하는 것을 목표로 한다. 목표가 창의성을 발휘하는 것이라면, 기본적으로 창의적인 활동과 관련된 리스크를 감수해야 한다. 즉 우리가 힐 일은 기분을 좋게 만드는 것이 아니라, 일정 수준의 불편한 불확실성을 받아들이는 것이다. 감정 조절의 또 다른 목표는 작업의 질을 높이는 것이다. 이 경우에는 한동안 좌절감을 받아들일 수 있어야 한다. 좌절감이라는 감정은 불쾌하고 당연히 그 감정에서 벗어나고 싶겠지만, 그것은 무엇이 잘못되었고 무엇을 개선해야 할지 깨닫게 해 주는 창이다. 그 불편한 상태에 계속 머무르기를 선택하는 것이 곧 감정 조절이다. 배움을 얻기 위해 그 상태를 연장하는 것이다.

창의적 작업을 할 때는 온갖 다양한 감정이 필요하다. 하지만 또한 감정에 압도되어서는 안 된다. 바로 이때 필요한 것이 감정 조절이다. 감정을 조절하는 방법에는, 전략적으로 특정한 감정(열정이나 간절한 기대 같은 것)에 빠지거나, 감정(분노나 불안 같은 것)의 강도를 줄이거나, 감정의 본질을 (좌절감을 호기심으로) 바꾸는 방법, 또는 사라지기 쉬운 감정(프로젝트에 대한 지속적인 관심)을 유지하는 방법 등이 있다. 감정을 조절하는 방법을 이해하려면 감정의 흐름을 분석해 보는 것이 도움이 된다.

감정은 그 감정을 촉발하는 사건으로 시작해 일련의 단계를 거쳐 진행된다. 이런 사건은 갑자기 맡게 된 과제나 프로젝트, 또는 누군가와의 대화 등 우리 주변에서 일어나는 일들이 될 수 있다. 하지만 이런 외적인 일 외에 자신의 창의력에 대한 의심이나 부정적인 일이 일어날지도 모른다는 불안 등 마음속에서 일어나는 내면적인 요소도 이런 감정을 촉발할 수 있다.

다음 단계는 주의*attention*다. 어떤 일이 일어나도 알아채지 못하면 우리는 그 일에 대해 아무런 감정도 느끼지 못하게 된다. 아마도 가장 직접적인 예가 사회적 상호 작용일 것이다. 같은 회의에 참석하더라도 어떤 사람은 동료의 말에 숨은 반감을 알아채고 감정적으로 영향을 받지만, 어떤 사람은 이를 알아차리지 못하고 아무런 반응도 보이지 않을 수 있다(그리고 이는 또 다른 감정의 사슬을 만들어 내는 오해의 소지가 될 수 있다!).

만약 감정을 촉발하는 뭔가를 알아챘다면, 다음 순서는 그것을 해석하는 일이다. 무슨 의미인지, 만약 어려운 일이라면 성공적으로 대처할 수 있을지, 자신이 해결하거나 대처할 수 있는 문제인지, 또는 평판이나 안전을 위협할 만큼 어려운 문제인지 판단해야 한다.

마지막으로, 우리의 감정적 반응은 상황-주의-해석의 연쇄 작용 결과로 나타난다. 여기에는 생리적 반응(손바닥의 땀이나 심장 박동, 근육 긴장 등)과 심리적 반응(불안이나 두려움, 호기심이나 경이로움, 슬픔이나 실망), 그리고 행동적 반응(흥분해서 펄쩍 뛴다거나 화가 나서 소리치는 것 등, 사실상 무한한 행동 목록)이 포함된다.

감정을 조절하는 방법

감정적 경험은 생각보다 조절이 어렵지 않다. 더 구체적으로 말하자면, 우리는 앞서 말한 모든 단계에 영향을 미칠 수 있다. 감정을 촉발하는 사건에 대해서도 미리 예방하거나 상황을 바꿀 수 있고, 무엇에 주의를 기울이고 집중할지도 결정할 수 있다. 상황을 바라보는 시각이나 관점도 바꿀 수 있으며, 이는 상황의 의미를 해석하는 데도 영향을 미친다. 마지막으로 이미 감정적 경험을 겪고 있다면, 생리적 반응을 다르게 해 보거나(예를 들어, 근육을 이완하면 스트레스로 인한 긴장이 완화된다) 상황에 어떻게 반응할지 선택함으로써(예를 들어, 격한 상황에서는 생각을 말하지 않는 등) 감정을 바꿀 수 있다. 각 단계에 대해 더 자세히 살펴보자.

적절한 상황을 선택하라

직관에 어긋나는 것처럼 보일지 몰라도, 감정을 관리하는 가장 효과적인 방법 가운데 하나는 감정이 발생하기 전에 먼저 대응을 시작하는 것이다. 다시 말해서, 어떤 상황에 참여하고 어떤 상황을 거부할지 선택함으로써 특정 감정을 선택하고 그 외에 다른 감정은 차단할 수 있다. 감정을 연구하는 학자들은 이 전략을 '상황 선택situation selection'이라고 부른다. 예를 들어, 카티아는 자신의 강점에 집중하며, 자신의 열정을 표출하고 더 큰 성취감을 느낄 수 있는 분야에 더 많은 시간을 투자한다. 바로 이 전략을 활용하는 것이다. 마찬가지로 과학자들은 보통 흥미롭거나 자극적인 주제, 또는 기존 지식의 모순과 빈틈이 불만스러워 해결하고 싶은 주제를 연구 대상으로 삼는다. 자신에게 자극을 주는 주제를 선택함으로써 그들은 스스로 열정을 불어넣는 환경을 만들어 나간다. 직장에서는 개인적인 목표와 일치하는 프로젝트에 지원하고 참여하는 방법이 있다. 이는 우리에게 더 큰 동기를 부여한다.

  프로젝트를 시작하든 기존의 프로젝트에 다시 전념하든, 창의성을 선택하는 일은 상황을 선택하는 것과 같다. 때로 이런 선택은 결국 활력을 불어넣어 준다. 오랜 시간이 지나야 결과가 나오는 프로젝트, 예를 들어 책을 출판한다거나 5개년 성장 전략을 설계하는 일들을 그

예로 들 수 있다. 하지만 단기적으로는 창의성을 선택하는 일이 어렵고 스트레스를 유발할 수 있다. 예를 들어, 잠재 고객을 설득하거나 빠른 처리가 필요한 프로젝트처럼 말이다. 이런 일들은 당장은 즐겁지 않지만, 미래의 창의성에 투자하는 셈이 된다.

상황을 조정하라

불가피하게 심한 스트레스 상황에 처했다면(예를 들어, 매우 중요한 과제나 프로젝트의 요구 사항을 동시에 처리해야 하는 경우), 상황을 조정함으로써 감정을 조절할 수 있다. 그런 방법 한 가지는 물리적 환경을 바꾸는 것이다. 이 책을 집필할 때, 나는 정규직 연구 과학자로서 연구비가 지원되는 여러 프로젝트를 담당하면서 동시에 출판 마감일까지 맞춰야 했다. 데이터 분석과 기술 문서 작성이라는 '본업'과 비전문 독자들을 위한 글쓰기를 오가며 정신적인 전환을 반복해야 하는 어려움을 겪었다. 그로 인해 쓸데없는 스트레스에 시달려야 했다. 그래서 나는 상황을 조정했다. 책상에서 글을 쓰는 대신 동네에 있는 반스앤노블 Barnes & Noble 서점에서 글을 쓰기 시작했다. 새로운 환경은 다른 목표를 가지고 다른 업무를 해야 할 때라는 신호가 되어 주었고, 스트레스를 덜어 주었다. 글쓰기 실력도 꾸준히 향상되었다.

직장에서는 '잡 크래프팅 job crafting'이라고 불리는 과정을 통해 업무 상황을 조정할 수 있다. 이 용어는 에이미 브제스니에프스키 Amy Wrzesniewski 교수와 제인 더튼 Jane Dutton 교수가 사람들이 자신의 목표에 더 잘 부합하도록 업무의 속성을 바꾸는 방식을 설명하기 위해 만든 개념이다. 여기에는 더 큰 자율성을 위해 협상하는 것과 도움이

● 잡 크래프팅
주어진 일을 기계적으로 하기보다는 주도적으로 개선하고 조율함으로써 좀 더 가치 있는 일로 만드는 것

필요할 때 요청하는 것, 역량 강화에 도움이 될 만한 프로젝트에 자원하는 것, 그리고 성장 기회를 요청하는 것 등이 포함된다. 일에 접근할 더 나은 방법을 적극적으로 찾을 때, 그리고 직원을 위한 교육과 노력에 대한 보상을 제공하며 일정 수준의 자율성과 권한을 허용하는 조직에서 일하기를 선택할 때, 우리는 잡 크래프팅을 통해 권한을 부여받았다는 기분을 느끼며 더 큰 창의성을 발휘하게 된다.

또는 미리 준비하거나 연습함으로써 상황을 조정하는 방법도 있다. 카티아는 직원 한 명을 해고해야 했을 때 이 방법을 활용했다. 직원을 잃는 일이 가슴 아플 거라는 사실을 잘 알고 있었고, "유감스럽게도 더는 같이 일할 수 없게 되었어요"라는 끔찍한 말을 해야 하는 상황이 두려웠기 때문에, 카티아는 자신이 해야 할 말을 정확히 계획해서 연습했다. 그녀의 목표는 최대한 친절하게, 즉 그녀의 표현을 빌리자면 '쫓겨나는 기분이나 쓰레기처럼 버려지는 기분이 들지 않게' 해고하는 것이었다. 누군가를 해고하는 일은 결코 쉽지 않다. 하지만 카티아는 자신이 해야 할 말을 세심하게 계획해 감정을 관리했다. 그녀는 나중에 그 직원으로부터 어려운 말을 품위 있게 전해 줘서 고마웠다는 말과 기회가 된다면 다시 함께 일하고 싶다는 내용의 편지를 받고 기분이 조금은 나아졌다.

상황을 바꾼다는 건 환경을 적극적으로 조성해 창의적인 사고와 행동이 가능해지도록 만드는 것이다. 직장에서 동료와의 갈등으로 인해 스트레스가 심한 상황이라면, 직접적인 대화를 통해 해결할 수 있다 (다른 사람과의 갈등은 확실히 창의력을 저해한다). 예상치 못한 피드백을 다뤄야 하는 등의 위기 상황은, 늦기 전에 문제를 해결하기 위해 노력함으로써 해결할 수 있다. 또는 동료나 협력자와 함께 문제를 해결함으로써 혼자 문제를 해결해야 하는 상황을 피할 수도 있다.

주의를 다른 방향으로 돌려라

감정을 조절하는 또 하나의 전략은 주의를 다른 방향으로 돌리는 것이다. 우리는 주의를 돌리면 신체적 고통 완화에 도움이 된다는 것을 개인적인 경험을 통해 알고 있다. 이는 감정적 고통에도 유사한 효과를 발휘한다. 예를 들어, 프로젝트의 방향을 논의하면서 좌절감이 드는 경우, 잠시 휴식을 취하면서 다른 일을 하면 그 괴로움을 줄일 수 있을 뿐만 아니라 다른 관점의 가치를 이해하는 데 필요한 여유도 얻을 수 있다.

한 연구에서, 연구진은 사람들이 여러 과업을 수행해야 할 때 주의를 돌리는 것의 이점을 입증했다. 그들은 실험 참가자들에게 두 가지 창의적 사고 과제를 제시했다. 하나는 특별한 출장 아이디어를 내라는 과제였고, 나머지 하나는 신형 냉장고에 대한 아이디어를 내라는 과제였다. 이 두 과제 사이에, 참가자들은 네 개의 단어들로 이루어진 단어 집합을 살펴보고 그중에 해당 집합에 속하지 않는 단어를 고르라는 요청을 받았다. 어려운 과제는 아니었지만, 집중력이 좀 필요했다. 그뿐만 아니라 일부 참가자에게는 구체적인 성과 목표를 주지 않고, 나머지 참가자에게는 어려운 목표(창의적 사고 과제에서 최소 14개의 아이디어를 도출할 것, 그리고 분석 과제에서 160개의 단어 집합 중 적어도 100개 이상을 풀 것)를 부과했다. 마지막으로 연구진은 참가자들이 창의적 과제와 분석 과제를 자유롭게 전환할 수 있는지 여부가 결과에 영향을 미치는지 알아보았다.

연구 결과, 참가자들은 주어진 목표가 어려울 때, 그리고 과제를 자유롭게 전환할 수 있을 때 가장 높은 창의성을 보였다. 수행 목표는 주의력을 집중하고 노력을 이끌어 내는 데 도움이 되었으며, 과제 전환 능력은 한 과제에서 다른 과제로 주의를 전환하는 데 도움이 되었다.

중요한 건, 과제 전환 선택권을 부여받은 참가자들 모두가 과제를 전환한 건 아니라는 점이다. 과제를 전환하지 않은 사람들도 과제를 전환한 사람들만큼 창의적인 아이디어를 생각해 냈다. 하지만 그 이후 더 지친 모습을 보였다. 작업 전환은 힘든 과제에서 잠깐 벗어나게 해 줌으로써 긴장감을 완화해 준다. 그래서 참가자는 원래 하고 있던 과제로 다시 돌아왔을 때 조금은 가벼워진 기분으로 작업에 임하게 된다. 이 연구에서는 과제를 전환하지 않는 것(즉, 긴장감을 조절하지 않는 것)이 창의적 사고를 저해하지는 않았다. 그러나 우리가 일상에서 마주하는 과제는 실험실의 30분짜리 과제보다 훨씬 복잡하고 어렵다. 따라서 누적된 피로는 창의성에 부정적인 영향을 끼칠 수 있다.

이 연구 결과는 역설적으로 느껴질 수 있다. 사실 과제 전환에는 새로운 작업에 정신적으로 적응하는 시간이 필요하고, 이는 일시적으로 생산성을 감소시킬 수 있기 때문이다. 이것이 바로 집중해서 심도 있는 작업을 하려면 방해받지 않는 시간이 필요한 이유다. 하지만 이 규칙이 절대적인 건 아니다. 이미 익숙하고 충분히 해낼 수 있는 과제의 경우, 그저 결단력과 실행력을 갖고 해 내면 된다. 하지만 창의성은 종종 파도처럼 밀려온다. 아이디어가 샘솟고 한동안 실질적인 진척이 이루어지다가 점점 느려지고, 때로는 중단되기도 한다. 그때 다른 작업으로 전환한다는 것은 아이디어가 고갈된 상황에서 오는 긴장과 걱정을 줄이는 방법일 수 있다. 계획을 고수한다는 명분으로 작업을 계속하면 스트레스만 커질 것이다. 이때 휴식을 취한다면 스트레스의 악순환을 끊고 긴장을 풀며, 다시 아이디어를 물 흐르듯 샘솟게 할 수 있다.

재해석하라

강력하게 감정을 조정하는 방법은 상황을 해석하는 방식을 바꾸는 것이다. 토머스 에디슨은 "실패한 것이 아니라 그저 잘 안되는 만 가지 방법을 발견한 것"이라는 유명한 말을 한 적이 있다. 그때 그가 사용한 전략이 바로 '재해석reappraisal'이다. 재해석이란, 현재 상황과 그 상황이 우리에게 의미하는 바를 다르게 바라보는 과정을 말한다. 실패했다는 생각이 들면, 실망, 좌절, 낙담, 절망 같은 여러 가지 강렬한 감정이 밀려온다. 그리고 이런 감정은 우리가 상황을 다시 정비하고 재도전하는 데 걸림돌이 된다. 하지만 실험이나 시제품이 원래 의도했던 목표에 도달하지 못했더라도 그 결과를 실패가 아닌 불필요한 시도의 발견으로 해석한다면, 미래의 노력을 방해하기는커녕 오히려 활력을 불어넣는 감정을 느끼게 된다.

 재해석의 효과를 보여 주는 연구가 있다. 연구진은 2008년, 중국 쓰촨성에서 발생한 대지진 이후, 구호 활동을 했던 사람들과 그들의 리더를 대상으로 설문 조사를 했다. 지진 현장에서 구호 활동가들은 스트레스에 시달리며 겁에 질려 있고, 건설적이지 못한 방식으로 반응할 수도 있는 이들과 소통해야 했다. 예를 들어, 누군가 소리를 지르면 보통은 무례하거나 비이성적인 태도로 받아들여진다. 하지만 이를 예외적으로 어려운 상황에서 나올 수 있는 반응으로 보면, 우리는 분노 대신 공감과 이해의 태도로 대응할 수 있다.

연구진은 위기 상황에서 드는 생각을 재검토하는 경향이 있는 구호 인력일수록 여러 다른 관점을 더 잘 고려한다는 사실을 발견했다. 그들은 다른 사람들을 비판하기 전에 그들의 감정을 헤아려 보려고 노력했고, 의견이 불일치할 때는 결정을 내리기 전에 여러 측면을 고려했다. 결국 다양한 관점을 수용하는 성향은 현장 문제 해결에서 창의성을 높였고, 상사들의 판단도 마찬가지였다.

이번에는 공개적인 자리에서 발표하는 상황을 떠올려 보자. 아이디어나 제품을 공개적으로 발표하는 일은 창의적 작업 과정의 일부인 경우가 많다. 하지만 안타깝게도 대중 앞에서 발언하는 일은 많은 사람이 두려워하는 상황 중 하나임이 여러 연구를 통해 밝혀졌다. 그리고 크리에이터들도 이런 불안에 영향을 받는다. 과도한 불안은 성공적인 발표를 방해할 수 있다. 그렇다면 어떻게 해야 할까?

캘리포니아대학교 어바인 캠퍼스의 박사 학위 과정에 있는 릴리 주 Lily Zhu는 사업가들이 아이디어를 발표할 때 긴장 완화에 도움이 되는 요소들이 무엇인지 연구했다. 그녀는 남부 캘리포니아의 두 경영대학원에서 각 10만 달러의 상금을 걸고 열리는 벤처 경연 대회의 준결승 진출자들을 대상으로 설문 조사를 진행했다. 그들은 발표 시작 30분 전, 자신이 불안감을 관리하기 위해 어떤 전략을 사용하고 있는지 설명했다.

불안감이 (발표에 대한 자신감 부족이 아니라) 자신의 아이디어에 대한 애정 때문이라고 말한 기업가들은 심사위원들로부터 열정적이라는 평가를 받았다. 결과적으로, 그들의 열정은 자금 조달 가능성 또한 높였다. 이 결과는 발표자들의 준비 정도(이는 불안을 완화하고 자신감을 높이는 데 도움이 된다)와 감정 조절 전략을 통제한 경우에도 마찬가지였다. 기업가들이 자신의 불안감을 어떻게 해석하느냐에 따라, 창의적 아이디어를 상품과 서비스로 전환하는 데 필수적인 단계인 자금 조달 능력에 구체적인 차이가 나타났다.

상황을 재해석할 때, 우리는 한 걸음 물러나 무슨 일이 일어나고 있는지 호기심을 갖고 다르게 해석할 방도를 찾는다. '지금 무슨 일이 일어나는 걸까?'라며 다른 설명을 찾으려는 시도다. 예를 들어, 만약 그들의 무관심하거나 냉담한 반응을 관심 부족이라고 해석한다면, 짜증스럽게 느껴질 가능성이 크다. 하지만 만일 그들이 관련 정보를 몰라서 그럴지도 모른다고 생각한다면, 짜증스럽지 않을 것이다. 우리는 그런 감정을 촉발하는 요인을 재해석할 수도 있다. 우리가 활기를 느끼거나 초조함을 느끼는 까닭은 우리가 무언가에 깊이 관여하고 신경쓰고 있기 때문이다. 불안은 종종 더 큰 불안을 낳아 악순환을 불러일으킬 우려가 있다. 그러나 동시에 성과를 높이는 완전한 각성 상태에 있다는 신호이기도 하다. 마지막으로, 재해석을 통해 무엇을 배울 수 있는지 자문해 볼 수 있다. 비판적인 피드백을 어떻게 받아들일 것인가? 짜증스러운 일로 받아들일 것인가, 아니면 작업을 강화하는 데 도움이 되는 것으로 받아들일 것인가? 재해석은 상황 속에 숨겨진 의미나 기회에 집중하는 데 도움이 될 수 있다. 한쪽 문이 닫혔을 때 다른 쪽 문이 열릴 수도 있다는 걸 깨닫게 될지도 모른다. 예를 들어, 어떤 제품이 의도대로 되지 않더라도 예상치 못한 흥미로운 용도로 쓰일 수 있다.

반응을 바꾸라

하지만 아쉽게도 이상적인 상황도 아니고, 불완전한 상황을 바꿀 수도 없고, 다른 일로 주의를 돌리거나 상황을 재해석할 수 없을 때가 있다. 때로 우리는 선택의 여지가 없는 경우를 만난다. 정해진 시간과 장소에서 특정한 어려움을 마주해야 할 때가 있다. 이럴 때 우리는 원치 않는 감정을 예방할 수도, 도움이 될 만한 감정을 만들어 낼 수도 없다. 유일한 선택지는 신체적이든 행동적이든, 감정에 대한 반응을 바꾸는 것이다. 예를 들어, 업무 회의 중에 제품에 대해 예상치 못한 비판적인 피드백을 받은 경우, 몇 번의 심호흡만으로도 생리적 활성화를 낮추고 유리한 심리 상태로 들어가 신중한 반응을 보일 수 있다.

의뢰인이나 고객을 대하는 경우처럼, 상황적으로 도움이 되지 않거나 적절치 않아서 감정을 있는 그대로 표출할 수 없을 때가 있다. 과학자들은 이를 '감정 노동emotional labor'이라고 부른다. 피곤해도 열정적이고 유쾌한 모습을 보여야 할 때도 있고, 화가 나도 꾹 참고 수용적인 태도로 당면한 문제를 창의적으로 해결해야 할 때도 있다. 이럴 때 우리에게는 두 가지 선택지가 있다. 하나는 상황이 요구하는 감정을 느끼는 척하는 것(표면 행동, surface acting), 그리고 또 하나는 위에서 언급된 방법들을 이용해 상황이 요구하는 감정과 태도를 진정으로 느끼기 위해 감정을 바꾸려고 노력하는 것(심층 행동, deep acting)이다. 카티아는 직원에게 어려운 얘기를 꺼내야 했을 때 세심하게 미리 계획하고 준비하는 심층 행동을 택했다. 이를 통해 그녀는 자신이 중요하게 생각하는 평정심과 연민을 실제로 느끼고 표현할 수 있었다.

표면 행동은 스트레스와 감정적 고갈을 유발해 결과적으로 창의성의 감소를 불러온다. 심층 행동은 도전에 대한 동기와 업무에 대한 몰입감을 높이며 결과적으로 창의성을 높이는 데 도움이 된다. 상황 선택, 상황 조정, 주의 전환, 재해석 같은 전략은 심층 행동으로 이어질 수 있다. 이 모든 전략에는 감정 조절을 위한 노력이 필요하지만, 그 결과 훨씬 창의적이고 효과적인 사고와 행동으로 이어진다.

감정 조절은 끈기를 높이는 데 도움이 된다

창의적인 작업에는 끈기가 필요하다. 사업가들은 아이디어를 상품과 서비스로 발전시키고, 이를 수개월에서 수년에 걸쳐 소비자에게 선보인다. 과학 연구 프로젝트는 연구 아이디어 도출에서부터 이를 검증하기 위한 연구 설계, 데이터 수집 및 분석, 결과 보고까지 1년 이상 걸리는 경우가 많다. 연구 보고서를 학술지에 제출한 후에도, 동료 심사 과정을 통해 질문에 답하고 필요한 수정을 완료하기까지 몇 달(아니 그 이상!)이 더 걸릴 수도 있다. 끈기는 평범한 이야기를 극적인 이야기로 바꿔놓기도 한다. 수학자인 이탕(톰) 장 Yitang(Tom) Zhang은 3년 동안 정수론 문제를 연구했지만 별다른 진전이 없었다. 심지어 생계를 위해 씨브웨이 매장에서 회계 장부 담당자로 일하기도 했다. 그러다 엄청난 도약을 이루었다. 강사에서 정교수가 되는 것으로도 모자라 일명 '천재 장학금'이라고도 불리는 맥아더 장학금MacArthur Fellowship의 수혜자가 된 것이다.

창의성을 오랫동안 성공적으로 유지하려면 장기적 관점뿐만 아니라 (상대적으로) 단기적 관점에서도 감정 조절 전략이 필요하다. 단기적인 관점에서 감정 조절은 생각을 확장하는 데 도움이 된다. 한 연구에서 10분 미만의 짧은 시간 동안 지속되는 창의적 사고와 하루 업무 시간 동안의 창의적 사고에 기분의 변화가 어떤 영향을 미치는지 실험했다. 그들은 석사 과정 학생들을 모집한 후, 한 그룹은 부정적인 기분을 먼저 느끼도록 유도하고 다른 그룹은 좋지도 나쁘지도 않은 기분을 느끼도록 유도했다. 부정적인 기분을 느끼도록 정해진 참가자들에게는 두려움이나 괴로움, 불안함을 느꼈던 일을 생생하고 구체적으로 떠올리고 글로 써 보도록 했다. 중립적인 기분을 느끼도록 정해진 참가자들에게는 전날 그들이 한 일을 모두 설명하게 했다. 그런 다음 모든 참가자에게 행복감이나 영감, 열정을 느꼈던 일을 묘사하도록 요청했다. 마지막으로 소속 학과의 강의 질을 향상할 방법에 대해 창의적인 아이디어를 떠올려보게 했다. 그리고 두 명의 심시위원이 독칭성과 유연성(교재나 시설, 강사, 그 외에 다른 변화에 대한 아이디어 등 얼마나 다양한 개선 사항을 언급했는지)을 기준으로 이들의 아이디어를 평가했다.

연구 결과, 불쾌한 감정을 먼저 느끼고 나중에 긍정적인 감정을 느낀 학생들이 처음에 중립적인 감정이었다가 긍정적인 감정을 느낀 학생들보다 더 독창적이고 유연한 사고를 보였다.

연구진은 실험에서 나타난 이런 감정 변화의 유익한 효과가 과연 직장에서도 나타나는지 알아보기 위해, 창의성이 필요한 다양한 직군에서 정규직으로 일하는 전문가들을 연구했다. 참가자들은 일주일 동안 하루 업무가 시작될 때와 종료될 때, 간단한 설문 조사를 완료했다. 아침 설문에는, 여섯 가지 긍정적인 감정(신남, 흥미로움, 강인함, 활동적, 영감, 기민함)과 여덟 가지 부정적인 감정(무서움, 죄책감, 괴로움, 두려움, 긴장, 적대감, 동요, 노여움)을 각각 어느 정도 느꼈는지 질문했다. 그리고 퇴근 전, 그날 얼마나 창의적이었는지, 업무와 관련해 참신하고 유용한 아이디어를 냈는지, 그리고 창의성의 모범을 보였는지 답하게 했다. 연구 결과, 아침에 긍정적인 감정과 부정적인 감정을 모두 느낀 후, 오후에 긍정적 감정이 강해지고 부정적 감정이 약해졌을 때 가장 창의적이었다.

대부분의 창의적인 사람들은 부정적이든 긍정적이든 다양한 감정 상태가 전달하는 정보를 모두 활용해 이득을 얻었다. 부정적인 감정은 업무에 잠재적인 문제점이 있음을 알려 준다. 예를 들어, 죄책감은 뭔가 잘못했다는 신호이고, 불안감이나 두려움은 자신이 한 일이 효과가 없을 수 있으며, 더 많은 관심을 기울여야 한다는 신호다. 반면, 긍정적 감정은 사고의 폭을 넓혀 주고 틀에 박히지 않은 아이디어를 열린 마음으로 받아들이게 한다. 연구진은 창의적 사고가 일상적인 감정을 관리하는 두 가지 방법을 통해 촉진된다고 결론지었다. 하나는 부정적인 감정을 '참아 내는' 것이고(그 감정에 전하는 교훈을 얻기 위해), 나머지 하나는 그 감정에 지배당하지 않도록 감정을 '조절하는' 것이다.

이번에는 단일 업무나 하루를 넘어 장기적인 관점에서 창의성을 생각해 보자. 우리 앞에 놓인 가장 큰 과제는 어려움이 있어도 흥미를 갖고 끈기를 유지하는 것이다. 자신이 대형 식음료 회사에서 일한다고 상상해 보자. 당신과 동료들은 자신이 하는 일을 좋아하고, 사람들이 좋아하는 상품을 만드는 일에 참여한다는 사실에 자부심을 느낀다. 그런데 고객들이 불만족스러워하는 제품 라인에서 빈틈을 발견한다. 탄산음료부터 아이스티, 커피 음료에 이르는, 대부분 캔이나 병에 든 음료 모두 당도가 매우 높다는 사실이다. 어느 날 아침 브랜드 확장을 위한 아이디어 회의 중 독창적인 아이디어가 몇 가지 나온다. 재사용이 가능한 병에 사용자가 맛을 조절할 수 있는 팩을 넣거나, 탄산수에 진짜 과즙을 넣자는 아이디어다. 모두가 그 아이디어가 창의적이고 성공 가능성이 있다는 데 동의한다.

  물론 모든 아이디어가 세상의 빛을 보게 되는 것은 아니다. 아이디어가 실제 상품으로 발전하기 위해서는 수많은 장애물을 넘어야 하며, 그 과정에서 아이디어에 관한 관심과 동기를 유지해야 한다. 개발 초기에는 필요한 물적 자원과 인적 자원을 확보하기 위해 승인을 받아야 하며, 제품 개발 및 테스트 과정까지 지속적인 지원을 확보해야 한다.

  이때, 장기적인 성공을 위해 핵심이 되는 것이 바로 감정 조절 능력이다. 창의적 아이디어는 초기에는 흥미롭고 열정적일 수 있지만, 시간이 지남에 따라 스트레스나 지루함(창의적 아이디어를 발전시키는 과정에서 실제로 발생할 가능성이 있는 부정적 감정 상태)이 밀려올 수 있다. 이 감정을 견뎌내는 전략에 능숙하지 않다면 쉽게 흥미를 잃을 가능성이 크다. 창의적 작업에서 흔히 나타나는 의심을 관리하지 않으면, 동기와 창의적 자기효능감이 저하될 수 있다. 좌절과 비판, 거절에서 오는 감정적 충격을 다스리는 전략에 익숙하지 않다면, 아무리 잠재력 있는 아이디어라도 그 감정의 벽을 넘지 못해 무산될 수 있다. 하지만 감정 조절 전략을 적용하는 데 능숙하다면, 이 전략은 연구에서도 알 수 있듯이 난관을 극복하고 창의적인 아이디어를 실현하는 원동력이 될 수 있다. 감정의 파고를 넘을 수 있을 때, 당신은 흥미를 유지하며 끈기 있게 계속해서 노력할 수 있을 것이다.

감정 전염을 조심하라

감정 조절의 필요성은 다른 사람들과 함께 창의적 작업을 할 때 더욱 분명해진다. 친구한테 불행한 이야기를 전해 듣고 슬퍼졌던 적이 있는가? 계속 기분이 좋지 않다가 항상 긍정적이고 낙관적인 동료와 대화한 후 기분이 나아진 적이 있는가? 우리가 의식하든 못하든, 우리의 감정은 주변 사람들에게 영향을 미치고 주변 사람들의 감정은 우리에게 영향을 미친다. 다시 말해, 감정은 전염된다. 이런 감정 전염은 짧은 만남에서도 일어난다. 그리고 직장에서는 종일 일어난다. 연구 프로젝트를 두고 협력하는 과학자 그룹, 디자이너와 엔지니어로 구성된 기술 회사 내의 팀, 작가와 애니메이터, 기술 전문가로 이루어진 장편 애니메이션 영화 제작팀 등, 얼마나 많은 창의적인 작업이 팀 안에서 이루어지는지 생각해 보라. 팀 회의에 참석해 본 적이 있는 사람은 팀 분위기가 얼마나 쉽게 감지되는지, 그리고 얼마나 빠르게 전염되는지 잘 알 것이다.

　이제 리더십의 관점에서 감정 전염에 대해 생각해 보자. 리더들은 팀의 분위기를 조성하는 사람이다. 따라서 그들은 팀원들의 감정에 상당한 영향을 미친다. 리더의 언행은 무엇이 허용되고 무엇이 허용되지 않는지, 그리고 어떤 행동이 가치 있고 보상받는지 팀원들에게 신호로 전달한다. 직원 대부분은 리더의 언어적·비언어적 신호를 바탕으로 자신의 업무 환경이 '창의성 친화적'인지 빠르게 판단한다. 즉 무시당하거나 비난받지 않고 참신한 아이디어는 물론 비판적인 생각이라도 자유롭게 공유할 수 있는지를 가늠해 보는 것이다. 리더는 업무와 피드백 설정을 통해 정서적 분위기를 완화하기도 하고 긴장감을 조성하기도 한다.

카티아는 팀원들에게 사용하는 매우 간단한 전략에 대해 말해 주었다. 그것은 바로 회의를 시작할 때 모두의 안부를 묻는 것이다. "그럭저럭 잘 지냅니다" 또는 "요즘 조금 바빠요"와 같은 상투적인 답변을 원하는 것이 아니라, 진심으로 팀원들의 안부가 궁금하다. 당장 해야 할 일을 하고 업무 이야기를 하고 싶은 유혹을 떨치는 데는 노력이 필요하지만, 그렇게 함으로써 모두 관심받고 존중받고 있다는 느낌을 얻게 된다. 한 지원이 말하기를, 이전 회사에서는 회의를 시작할 때 '무엇'을 하고 지내느냐는 질문을 받았다고 했다. '무엇을 하며 지내냐'는 말 대신 '어떻게 지내냐'는 말로 바뀌었을 뿐인데, 엄청난 차이가 느껴졌다고 한다.

카티아는 또한 팀원들에게 동기를 부여하는 요소가 무엇인지 신중하게 고려하고, 그것을 업무 환경에 적용한다. "사람들은 자율성, 즉 자신이 무엇을 어떻게 할 것인지 스스로 결정할 수 있을 때 동기를 부여받아요. 자신이 실제로 뭔가를 성취하고 있다는 느낌, 자신이 관심을 두고 있는 일이나 업무에 숙달되어 가고 있다는 느낌, 즉 능통하다는 기분이 들 때도 그렇고요. 그리고 목적의식에서도 동기를 부여받습니다." 그녀가 말했다. "나는 사람들이 존중받고 있다고, 또 진심으로 연결되어 있다고 느낄 수 있도록 많은 시간과 에너지를 쏟습니다. '당신을 소중하게 생각한다'라는 말뿐 아니라, '조직이 당신을 소중하게 생각하고 있고 당신에게 투자하기를 원한다'라는 느낌을 받을 수 있게 하는 것이죠." 성장이 동기를 부여하고 창의적인 근로자를 만드는 요소라면, 때로는 사람들에게 어떤 교육을 원하고 어떤 방향으로 성장하고 싶은지 묻는 것이 중요하다.

이런 전략은 카티아만 구사하는 것이 아니다.

우리 연구실에서는 대규모 연구를 통해 관리자의 행동이 직원들의 업무 창의성에 어떻게 영향을 미치는지 살펴보았다. 우리는 질문을 세 그룹으로 나누어 물었다. 먼저 관리자들이 감정을 다루는 방식에 대해 물었다. 예를 들어, 누군가가 업무 관련 결정에 대해 속상해하거나 업무 변동에 대해 걱정할 때 얼마나 자주 알아차리는가(그리고 자신이 알고 있음을 알리는가!)? 그리고 다른 직원들에게 동기를 부여하기 위해 얼마나 자주 열의를 보이는가? 자신이나 조직의 결정이 사람들에게 어떤 영향을 미치는지 이해하는가? 자신의 감정을 관리하고 다른 직원들이 업무상의 어려움에 잘 대처할 수 있도록 도울 수 있는가? 이러한 질문의 답을 종합해 관리자들의 감정 지능, 즉 감정을 정확하게 파악하고 그 감정을 사고와 문제 해결에 활용하며, 감정을 효과적으로 조절하는 능력을 얼마나 갖추고 있는지 평가할 수 있었다.

또 다른 질문 그룹은 직원 본인이 직장에서 느끼는 감정적 경험에 관한 것이었다. 참가자들에게 업무에 대해 어떻게 느끼는지, 그리고 특정 감정(만족감이나 존중받는다는 느낌, 자부심, 좌절감, 분노, 낙담 또는 그 이상의 감정!)을 얼마나 자주 느끼는지, 나름의 단어를 이용해 구체적으로 표현해 달라고 요청했다. 그리고 마지막으로 직무에서 어느 정도까지 성장할 기회가 있었는지, 또 직장에서 얼마나 자주 창의성을 발휘했는지(예를 들면, 참신한 아이디어나 독창적인 방식으로 업무 목표 달성에 공헌한 적이 있는지) 물었다.

    이 과정을 통해 우리는 결과적으로 관리자의 감정 지능이 직원들에게 중요한 자원임을 알아냈다. 직원들의 업무 경험은 관리자가 감정 지능이 높을 때와 그렇지 않을 때 극명한 차이를 보였다. 감정 지능이 높은 관리자를 만난 직원들이 가장 많이 언급한 감정은 3분의 2가 긍정적인 감정이었던 것에 반해, 감정 지능이 낮은 관리자를 만난 직원들이 가장 많이 언급한 감정은 70퍼센트가 부정적이었다.

    자세히 들여다보면 더 흥미로운 사실이 드러난다. 감정 지능이 높은 관리자를 만난 직원들은 업무 중 스트레스를 받는다는 말보다 행복하다는 말을 세 배 정도 더 많이 했다. 그들은 도전과 성취감, 동기 부여와 업무의 즐거움, 인정받는 느낌 등 창의성의 원동력과 관련된 감정을 이야기했다. 이와 대조적으로, 감정 지능이 낮은 관리자를 만난 사람들은 자신의 업무 경험을 짜증과 화남, 귀찮음, 많이 화남 등 분노와 관련된 감정으로 설명했다. 그들은 또한 자신이 제대로 인정받고 있지 못하다고 느낄 때가 많다고 대답했다.

    직원들에게 긍정적인 업무 경험을 제공하는 일은 그 자체만으로도 중요하다. 그러나 관리자가 자신의 감정을 관리하고 다른 사람의 감정에 영향을 줄 수 있을 때의 이점은 거기서 그치지 않는다. 그들은 자신에게 더 큰 성장 기회가 있다고 느끼며, 업무상의 문제에 대해 창의적인 해결 방안을 모색하고, 목표 달성을 위한 참신한 방법을 제안하며, 이러한 아이디어를 실행할 방안을 개발한다고 대답했다.

나아가 여러 연구는 리더의 감정 조절 능력이 함께 일하는 사람들의 창의성을 촉진하고 지지하는 수준을 넘어, 조직의 수익성과 성과 향상으로도 이어진다는 사실을 보여 준다. 자신의 감정을 효과적으로 관리할 줄 아는 리더는 개방적이며 성장 지향적이고 편안한 분위기를 조성한다. 그러므로 만일 당신이 리더라면 감정 조절 능력을 기르는 데 투자하라. 다른 사람들과 함께 일할 때, 이런 능력은 감정을 전염시켜 창의성을 발휘할 수 있게 할 뿐만 아니라, 창의성을 더 촉진하는 정서적 분위기를 조성하는 데 큰 도움이 될 것이다.

유연하게 대처하라, 세상에 완벽한 전략은 없다

이 장의 앞부분에서, 나는 감정을 조절하는 다양한 전략을 설명한바 있다. 그것은 바로 활기찬 상황에 의지하거나, 상황을 바꾸거나, 전략적으로 주의를 다른 곳으로 전환하거나, 도전 과제를 다른 식으로 생각하는 것이다. 이 시점에서 질문이 생긴다. 아이디어를 떠올려 실현하기까지 긴 여정에서, 우리의 지속력을 방해하는 감정들을 가장 효과적으로 관리하는 방법은 무엇일까? 사실, 모든 상황에 늘 통하는 전략은 존재하지 않는다. 감정 관리의 핵심은 유연성이다. 어떤 상황에서 효과적인 전략이 또 어떤 상황에서는 효과적이지 않을 수 있다. 그러므로 다양한 전략을 갖추고 상황에 맞게 활용하는 것이 매우 중요하다.

재해석은 많은 경우에 효과적인 감정 조절 전략이지만 어려운 감정을 다루기 위해 지나치게 의존하면 오히려 도움이 되지 않을 수 있다. 한 연구에서, 연구진은 벨기에의 플랑드르 지역 정부가 운영하는 창업 자금 프로그램에 지원한 사람 중에서 사업가들을 따로 모았다. 그리고 사업체의 발전 단계를 비교해 보기 위해 지원 신청 1년 후에 연락을 취했다. 연구진은 사업가들을 대상으로 감정 관리 방법과 이전의 창업 경험, 그들의 회사 정보(산업 분야, 창업 팀의 규모)와 성공 여부(창업 지원금 신청 1년 후의 생존율, 그리고 성과에 대한 사업가의 평가)에 관해 설문 조사를 했다. 그 결과, 재해석 전략을 많이 사용할수록 벤처 기업의 생존 가능성이 낮아졌고, 특히 성과가 저조한 기업의 경우에 그 관계가 더욱 밀접하게 나타났다.

같은 전략인데 왜 어떤 경우에는 효과적이고 어떤 경우에는 해로울까? 이는 어떤 전략이 본질적으로 좋은지 나쁜지에 달린 것이 아니라, 그 전략이 처한 상황의 요구에 얼마나 잘 부합하는가에 달려 있다. 예를 들어, 재해석은 신규 벤처 초기 단계에서 도전적인 감정에 직면한 사업가들에게 도움이 된다. 창의적 작업 과정에 어려움이 따른다는 사실을 상기시켜 주고, 상황을 긍정적으로 보는 경향은 창의적 작업 과정에서 겪는 어려움을 극복할 수 있게 해 주기 때문이다.

하지만 이미 세워진 회사가 성패를 가르는 어려움에 직면해 있을 때는 재해석이 도움이 되지 않을 수 있다. 이 시점에서의 재해석은 저조한 성과를 실제보다 덜 심각하게 본다는 의미일 수 있다. 이때 벤처의 생존에 중요한 것은, 재해석이 아니라 스트레스가 크더라도 무엇이 잘못되고 있는지 집중해 정확히 직면하는 것이다.

또한 어떤 전략은 특정인들에게만 효과가 있다. 일반적으로 브레인스토밍은 긍정적이고 에너지 넘치는 감정일 때 효과적이며, 더 많은 에너지를 얻기 위해 감정을 조절하는 것(예를 들어, 신나는 음악을 듣는 등)에서도 효과를 얻을 수 있다. 하지만 모든 법칙에는 예외가 있으며, 이 법칙 또한 마찬가지다. 평소 긴장과 불안이 높은 사람들은 브레인스토밍 시작 전 걱정거리를 떠올리면 더 창의적인 아이디어가 떠오르는 경향이 있다. 이처럼 자신의 성격과 일치하는 감정은 그 익숙함으로 생각에 활력을 불어넣을 수 있다.

창작 활동 과정에서 가장 효과적인 감정 조절 전략을 선택할 때는 다음과 같은 질문을 던져보는 것도 도움이 된다.

나는 주도적으로 행동할 수 있는가? 예를 들어, 좌절감, 실망감, 분노와 같은 감정은 형성되기 전에 조절하는 것이 이미 완전히 진행되고 있을 때 대처하는 것보다 훨씬 수월하다. 특정 감정이 어떤 상황에서 일어나는지 알아두면, 감정이 일어나기 전에 예측할 수 있다. 상황과 감정의 연결에 더 주의를 기울이면 예를 들어, 특정 동료를 만나기 전에 쓸데없이 불안해진다거나 다른 팀이 프로젝트 성과를 발표할 때 이상하게 힘이 나고 자극을 받는다거나 하는 경향을 발견할 수 있다. 도움이 되지 않는 감정을 유발하는 상황을 피하고 자신을 빛나게 해 주는 상황에 집중할 수 있다면, 당신의 창작 활동은 덜 험난할 것이다.

나는 상황을 바꿀 수 있는가? 어려운 상황을 막을 방법이 없다면, 상황을 좀 더 관리하기 쉽게 만드는 방법을 생각해 볼 수 있다. 잡 크래프팅에서부터 업무 준비, 스트레스를 유발하는 문제 해결 등 상황을 조정할 방법을 찾아보라. 우리는 감정 앞에서도 행동의 주체가 될 수 있다. 아무것도 할 수 없다고 느낄 때도 마찬가지다. 그리고 친구나 가족, 동료, 코치 등 믿을 수 있는 사람들은 상황의 실체와 중요성을 평가하는 일뿐만 아니라 통제 전략을 세우는 일에 도움이 될 수 있다.

내 반응에 대해 내가 할 수 있는 일은 무엇인가? 모든 방법이 실패로 돌아가고 상황 자체에 대해 할 수 있는 일이 거의 없어도 상황을 어떻게 해석하고 어떻게 반응할지는 여전히 통제할 수 있다. 에디슨이 전구를 발명하려다 실패한 상황을 다르게 해석했던 것처럼 상황을 재해석하고 미래를 위한 교훈을 찾을 수도 있고, 현재 일어나고 있는 일의 긍정적인 측면을 찾아볼 수도 있다. 다른 사람들에게 도움을 청하면 상황을 재해석하는 데 도움이 될 뿐만 아니라, 우리의 재해석이 타당한지 검토하는 데에도 유익하다. 어떤 상황에 대해 다른 관점으로 보려고 노력하다 보면 새로운 아이디어와 창의성을 얻게 될 수도 있다.

여기서 한 가지 주의할 점이 있다. 감정만 조절하면 행복해지고 스트레스를 덜 받게 되리라고 생각하기 쉽다. 그러나 현실은 훨씬 복잡하다. 상황에 맞는 감정 조절 전략을 성공적으로 선택한다면 실제로 더 행복해지고 스트레스도 줄일 수 있다. 하지만 그렇다고 해서 긴장감 없고 편안한 만족 상태가 영원히 지속되는 것은 아니다. 창의성을 발휘하는 것이 목표라면, 행복, 기분 좋은 흥분, 자부심 같은 긍정적이고 활기 넘치는 감정뿐만 아니라 스트레스, (특히) 좌절감 같은 부정적인 감정도 경험하게 된다. 창의성을 발휘하기 위해 노력한다는 것은, 때로는 다양한 상황에 뛰어들어 힘들고 어려운 일도 감수하는 것을 뜻한다. 창의성을 발휘하고 창의적인 결과를 얻기 위해서는 스트레스가 불가피함을 받아들인다는 의미다.

8장
창작의 벽 극복하기

안드레아 포르테라Andrea Portera는 현대 음악 작곡가다. 그는 지금까지 160곡이 넘는 곡을 작곡했으며, 도쿄 필하모닉 오케스트라와 RAI 국립 교향악단, BBC 필하모닉 오케스트라, 그리스와 에스토니아의 국립 오케스트라 등 세계 유수의 오케스트라가 그의 곡을 연주했다. 안드레아의 곡은 주요 국제 재단과 페스티벌의 의뢰를 받았으며, 이탈리아와 스페인, 핀란드, 폴란드, 러시아, 일본에서 열린 경연에서 상을 받기도 했다.

안드레아에게 그의 창의적 작업 과정에 관해 물었을 때, 나는 그가 소리가 아닌 시각적 이미지로 작업을 시작한다는 말에 놀랐다. 그는 우선 노트에 추상적인 디자인을 스케치하는 것부터 시작한다. 그의 경험은 공감각적이다. 즉 하나의 감각이 다른 감각과 연결되어 인지되는 것이다. 안드레아에게 있어서 색은 다양한 악기의 소리와 연결된다. 예를 들어, 노란색을 보면 플루트 소리가 들리고, 보라색을 보면 바이올린 소리가 들리는 식이다. 이런 방식으로 작곡할 때 그는 완전히 몰입해 피로감을 느끼지 않으며, 음악적 이미지가 또 하나의 음악적 이미지로 흘러가는 동안 먹고 자는 것조차 잊는다. 그는 작곡하는 동안 순수한 기쁨을 느낀다고 말했다.

하지만 처음에는 좌절감으로 가득하다. 머릿속에는 스케치가 있지만 아직 완벽하지도, 썩 좋은 아이디어라고도 할 수 없다. 이 단계에서 작품의 주제를 찾고 발전시킬 방법을 찾는다. 안드레아는 이 과정을 하나의 비유로 설명한다. 그의 말에 따르면, 그의 작업은 하나의 원과 같다. 그는 원의 바깥에서 시작해 중심에 도달해야 한다. 들어가는 건 원 어느 지점에서나 가능하다. 올바른 방법이나 접근법은 따로 존재하지 않는다. 일단 원 안으로 들어가는 길만 찾으면 음악이 눈에 들어오고 곡으로 쓸 수 있다. 중요한 것은 어떻게 들어가는가이다. 그의 경험에 따르면, 작업 초기의 질은 중요하지 않다. 중요한 건 일단 창의적 작업 과정을 시작하는 것이다.

루시야 이브시치Lucija Ivšić는 10년 넘게 포스트 펑크 인디 록밴드 푼치케Punčke와 함께 곡을 쓰고, 주요 음악 페스티벌 무대에 서며, 전 세계를 돌아다니고 있다. 푼치케가 발표한 다섯 장의 앨범은 비평가들의 찬사를 받았으며, MTV 유러피언 뮤직 어워드 음악상 후보에 오르기도 했다. 하지만 루시야는 마음속에 다른 열정도 품고 있었다. 그녀는 과학에 대한 열정을 살려 지리정보학 학위를 취득했다. 결국 그녀는 사운드 디자인과 퍼포먼스, 그리고 예술과 과학, 기술을 넘나드는 연구를 통해 자신의 다양한 관심사를 하나로 융합하는 방법을 찾아냈다. 그녀의 혼합 미디어 및 가상 현실 작품은, 기억과 장소에 대한 감각, 그리고 그것들의 물리적 표현을 탐색함으로써 정체성의 본질을 탐구한다.

루시야는 최근 완성한 퍼포먼스 작품의 제작 과정을 거친 롤러코스터를 타는 경험에 비유했다. 그녀의 말에 따르면, 그 작업은 집중 작업을 통해 떠오른 흥미로운 아이디어에서 순조롭게 시작되었고, 꾸준히 상승해 일련의 성공적인 퍼포먼스로 완성되었다고 했다. 그녀가 이 작품에서 다룬 문제는 팬데믹이 끝난 후 몇 달 동안의 순회공연을 마친 후에 찾아왔다. 그때 그녀는 솔로 연주자로서 외로움을 느꼈고 공동체와 개인 정체성의 의미에 대해 깊이 생각했다고 했다. 그 결과, 그녀는 자신이 '인공 기술 앙상블'이라고 부른 실험에 착수하기로 했다. 움직임을 감지해 자신과 함께 콜 앤 리스폰스 call-and-response 음악 작업에 참여할 열여섯 명의 맞춤형 휴머노이드 가수들로 구성된 앙상블이었다. 이 계획을 달성하기 위해 루시야는 첫 시도라는 위험을 감수하고 가수들을 프로그래밍하기 위한 컴퓨터 코드 작성법을 배워야 했으며, 물리적 구현을 위한 공학적인 도움도 받아야 했다. 그녀는 야심찬 프로젝트를 차근차근 해 나감으로써 마침내 프로젝트를 실현했다. 첫 번째 공연에서 그녀는 가수들을 지름이 6미터인 원을 따라 배치하고, 관객은 그 안쪽에 앉게 했다. 모든 측면에서 매우 성공적이었다. 관객들은 감동했고 다른 존재가 우리에게 어떤 영향을 미치는지 생각해 보게 되었다.

하지만 루시야는 이것이 최종 단계가 아님을 잘 알고 있었다. 여기서 문제가 시작되었다. 위로만 오르던 롤러코스터가 갑자기 하강하기 시작했다. 작품에 대해 불만이 싹텄고, 루시야는 AI 활용에 몰두하게 되었다. AI가 시대에 맞고 의미가 있다는 생각을 떨쳐버릴 수 없었다. 몇 가지 시도를 해 보았지만, 자신이 원하는 게 아니라는 것만 깨달을 뿐이었다.

프로젝트가 정체된 가운데, 루시야는 이탈리아 피렌체 외곽의 한 작은 마을에서 예술가 레지던시 프로그램에 참여하게 되었다. 그곳에서 자신의 작품에 어떤 문제가 있는지 파악하고 발전의 실마리를 얻기로 했다. 루시야는 끈기 있게 작업을 이어갔다. 하지만 여전히 작품에 만족하지 못했다. 막다른 길에 다다른 느낌이었다.

프로그램에 참여하는 동안 루시야는 정해진 루틴을 따랐다. 매일 아침 의식의 흐름을 따라 일기를 쓰고, 달리고, 마을로 가서 아침으로 먹을 토마토와 부라타 치즈, 포카치아를 사 온 후, 일과를 시작했다. 그러던 어느 날, 어떤 깨달음이 왔다.

토마토와 치즈, 빵으로 이루어진 간단한 아침 식사가 완벽한 한 끼가 된다는 사실이었다. 그녀는 충격을 받았다. 그 순간, 필요한 건 단순화라는 생각이 명확하게 떠올랐다. 단순할수록 효과적인 것이었다.

그녀는 호주로 돌아오자마자 스토리보드를 그리고 작품을 새롭게 구상하기 시작했다. 여전히 의구심이 들었지만, 다시 활력을 찾고 앞으로 나아가기 시작했다. 그녀가 일하는 연구실 책임자가 마침내 완성된 그녀의 작품을 보고는 너무 감동한 나머지 눈물을 흘렸다. 예술가이자 연주자인 그녀에게는 최고의 찬사나 마찬가지였다.

안드레아 포르테라와 루시야 이브시치는 창작이 순탄치 않은 과정임을 잘 알고 있으며, 그 과정을 생생하게 입증해 보였다. 매일 창의적인 작업을 이어가는 것은 원래 쉽지 않지만, 창작의 벽에 부딪히면 완전히 불가능한 일처럼 여겨지기도 한다. 창작의 벽이란, 더 이상 창의적인 생각이 떠오르지 않는 상태를 말한다. 과학자들은 능력이나 열망, 헌신의 부족이 아니라 다른 이유로 창작 프로젝트가 진척을 이루지 못하는 상태라고 공식적으로 정의한다. 이는 너무나 흔해서 창의적 작업 과정에서 피할 수 없는, 아니 어쩌면 필수적인 일로 여겨진다. 인터뷰 연구를 진행한 결과, 과학자들 역시 문제를 해결할 수도, 이해할 수도 없는 시기를 겪었다고 밝혔다. 예술가들은 예술을 하고 싶다는 절박한 열망과 아이디어를 '구체화'해야 할 필요성 때문에 작업을 시작하지만, 아이디어를 명확하게 개념화하거나 구체화하지 못해 무능감에 시달리곤 한다고, 그리고 그것은 결국 허공을 헤매는 듯한 방황의 시기로 이어진다고 표현했다. 작곡가와 작가들은 빈 페이지를 마주할 때 불안감을 느낀다고 밝혔다. 그러므로 무엇을 하든, 어느 순간 벽에 막히는 건 놀라운 일이 아니다.

나무를 보느라 숲을 보지 못하는 경우

창의적 작업 과정에서 벽에 부딪혔을 때의 문제는 작업과 그 세부 사항에 너무 몰두한 나머지 큰 그림은 물론, 우리가 하는 일이 가능성을 보지 못 한다는 점이다. 새로운 프로젝트를 시작한다고 상상해 보자. 당신은 회의실에 앉아 있고, 팀장이 프로젝트 목표를 설명하고 있다. 팀장은 달성해야 할 최종 결과와 앞으로 예상 가능한 주요 제약과 장애물을 언급하고, '해야 할 일'과 '하지 말아야 할 일'을 정리한 후, 질의응답과 토론을 시작한다. 모두 같은 생각을 하는 것처럼 보인다. 하지만 아이디어를 공유하기 시작하면서, 일부는 '해야 할 일'과 '하지 말아야 할 일'에 주의를 기울이지 않음을 알 수 있다.

연구진은 이런 경험이 얼마나 흔한지 알아보기 위해 공학 전공 학생들에게 여러 가지 다양한 디자인 과제를 제시하는 고전적 실험을 진행했다. 거치가 쉬운 다용도 자전거 거치대, 시각 장애인용 계량컵, 흘림 방지 커피 컵 등이었다.

한 그룹의 학생들은 최종 제품의 완성을 저해하는 여러 특징이 포함된 예시 디자인을 미리 검토했고, 또 한 그룹의 학생들은 샘플 디자인을 전혀 보지 않은 채 작업을 시작했다. 예를 들어, 커피 컵 디자인의 경우, 학생들이 만들어야 하는 것은 내구성이 뛰어나고, 한 손으로 사용할 수 있으며, 빨대나 입을 대는 부분이 따로 없는 일회용 흘림 방지 컵이었다. 예시 디자인 중에는 빨대와 입 대는 부분이 있으면서 옆으로 눕히면 물이 새는 컵이 포함되어 있었다. 연구진은 학생들이 자신이 본 예시 디자인에 무의식적으로 영향을 받아 그 디자인 속 특징에 집착하는지 알아보고자 했다.

특정 디자인 문제, 또는 작업 시작 전 예시 디자인을 봤든 말든, 참가 학생들은 같은 개수의 아이디어를 제시했다. 하지만 사전에 샘플 디자인을 검토했던 학생 중 다수는 특정한 디자인 특징에 집착을 보였다. 샘플 디자인이 목표 사양을 분명히 따르지 않았음에도 불구하고 이런 결과가 나타났다. 예를 들어, 커피 컵 디자인 지시 사항에는 빨대나 입을 대는 부분이 들어가면 안 된다고 명시되어 있었지만, 샘플을 본 학생들이 디자인한 컵 중 39퍼센트는 입 대는 부분을, 17퍼센트는 빨대를 포함하고 있었다.

이런 결과는 여러 차례 반복 실험을 통해 재현되었다. 하지만 연구진은 더 엄격한 실험을 수행하기를 원했다. 그들은 대기업 구조 설계 부서의 전문 엔지니어들에게서도 같은 효과가 나타날지 궁금했다. 이 엔지니어들은 학생들보다 더 많은 전문 지식과 경험이 많았으므로, 주어진 사양에 따라 설계하는 일에 더 능숙할 것이라 예상되었다. 하지만 결과는 정반대로 나타났다. 그들은 학생들만큼이나 집착을 보였다.

우리는 무의식적으로 예시에 집착할 수 있다. 창의적 작업 과정을 돕기 위해 만들어진 예시가 오히려 발목을 잡고, 창작의 흐름을 가로막는 것이다. 또는 기존의 지식과 경험에 집착해 새로운 아이디어를 받아들이려 하지 않을 수도 있다. 정확히 그 원인이 무엇이든, 우리는 개별적인 나무에서 한 걸음 물러나 숲을 바라볼 필요가 있다. 우리는 사고의 폭을 넓힐 방법을 찾아야 한다.

팀원들이 정해진 '해야 할 일'과 '하지 말아야 할 일' 목록을 항상 따르지는 않는다는 것을 눈치챘다면, 당신만 겪는 특별한 곤경이 아니라는 사실을 알아둘 필요가 있다. 그들은 독창적이고 유용하며 효과적인 해결 방안을 도출하는 데 어려움을 겪거나 정체될 가능성이 있다. 하지만 이런 상태는 대개 일시적이다. 팀을 재정비해서 다시 처음으로 돌아가면 된다. 하지만 벽에 막혀버린 창의적 작업 과정을 되살리려면 창의성에 대해 당신이 아는 모든 걸 전부 활용해야 한다. 이 책에서 지금까지 배운 모든 것을 적용하는 연습을 해 본다고 생각하자.

벽에 부딪혔을 때 벗어나는 방법

첫 번째 단계는 우선 창작 활동의 본질을 이해하는 것이다. 창작 활동에는 어려움이나 장애물, 실패가 포함된다. 어떤 사람들은 이를 마음속으로 이미 이해하고 있다. 굳이 말하지 않아도 이런 병목 현상이 창의적 작업 과정에서 정상적으로 일어나는 일이며, 우리의 능력 부족을 뜻하는 것이 아니라는 사실을 인식하는 것이다. 다른 사람들은 이를 명시적으로 이해한다. 다시 말해, 경험과 연습을 거쳐 말로 표현하고 남들과 공유하면서 깨닫는 것이다. 내가 연구를 위해 인터뷰했던 한 예술가는 이를 다음과 같은 말로 적절하게 표현했다. "실패는 창의적 작업 과정에서 가장 흔한 경험입니다. 창작 경험이 충분히 쌓이면, 의심과 무력감도 창의적 작업 과정의 일부라는 것을 깨닫게 됩니다. 나는 여러 작품을 해 오면서, 눈에 바로 보이지는 않아도 실패와 불확실성을 극복할 방법이 있다는 것을 알게 되었어요. 여러 번 어려움을 돌파한 경험이 쌓이면 창의적 작업 과정을 더 신뢰하게 되고, 창의적 작업 과정에서 벽을 만나더라도 덜 위축됩니다."

창의적 작업 과정에 관한 이런 이해는 해야 할 일에 집중하는 데 도움이 된다. 벽을 만났을 때 포기하기보다는 인내심을 갖고 계속 나아가게 한다. 나는 400명이 넘는 사람들을 대상으로 설문 조사를 진행했다. 그중에는 창의성을 전혀 염두에 두지 않고 모집된 사람도 있었지만, 예술, 과학, 교육, 기술, 비즈니스 등 다양한 분야에서 전문적으로 창작 활동 중이라는 이유로 모집된 사람도 있었다. 우리는 모든 설문 참가자에게 창작 활동의 본질을 이해하고 있는지 물었다. 그리고 창작 프로젝트를 진행할 때 다양한 전략과 접근 방식을 얼마나 활용하는지 평가하도록 했다. 설문을 마친 후 우리는 참가자들의 동기와 행복, 창작 성취도를 평가했다.

그 결과, 다양한 분야에서 창작 활동을 하는 전문가들은 창의적 업무에 종사하지 않는 사람들보다 창의적 작업 과정에 기복이 있을 수 있다는 사실을 잘 이해하고 있었다. 그들은 창작 프로젝트를 시작할 때마다 모든 일이 계획대로 진행되지 않으리라는 것을 잘 알았고, 때로는 좌절감이 찾아올 것임을 예상했다. 또한 어떤 날은 전혀 생산적이지 못하리라는 것도 알고 있었다. 그들은 이 모든 것을 창의적 작업 과정의 일부로 받아들였다.

게다가 창의적 작업 과정의 본질에 대한 이해는 업무에 얼마나 효과적으로 접근하는지와 관련이 있었다. 창작 활동의 어려움, 즉 장애와 난관에 직면할 가능성을 인지하는 사람들은 필요한 경우 자신의 접근 방법을 유연하게 조정하는 경향이 컸다. 예를 들어, 어려움에 부딪히면 새로운 전략을 시도하고, 난관을 헤쳐 나갈 때는 시행착오를 감수하며, 벽에 부딪혔을 때는 잠시 다른 프로젝트로 눈길을 돌리는 것이다. 다시 말해, 그들은 문제 상황 구성과 재구성을 할 줄 알았다. 또한, 창의적 작업 과정이 비선형적이라는 사실을 아는 사람들은 정보에 입각한 위험을 기꺼이 감수하고자 했고, 자신의 업무에 대한 흥미와 도전 의식을 끊임없는 원동력으로 삼았다. 그렇다고 스트레스나 불안이 덜한 것은 아니었다. 하지만 그들에게는 회복탄력성, 즉 어려움을 관리하고 다시 일어설 수 있는 능력이 있었다.

일단 자신이 창의적 작업 과정에서 벽에 부딪혔음을 깨닫는 순간, 이제 어떻게 해야 하는지 고민하기 시작한다. 그 벽이 너무 높아서 도저히 그 너머 명확한 영역으로 자유롭게 나아갈 수 없을 것 같을지도 모른다. 어떤 완벽한 해결책이라도 우리를 그 벽에서 벗어나게 해 줄 수는 없을 것이다. 하지만 세 가지 주요 전략을 잘 활용하면 주의를 환기해 그곳에서 빠져나올 수 있다. 예를 들면, 차가 진창이나 눈 속에 갇혔을 때, 빠져나갈 수 있을 만큼 충분한 원동력을 얻을 때까지 약간 뒤로 뺐다가 다시 앞으로 나아가는 것과 같다. 운이 좋아서 한번 만에 빠져나갈 수도 있지만, 대부분 다시 길로 나가려면 여러 번 시도해야 한다. 첫 번째 전략은 벽에 부딪혔을 때 느낄 수 있는 어려운 감정에 초점을 맞춘다. 두 번째 전략은 사고의 폭을 다시 넓히는 방법을 모색하는 것이다. 세 번째 전략은 다시 힘을 내서 바쁘게 움직이는 것에 대한 것이다.

자기 연민을 실천하라

창의적 작업 과정에서 막히면 감정적으로 압도당하는 기분을 경험하게 된다. 창의적인 전문가들에게 그 감정을 자신의 언어로 표현해 달라고 요청했을 때, 모든 감정을 압도한 단어는 '좌절감'이었다. 이 좌절감은 사람에 따라 분노, 실망감, 불안이나 의심의 색을 띠기도 한다. 이런 감정은 불확실성에서부터 개인적인 무능감, 죄책감에 이르기까지 다양하다. 좌절의 바다에 빠져 허우적거리는 느낌이 들기도 하며, 더욱 치명적인 자기 의심과 무력감, 더 심하면 우울증으로까지 번질 수 있다.

 힘든 감정이 찾아왔을 때 이에 대처하는 비결은 이런 감정이 영원하지 않음을 상기하는 것이다. 심지어, 그리고 특히 당장은 그런 생각이

들지 않더라도, 특히 그럴 때일수록 그렇게 해야 한다. 벽에 부딪혔다는 좌절감에 압도당해 어쩔 줄 모를 때, 우리의 목표는 혼란과 불안, 불만이 뒤섞인 감정에서 벗어나 평화롭고 행복해지는 것이 아니다. 그보다는, 감정적 혼란에서 벗어나 다른 관점을 얻을 수 있게 되거나 얻기 위해 노력하는 것이다. 앞 장에서 살펴본 것처럼 주의를 전환하거나 반응을 바꾸는 등의 감정 조절 전략은 많은 도움이 된다. 하지만 구체적인 감정 조절 도구를 활용하기 전에, 자신에 대해 비판보다는 연민을 가지고 잠시 멈춰 설 필요가 있다.

자기비판이 심한 사람들은 자신의 결점은 물론 일시적인 부족함에 대해서도 가혹하게 평가한다. 어려운 시기에는 자신에 대해 엄격하고, 일이 원하는 대로 되지 않을 때는 종종 자신에 대해 너그럽지 못하고 쉽게 조급해지곤 한다. 엎친 데 덮친 격으로, 일이 잘못될수록 강박적으로 집착해 대처를 더 어렵게 만든다. 게다가 아이디어와 지지의 원천이 되어 줄 잠재력이 있는 사람들에게서 쓸데없이 자신을 고립시키는 경향도 있다. 이런 자기비판적 태도가 교착 상태를 넘어 일반화되면, 창의적인 자기효능감을 떨어뜨릴 수 있다. 결국 자신의 창의력에 대한 자신감 부족은 자기실현적 예언으로 이어질 수 있다. 불안감 때문에 더욱더 깊은 수렁에 빠져들면서 두려워했던 상황이 현실이 되는 것이다.

자기비판의 반대는 자기 연민이다. 이는 자신을 친절하게 대하는 태도다. 자기 연민을 실천할 때, 우리는 난관과 실패를 긴 안목으로 바라보고 고통과 좌절이 우리만 겪는 일이 아님을 상기한다. 창의적인 작업을 할 때 장애물을 만나는 건 그저 지나가는 과정일 뿐이다.

심리학자 다리아 자벨리나Darya Zabelina와 마이클 로빈슨Michael

Robinson은 한 실험을 통해 자기비판과 자기 연민이 창의적 사고의 중요한 측면, 즉 독창적 아이디어 생성 능력에 어떤 영향을 미치는지 알아보았다. 그들은 우선 가설을 세웠다. 자기 연민의 태도를 강화하면 창의적 사고가 향상될 것이며, 자기비판적 성향이 강하거나 새롭고 특이한 아이디어를 심하게 검열하는 사람일수록 그 효과가 더욱 강력하게 나타나리라는 가설이었다.

이를 검증하기 위해, 연구진은 먼저 사람들의 자기비판적 성향을 평가했다. 그런 다음에는 자신에 대해 안 좋게 느꼈던 경험, 즉 '실패나 굴욕, 거부와 관련된 일'에 대해 적어 달라고 요청했다. 참가자들은 그런 경험을 생생하게 기억하고 있었다. 그들은 그 사건이 결국 어떻게 되었는지, 무슨 일이 있었는지, 관련자는 누구인지, 당시 어떤 감정을 느끼고 무슨 행동을 했는지 자세하게 묘사했다. 한 그룹에는 추가 지시를 주지 않았지만, 나머지 한 그룹의 참가자들에게는 비슷한 상황을 겪고 있는 친구에게 말하듯이 경험을 진술해 달라고 요청했다. 사람들은 보통 가까운 이들에게 동정심을 느끼고 친절을 베푸는 경향이 있다는 것을 고려해, 자신에 대한 연민의 태도를 자극하기 위한 설계였다. 실패 및 거부의 경험에 대해 적은 후, 모든 참가자는 가상 시나리오(예를 들어, 사람들이 공중에서 걸을 수 있다면 어떨까)를 제시한 후 그 결과를 상상해 보게 하는 표준 창의력 사고 테스트를 받았다. 그리고 스케치 몇 장을 완성했다.

연구진은 자기비판이 심하고 실패 경험에 집중했던 사람들이 독창적인 아이디어를 가장 적게 도출했다는 사실을 발견했다. 이것이 바로 창의적 작업 과정에서 벽에 부딪혔을 때 일어나는 현상과 같다. 자기 의심과 자기비판의 악순환에 갇히게 되는 것이다. 하지만 이들이 자기 연민의 시선으로 자신의 경험을 되돌아보자, 자기비판을 하지 않는 사람들만큼 독창적인 아이디어를 도출해 낼 수 있었다.

사람들은 어떤 일상을 살아가고 어떤 삶을 경험하느냐에 따라 자기 비판적인 경향을 보이기도 하고 자기 연민을 보이기도 한다. 또 어떤 사람들은 자기 연민의 태도를 더 쉽게 받아들인다. 하지만 어떤 사람들은 이를 위해 좌절을 보다 균형 잡힌 관점에서 바라보려고 의식적으로 노력하는 동시에, 끊임없이 우리의 보편적 인간성과 창작 활동의 도전적인 본질을 상기해야 할 수도 있다.

사실상 자기 연민은 자신을 넓은 마음으로 바라보는 것이다. 우리 연구에 참여했던 한 작가는 창작의 벽에 대처하는 일을 '자가 치료'와 같다고 표현하기도 했다. 이는 적절한 비유다. 성공적인 심리 치료의 핵심은 치료 동맹therapeutic alliance, 즉 존중과 공감에 바탕을 둔 치료사-내담자 관계의 질이다. 이를 비추어 보면, 성공적인 자가 치료는 자신에 대한 존중과 공감에서 시작해야 한다. 이것이 기반이 될 때, 창작의 벽에서 벗어나기 위한 실제적 여정이 펼쳐질 수 있다. 이 작가는 또 이런 말도 했다. "이런 벽도 결국에는 다 지나갑니다. 감정이라는 게 다 그렇듯이요! 저는 신뢰, 창의적 작업 과정에 대한 확신, 그리고 습관을 통해 장애물에서 벗어납니다. 인내심과 자발적인 노력을 합치는 거죠. 기다리는 것과 현재를 즐기는 것을 뒤섞는 것이고요. 벽에 부딪히면, 여전히 작업 공간에는 나가되 가끔은 일이 잘되지 않거나 생산적이지 못한 날도 있을 수 있다는 것을 받아들일 필요가 있습니다. 상황이 좋지 않을 때는 마치 영감과 연습 사이를 오가며 춤을 추는 것 같아요."

　자신에게 연민을 보인다는 것은 매우 어려운 일일 수 있다. 특히 실수를 저질렀다는 걸 깨닫거나(그땐 더 현명했어야 한다고 생각될 때), 또는 마감일은 다가오는데 일은 진척이 없을 때 더욱 그렇다. 그러지 말았어야 한다는 생각에 자책감이 들 수 있다. 창의적 작업 과정을 돌아보며 특정 프로젝트와 그 진행 과정에서 자신이 무엇을 배울 수 있었고, 배워야 했는지 되짚어 볼 때가 있을 것이다. 하지만 창작의 벽에 부딪혔을 때 비판적인 태도로 자신을 바라본다고 해서 상황이 나아지는 것은 아니다. 이럴 때는, 좋은 친구라면 당신에게 뭐라고 말했을지 상상해 보자.

사고의 폭을 넓혀라

사고의 폭을 넓히는 일은 창작의 벽이나 교착 상태를 극복하는 데 분명 도움이 된다. 도움이 되지 않는 것에 집착하지 말고 벗어나야 한다. 하지만 말처럼 쉽지는 않다. 창작의 벽은 좌절감을 불러일으키고, 좌절감은 사고의 폭을 좁히기 때문이다.

　창작자들은 어려움에 직면했을 때 생각과 시야를 넓히는 전략을 세우는 경우가 많다. 안드레아 포르테라는, 핀란드 오케스트라인 키미 신포니에타Kymi Sinfonietta의 의뢰로 작품을 작곡할 때의 이야기를 자세히 들려주었다. 그는 거미를 의인화된 무의식의 이미지로 상상했지만, 음악으로 표현할 만큼 구체적인 이미지는 아니었다. 그래서 사고의 폭을 넓히기 위해 다양한 주제를 탐구하기 시작했다. 지역 박물관에서 열리는 거미 전시회에 가보기도 하고, 유대교 신비주의 카발라 Kabbalah와 생명의 나무 the tree of life•에 관한 책을 읽기도 했다. 안드레아는 이런 과정에서 떠오르는 이미지들을 따라가다가 고정된 악절, 즉 같은 순서로 배열된 열두 개의 음표로 이루어진 악절을 제한 조건으로 택했다. 그는 자진해서 택한 이 구조를 감옥에 비유했다. 하지만 이런 보호막이 없다면 미로에서 길을 잃는 것과 같다고 말했다. 안드레아는 매우 다양한 영향을 따랐으며 그것들이 어디로 이어질지 탐색했다. 이렇게 해서 〈거미점술 Arachnomancy〉이라는 제목의 작품이 탄생했다.

• **생명의 나무**
에덴동산에 있던 영원한 생명을 주는 나무

  연구진은 집착과 창작의 벽에서 벗어나 사고의 폭을 넓히는 데 도움이 될 만한 여러 전략을 시험하면서 검증된 접근법을 탐색했다. 그렇지만 감정 조절과 마찬가지로 '절대 실패하지 않는 단 하나의 전략' 같은 것은 없었다. 특정 상황에서 자신에게 맞는 전략을 찾으려면 아마 여러 번 시행착오를 거쳐야 할 것이다.

기능에서 형태로

안드레아의 말처럼, 사람들은 때로 창의적 작업 과정의 시작 시점, 즉 실행 아이디어를 떠올리기도 전에 창작의 벽을 경험한다. 심리학자들은 이런 창작의 벽을 연구하기 위해 '양초 과제 candle task'와 같은 문제를 제시한다. 참가자들은 벽 쪽에 테이블이 놓인 방으로 안내된다. 테이블 위에는 양초와 성냥갑, 압정 한 상자가 놓여 있다. 그들에게 주어진 과제는 불이 켜진 양초를 테이블 위로 떨어지지 않게 벽에 고정하는 것이다.

이 과제는 어렵다. 대체로 사람들은 아무 소용이 없는 아이디어를 시도한다. 압정을 이용해 양초를 벽에 고정해 보려고 한다거나, 왁스를 접착제처럼 사용해 양초를 벽에 붙여 보려고 하는 식이다. 하지만 효과적인 해결 방법은 상자를 압정으로 벽에 고정해 양초 받침대로 사용하는 것이다.

이 과제가 어려운 이유는, 사람들이 상자를 압정 보관용으로 자연스럽게 인식하는 경향이 있기 때문이다. 사람들은 상자에 본래의 기능 외에도 다른 속성을 가질 수 있다는 점을 떠올리지 못한다. 사람들은 명백한 기능에 집착한다. 기능적 고착화functional fixation라고 알려진 (그다지 창의적이지 않은) '인지 편향cognitive bias' 때문에 새로운 잠재적 기능을 보지 못하는 것이다. 이 과제를 성공적으로 완수하려면, 눈앞에 보이는 것과 자신이 알고 있는 것을 새롭게 주어진 것으로 보고 재구성해야 한다.

연구진이 양초 과제를 푸는 동안 떠오르는 생각들을 자기 검열 없이 전부 소리 내어 말해 보라고 하자, 그들은 창작의 벽에 가로막히는 것이 흔한 경험이라는 사실을 깨달았다. 참가자들은 아이디어가 떠오르지 않고 머릿속이 텅 빈 느낌이라고 말했다. 그리고 문제를 어떻게 해결해야 할지 몰라 혼란스럽고 좌절감이 든다고 했다.

아마 실험 결과를 알게 된다면, 그들은 분명 기뻐할 것이다. 아주 작은 변화만으로도 기능적 고착화를 비교적 쉽게 완화(그리고 창작의 벽을 제거)할 수 있기 때문이다.

양초 과제의 표준 지침에는 문제 해결에 사용할 수 있는 재료를 '양초, 성냥갑, 압정 한 상자'로 표현하고 있다. 그런데 어떤 한 연구에서 이 표현을 '양초, 성냥갑, 상자, 압정'으로 바꾸었다. '압정 한 상자' 대신 '상자 하나와 압정'을 갖게 된 것이다. 이는 아주 사소한 변화지만 엄청난 차이를 불러온다. 앞 실험에서는 압정 상자를 하나의 단위로 보고 압정을 담는 기능이 강조된 상태로 받아들였다면, 이번에는 상자와 압정이라는 두 개의 독립적인 단위로 나눠서 보게 된 것이다. 앞 실험에서는 20퍼센트의 사람들만 할당된 시간 안에 과제를 성공적으로 해결했으며, 과제를 푸는 데 걸린 시간은 평균 9분이었다. 바뀐 표현으로 진행한 실험에서는 80퍼센트의 사람들이 과제 해결에 성공했으며, 과제를 푸는 데 걸린 시간은 평균 4.5분이었다.

이처럼 우리는 자신이 명백한 기능에 집착하고 있다는 사실을 의식적으로 인지하지 못하는 경우가 많다. 그래서 창작의 벽에 부딪혔을 때 정확히 무슨 일이 일어나고 있는지 파악하기 어렵다. 하지만 익숙한 요소가 있는 문제를 다루고 있다면, 일반적으로 알려진 기능을 객관적으로 분해해 새롭게 바라볼 수 있는지 생각해 보라.

문제를 재구성하라

창작의 벽에 가로막혔다면, 우리의 문제 해결 과정은 실패한 것이다. 다시 원점으로 돌아가서 문제를 새롭게 다시 구상해야 한다. 이것을 문제의 구성 과정이라고 한다는 사실, 기억할 것이다.

디자이너들은 새로운 제품을 개발할 때, 문제를 탐구하고 구성하는 데 도움을 받기 위해 대상 및 재료를 직접 만지고 조작하며 다양한 기능을 시험한다. 그리고 이런 탐구 과정이 더 쉽게 이루어질 수 있는 공간을 창조한다. 파블로 피카소의 작업실 역시 마찬가지였다. 그곳은 다양한 완성 단계의 그림은 물론 도자기 꽃병과 금속판, 아프리카 가면, 이베리아반도에서 들어온 조각품 등 수많은 물건으로 가득했다. 앙리 마티스, 오귀스트 르누아르, 아메데오 모딜리아니, 알베르토 자코메티 등 다른 예술가들의 작품도 있었다. 모두 그에게 자극과 영감을 주는 물건들이었다. 겉보기에는 혼란스러워 보이지만, 사물, 또는 물리적으로 구현된 아이디어와 상호 작용을 할 수 있는 이런 환경은 창의적 작업 과정을 시작하거나 재개하는 데 도움이 된다.

연구 결과도 창작 작업을 하는 사람들 다수가 직관적으로 아이디어를 얻는다는 사실을 뒷받침한다. 디자이너들은 재료를 조작할 수 있는 공간에서 일할 때 사고의 폭을 넓히고 특정한 세부 사항에 대한 집착을 깰 수 있다. 작업 중인 디자이너들을 관찰하면, 그들이 작업 시간 대부분을 마음대로 만질 수 있는 물건과 상호 작용을 하면서 보낸다는 사실을 알 수 있다. 이렇게 디자인 재료들을 연구하다 보면 색다른 특징과 새로운 활용 가능성을 발견하게 되고, 이는 사고의 폭을 넓히는 데 도움이 된다.

나는 한동안 이 책을 머릿속에 구상하고 있었다. 하지만 내용을 다 안다는 느낌만으로 시험을 잘 볼 수 없듯, 단순히 정신적 감각만 가지고는 머릿속의 내용을 책에 담아낼 수는 없는 노릇이었다. 일례로, 특정 장의 경우에는 제대로 된 구성과 구조를 찾기가 무척 힘들었다. 역설적으로 연구실에서 실행한 연구와 가까운 내용일수록 특히 더 그랬다. 말하고 싶은 것도, 말해야 할 것도 너무 많았다. 그럴 때면 나는 넓고 바람이 잘 통하는 안쪽 공간으로 들어가, 이미 쓴 부분을 출력해서

가위로 오려 전부 앞에 펼쳐 놓은 후, 이리저리 배열했다. 말 그대로 장들을 해체하고 재구성한 것이다.

창작의 벽에 가로막혀 다시 원점으로 가야 한다면, 소품을 활용하라. 깨끗한 환경은 간단한 작업을 할 때 집중력과 생산성을 높여 주지만, 사고의 폭을 넓힐 방법을 찾는 중이라면 오히려 약간 지저분한 환경이 아이디어의 흐름을 촉진하는 데 도움이 된다. 내가 장들을 일일이 잘라 퍼즐이 맞춰질 때까지 이리저리 옮겼듯이, 여러분도 작업을 물리적이고 구체적으로 만들 방법을 찾아보라. 조각들을 이리저리 옮기다 보면 더 넓은 맥락에서 볼 수 있게 될 것이다. 그리고 어느 순간 새로운 그림이 눈앞에 펼쳐져 있을 것이다.

다른 사람에게 손을 내밀라

다른 사람들과 함께 작업하는 것은 아이디어를 탐색하고 재구성하는 것과 유사한 기능을 한다. 효과적인 소통이 이루어진다면, 동업자나 협력자들은 생각을 열어 주는 매개체가 될 수 있다. 그들은 문제에 대해 색다른 관점을 제시해 주기도 하고, 아이디어를 공유하고 조합함으로써 잠재적인 해결책을 도출해 주기도 한다. 아이디어 개발 초기의 교착 상태에서든, 일이 정말 완료된 것인지 결정하기 힘든 마지막 단계에서든 마찬가지다.

루시야는 호주에서 이탈리아로 여행을 갔다가 그 낯선 장소에서 앞으로 나아갈 힘을 얻었다. 마치 TV 영화의 한 장면처럼, 토스카나 시골 마을에서 매일 즐긴 소박한 식사가 그녀에게 프로젝트를 단순화하라는 통찰을 안겨 주었다.

하지만 처음에 통찰력을 얻은 이후, 계속 진척을 이루면서도 루시야는 여전히 확신할 수 없었다. 결국 그녀는 연구실 책임자에게 도움을 요청했다. 작업에 집중하는 기간이 지나고 나면, 새로운 시각과 관점을 주던 전략들이 더 이상 통하지 않게 된다. 익숙해진 나머지 한 걸음 물러서서 객관적으로 바라보기 어려워지는 것이다. 이럴 때는 대신 바라봐 줄 다른 사람이 필요하다. 루시야의 경우, 연구실 책임자는 작품에 아무 문제가 없다는 것을 있는 그대로 말해 주는 대변인이었다. 그는 새로운 시각으로 접근할 수 있었다. 그의 경외심 어린 반응을 본 루시야는 마침내 자신이 목표를 달성했음을 알았다.

휴식을 취하라

시도하고 또 시도해도 여전히 난관을 극복하지 못하겠다면, 가장 좋은 방법은 휴식을 취하면서 뭔가 다른 일을 하는 것이다. 연구진은 휴식이 일종의 인큐베이션 기능incubation function을 해서 효과가 있을 것이라 가정했다. 즉, 지금까지 붙잡고 있던 문제나 아이디어를 무의식적으로 처리해, 새로운 통찰을 얻게 해 줄 수 있다고 보았다.

● **인큐베이션 기능**
생각을 가다듬는 기능

   랭커스터대학교의 심리학자 우트 나 시오Ut Na Sio와 토머스 오머로드Thomas Ormerod는 117건의 독립적인 연구 결과를 검토 분석한 끝에, 사람들이 처음에 상대적으로 오랜 시간 동안 과제를 해결하려고 노력하는 경우, 어느 정도 인큐베이션 기간을 가진 후 창의적 사고가 향상된다는 사실을 깨달았다. 이 연구가 주는 교훈은 처음 좌절의 기미가 보여도 작업을 중단하지 말라는 것이다. 우선은 가만히 앉아서 응시하며 그 과제와 씨름해야 한다.

또한 모든 휴식이 같은 효과를 내는 것은 아니다. 단순히 쉬거나 아무 생각 없이 완전히 수동적이고 수월한 일을 하는 것만으로는 이런 효과를 얻기 힘들다. 최상의 결과를 얻으려면 어느 정도 노력은 필요하되, 별로 힘들지 않은 과제를 하면서 시간을 보내는 것이다. 이런 일은 일상에서 쉽게 할 수 있다. 예를 들어, 지식 근로자라면 이메일을 확인하거나, 보고서를 작성하거나, 해야 할 일 목록에 있는 다른 서류 작업을 하면서 잠시 과제에서 벗어날 수 있다. 예술가라면 재료를 주문한다거나 물감을 섞으면 되고, 작가라면 새로운 이야기를 위한 아이디어를 쓸 수도 있을 것이다. 이것들은 모두 업무와 관련된 휴식으로, 생산성 유지라는 이점을 얻으면서도 잠시 느슨해지는 데 필요한 정신적 여유를 가질 수 있게 해 준다.

생각이 자유롭게 방황하도록 놔두어라

"끝내주는 아이디어는 샤워 중에 떠오른다"라는 말이 있다. 실제로 한 연구에 따르면, 사람들이 얻는 통찰의 30퍼센트가 샤워 중에 떠오른다고 한다. 구체적으로 말하면, 막혀 있던 일에서 벗어나 있을 때 새로운 아이디어가 떠오르는 것이다.

캘리포니아대학교 샌타바버라 캠퍼스의 심리학자들은 이런 효과를 조사하기 위해 전문 작가와 이론 물리학자들을 대상으로 연구를 진행했다. 이 두 집단은 일할 때 창의적이어야 하는 것은 같지만 업무의 본질은 꽤 다르다. 물리학자의 업무는 물리 법칙을 따라야 한다는 제약이 있지만, 작가들은 사실상 무한대로 아이디어를 펼칠 수 있다.

2주 동안, 연구진은 참가자들에게 매일 일과를 마친 후 자신이 낸 가장 창의적인 아이디어를 설명하게 하고, 어떻게 그 아이디어를 떠올리게 되었는지 물었다. 먼저, 아이디어가 떠올랐을 때 바로 그 문제에 몰두했는지, 아니면 관련 없는 다른 생각을 했는지 물었다. 다음으로는 창의적 아이디어가 떠오른 그 프로젝트를 적극적으로 진행했는지, 아니면 다른 프로젝트를 진행했는지, 그것도 아니면 아예 관계없는 다른 업무를 했는지 물었다. 마지막으로 떠오른 아이디어가 새로운 문제에 관한 것이었는지, 꾸준히 진척을 이루고 있던 일에 관한 것이었는지, 아니면 교착 상태에 빠진 일에 관한 것이었는지 물었다.

참가자의 3분의 2는 창의적 작업을 꾸준히 이어가고 있었다. 교착 상태에 빠지는 경험은 물리학자와 작가 모두에게 익숙했다. 근무한 날 중 14퍼센트는 어떤 식으로든 교착 상태에 있었다고 말할 수 있었다.

아이디어는 대부분 업무에 몰두하고 있을 때 떠올랐다. 하지만 상당수(약 5분의 1)는 딴생각에 빠져 있거나 문제에 집중하고 있지 않을 때 떠올랐다. 더군다나 교착 상태에 빠진 경험 이후에 떠오른 창의적 아이디어는, 꾸준히 진척을 보이는 프로젝트에 관한 생각 중에 떠오른 것이라기보다는 딴생각의 결과일 가능성이 훨씬 컸다. 진척이 되지 않고 막혔을 때, 전혀 예상치 못한 곳에서 통찰을 얻고 예상치 못한 출처에서 연결고리를 발견할 가능성이 크다. 익숙한 일에서는 이런 일이 잘 일어나지 않는다.

확실한 조언은, 때때로 생각이 자유롭게 방황하도록mind wandering 내버려두라는 것이다. 하지만 우리 사회는 생산성과 그 생산성의 향상을 강박적으로 추구한다. 우리는 시간 절약 팁, 심리 활용법, 집중력과 생산성을 더 높일 수 있는 도구를 찾는다. 생각을 자유롭게 방황하도록 놔둔다는 것은 일에 집중하지 않는 시간을 의미하며, 따라서 생산적인 순간이 아니다. 창의적 생산성의 모순은, 장기적으로 더 많이 성취하려면 일에 쓸 시간을 줄여야 한다는 것이다. 해당 분야 연구의 선구자인 조너선 스쿨러Jonathan Schooler 교수는, '방황하도록wandering' 놔둔다는 표현 대신 '궁금해하도록wondering' 놔둔다는 표현으로 바꾸자고 제안한다. 생각이 자유롭게 떠돌기 시작하면 궁금한 것도 생긴다는 것이다. 장난스럽게 질문을 던져 보며 만일의 경우들을 탐색해 보라. 노력하지 않아도 사고의 폭이 넓어질 것이다.

어떻게든 계속해 나가라

사실, 마음을 열고 사고의 폭을 넓히기 위해 온갖 전략을 다 써 봐도 여전히 막다른 길에서 벗어나지 못할 때가 있다. 이런 곤경에 처했을 때 우리에게 남은 유일한 선택지는, 어쨌든 계속 노력하는 것이다.

닐 게이먼Neil Gaiman은 장편소설과 만화, 단편소설, 시나리오를 쓰는 작가로, 현존하는 모든 SF, 판타지, 청소년 소설상을 모두 휩쓸었다. 그의 걸작 《신들의 전쟁American Gods》 출간 10주년 기념 독서회에서, 그는 작가로서 글이 잘 써지지 않는 '작가의 벽writer's block'에 관한 질문을 받았다. 그는 그 개념 자체에 의문을 제기하며 답했다.

"우선, 저는 그런 걸 믿지 않습니다. 라디오 방송인에게 '라디오 방송인의 벽'이 없듯이요. '오늘은 말이 나오지 않네요. 죄송합니다. 표현 할 수가 없어요.' 이런 말을 할 수 없잖아요. 신발 판매원에게도 '신발 판매원의 벽'이 없고, 정원사에게도 '정원사의 벽' 같은 건 없죠. 첼리스트에게도 '첼리스트의 벽' 같은 건 없어요. 하지만 '작가의 벽'은 왜 있느냐 하면, 그건 작가들이 똑똑해서 그래요. '글 길이 막혔어. 쓸 얘기가 전혀 생각나지 않아. 어떻게 하지……, 혼자 있고 싶어. 차나 마시면서 무한한 우주에 대해서나 생각해야겠어.' 이런 말보다는 멋있게 들리니까요."

물론 게이먼의 말은 (반은) 농담이었다. 그도 때로는 글을 쓰다가 막힌다. 단지 창작의 벽이란 것이 글쓰기 또는 그와 비슷한 예술적 활동에만 나타나는 현상이며 특별한 형태의 예술적 고통처럼 낭만적 관념으로 보이는 경향을 지적한 것으로, 마치 벽을 만나면 일하지 않아도 괜찮다고 보는 시선에 의문을 던진 것이다.

게이먼은 '작가의 벽이란 전혀 글을 쓸 수 없는 일반화된 상태가 아니라, 특정 작업에서의 막힘이라는 현상이라고 말했다. "만일 누군가가 정말로 작가의 벽에 부딪혔다면, 당신한테 작가의 벽에 대해 불평하는 메일이나 보내고 있지는 않을 겁니다." 그가 말했다. "쓸 말이 생각나지 않는다고 해서 쓸 말이 없는 건 아니거든요."

벽에 막히는 현상의 본질을 알게 되면 몇 가지 해결책이 나온다. 게이먼은 계속해서 말했다.

"작가의 벽에 부딪혔을 때 내가 주로 하는 행동은 둘 중 하나입니다. 우선, 저는 늘 한 번에 여러 가지 일을 하는 걸 좋아해요. 써야 할 서문이든, 단편소설이든, 대본이든 상관없어요. 글을 쓰다가 막히면, 다른 일을 하면 됩니다. 두 번째는, 정말 재미도 없고 힘이 빠지는 일이긴 하지만 어느 정도 효과가 있는 방법인데, 어쨌든 계속 그냥 쓰는 겁니다. 글이 막히고 잘 써지지 않는 상황에서 글을 쓰는 건 정말 끔찍합니다. 마치 두통에 시달리면서 억지로 글을 쓰고 있는 기분이죠. 무슨 단어를 써도 하나같이 멍청하게 느껴지고요. 예를 들어, 원래 보통은 천 단어 정도를 쓰는데 오늘은 200단어를 겨우 썼고, 그나마도 전부 멍청한 소리처럼 느껴진다고 해 봅시다. 하지만 다음 날 다시 들여다보며 뭘 썼는지 살펴보고, 쉼표를 옮기고 줄을 지우고 이리저리 손을 좀 보면, 더할 나위 없이 쓸만한 단어 200개가 남습니다. 정말 이상한 건, 1년 후 책을 다 쓰고 나서 돌아보면, 마법처럼 느껴졌던 날들이 떠오른다는 겁니다. 손가락을 움직일 때마다 다이아몬드가 떨어지듯 글이 써지고, 늘 영감으로 가득하며, 매 순간 신이 나를 통해 말하는 듯했던 날들이요. 물론 끔찍한 작가의 벽을 헤치고 나가야 했던 적도 있었죠. 그건 정말 끔찍했어요. 하지만 사실상 책에서는 그런 흔적을 찾을 수 없습니다. 마치 처음부터 끝까지 전혀 막힘없이 쓴 것처럼 읽혀요."

닐 게이먼이 개인적인 경험을 통해 공유한 내용은 그의 개인적인 선호나 그에게만 효과적인 비법이 아니다. 그의 첫 번째 방법은 앞에서 말한 전략, 즉 (다른 과제로 생산성을 유지하면서) 휴식을 취하는 것과 같다. 다른 일로 주의를 전환하면, 시야를 넓힐 수 있는 충분한 거리가 생긴다. 게이먼은 글을 쓰는 동안 가끔 벽에 부딪혔다. 《신들의 전쟁》의 주인공인 섀도우의 다음 장면을 어떻게 이어 나가야 할지 알 수 없었다. 그럴 때마다 그는 고대의 신들이 미국에 온 이야기를 단편으로 써서 마치 특별 선물 상자처럼 소설에 끼워 넣었다. 이 단편들을 끝내고 다시 주요 줄거리로 돌아올 때쯤에는 어떻게 이야기를 이어갈지 이미 구상이 끝나 있었다.

하지만 그는 평소에는 그저 어떻게든 계속해야 한다고 말했다. 꾸준히 글을 쓰면서 체계적으로 가능성을 시도해야 한다고 말이다. 그러면 큰 진전을 이루지는 못하더라도 뭔가는 여전히 이루어지고 있고, 결국 전체 작품의 창의성에 도움이 된다. 이것이 바로 꾸준히 땀을 흘려 1,000단어 중 200단어라도 얻는 길이다. 하루 분량의 20퍼센트에 불과하지만, 아무것도 없는 것보다는 낫지 않은가. '머리가 지끈거리는' 상황에서 글을 쓰는 기분이겠지만, 어쨌든 당신은 제자리에 가만히 있는 게 아니라 앞으로 나아가고 있다.

아이디어가 술술 흘러나오는 가운데 즐겁게 일하는 게 아니라 고된 노동처럼 느껴지는 창작 활동은 흔하다. 루시야는 통찰력을 얻어 창작의 벽을 깼음에도 불구하고 계속 일의 진척 상황에 만족하지 못했다. 그렇지만 매일 잠자리에서 일어나 연구실로 가서 자기 자리에 앉아 일을 계속했다. 비록 그 과정은 생각보다 더디게 진행되었지만, 그리고 행복하지만은 않았지만, 루시야는 굳은 의지로 작업을 이어 나갔다.

진척이 느리거나 만족스럽지 않을 때 그 상황에서 빠져나오기 위해 우리가 할 수 있는 일은 많다. 그렇지만 가끔은 친구나 가족, 그리고 멘토, 동료, 리더의 도움이 필요하다. 창의성을 발휘하는 일은 보기보다 사회적인 일이다. 이제 창의적 작업에서 때로 눈에 띄지 않는 이 측면, 즉 사회적인 측면을 살펴보도록 하자.

제3부
관계 속에서의 창의성

9장
친구들의 작은 도움

10장
직장에서의 창의성 구축

9장
친구들의 작은 도움

스티븐 스필버그Steven Spielberg는 영화 〈쉰들러 리스트Schindler's List〉로 처음 오스카상 최고 감독상을 받았을 때, 직간접적으로 영화에 도움을 준 많은 사람에게 감사를 전했다.

"우선, 오스카 쉰들러Oskar Schindler가 아우슈비츠 강제 수용소에서, 또 벨센Belsen 강제 수용소에서 폴데크 페퍼버그Poldek Pfefferberg를 구하지 않았더라면 오늘 이 순간은 결코 시작되지도 존재하지도 않았을 것입니다. 토머스 케닐리Thomas Keneally에게 책을 쓰게 한 사람이 바로 그입니다. 저는 그에게 큰 빚을 졌습니다. 아니, 우리 모두 큰 빚을 진 것이겠지요. 그는 우리 모두에게 오스카 쉰들러의 이야기를 전했습니다. 전혀 알려지지 않았던 인물, 그러나 우리 모두 응원하고 잘되길 바라는 바로 그 사람의 이야기를요……. 이 책을 제게 전해준 시드 쉐인버그Sid Sheinberg에게도 감사를 전합니다. 시드, 고마워요. 또한 엄청난 절제력을 발휘해 시나리오를 써 준 스티브 자일리언Steve Zaillian에게도 감사드립니다. 또, 많은 훌륭한 연기자들이 이 영화에 출연해 주었습니다. 리엄Liam, 고마워요. 랄프Ralph, 고마워요. 벤 킹슬리Ben Kingsley, 고맙습니다. 오늘 밤 이 자리에 함께 와 준 제 아내에게도 고맙다고 말하고 싶습니다. 아내는 견딜 수 없을 정도로 힘들었던 지난겨울, 폴란드 크라쿠프에서 92일간 이어진 힘겨운 촬영 동안 저를 지탱해 줬습니다. 그리고 이 자리에 계신 제 어머니, 제 행운의 부적이자 제가 정말 사랑하는 어머니께 감사드리고 싶습니다. 그리고 오늘 밤 이 방송을 시청하시는 10억 명의 시청자들 가운데 같이 이 방송을 볼 수 없는 600만 명의 희생자들에게도 감사드립니다. 감사합니다."

스필버그의 이 수상 소감은 종종 간과되는 창의성의 사회적 성격을 분명하게 보여 준다. 우리는 종종 고독한 천재 창작자라는 개념을 미화하는 경향이 있다. 하지만 사실 모든 창작은 사회적 산물이다. 스필버그는 역시 이야기를 들려준 홀로코스트 생존자와 그 이야기를 책으로 써 준 작가, 그리고 그 책을 그에게 전해 준 제작자가 없었더라면 그날 밤 아카데미상 7개 부문을 수상한 영화 〈쉰들러 리스트〉를 만들 수 없었을 것이다. 또한 영화에 자신들의 창의력을 발휘한 시나리오 작가와 배우들이 없었다면, 그토록 강렬한 영화를 만들 수 없었을 것이다. 그리고 어머니와 아내에게 감사함으로써, 정서적 지지라는 또 다른 방식의 기여 또한 잊지 않았다.

창의성은 영화 제작처럼 많은 사람과 직접 일하는 직업에만 사회적으로 작동하는 것이 아니다. 모든 창작 활동은, 심지어 혼자 하는 작업일지라도, 더 큰 사회적 맥락에서 이루어진다. 글쓰기를 예로 들면,

활동 자체는 고독한 일일 수 있으나 이 책 역시 사회적 진공 상태 속에서 쓰인 것이 아니다. 나는 지난 25년 동안 다른 과학자들과 수없이 교류함으로써 창의적 작업 과정을 연구해 왔다. 그중 일부는 학회에서 만난 동료와 이야기를 나누고 협력 관계를 구축하는 등의 직접적인 교류였지만, 더 많은 교류가 연구 논문과 책들을 통해 간접적으로 이루어졌다. 그러다가 집필 과정에서 막히는 장이 있을 때는 여러 동료에게 도움을 청했다. 그들은 내가 자초한, 쓸데없이 복잡하게 얽힌 매듭을 푸는 데 도움을 주었다. 또한 남편은 이 책과 관련해서 도움을 주지는 못했지만(그는 해양학자다), 몇 달 동안 아이들의 숙제와 요리를 정해진 몫 이상 도맡아 해 줌으로써 내가 늦은 오후에도 나가서 글을 쓸 수 있도록 도와주었다. 내가 방황하고 있을 때 감정적 지지를 보내 준 것은 물론이다.

창의적인 작업의 상당수는 이 두 가지 사회적 극단 어딘가에서 이루어진다. 하나는 수천 명의 사람이 영화 제작에 참여하는 등 대규모 협업으로 이루어지는 프로젝트이고 다른 하나는 글쓰기, 작곡, 그림 그리기 등과 같이 고립되어 이루어지는 것처럼 보이는 개인의 창작 활동이다. 개인과 단체를 위한 디지털 기술 교육 플랫폼인 오지 라이프 앱Oji Life Lab의 공동 창립자인 매트 커시Matt Kursh와 안드레아 호반Andrea Hoban과의 이야기에서도, 나는 그들의 창의성이 단순히 다른 사람들과의 상호 작용에서 영감을 얻는 것을 넘어, 아이디어 자체가 실제로 상호 작용을 통해 발현되었다는 것을 분명히 알 수 있었다.

매트는 여러 회사를 창업한 사업가다. 그가 대학 시절 처음 설립했던 회사는 애플이 인수했다. 다음 회사는 초기 형태의 전가 상거래 플랫폼이었는데, 마이크로소프트에 매각되었다. 그는 비영리 재단도 운영했으며 공공, 민간, 비영리 단체의 여러 이사회에서 활동하기도 했다.

그가 현재 운영하는 회사의 원래 목표는 십 대에게 생활 기술을 가르쳐주는 프로그램과 자료를 만드는 것이다. 매트는 고민했다. "고등학생들이 그런 기술을 배울 장소가 여러 곳에 있으면 어떨까?" 하지만 청소년들은 적합한 대상이 아니었다. 생활 기술을 배워 두면 큰 도움이 될 텐데도, 십 대 청소년들은 그런 데에 전혀 관심이 없었다. 그런데 바로 그때, 원래 아이디어가 효과가 없다는 사실을 깨닫자마자 다음 단계의 아이디어를 촉발하는 일이 생겼다. 고등학생들은 자신에게 그런 기술이 필요하다는 것을 인지하지 못했지만, 그 중요성을 절실하게 인지한 사람들이 따로 있었던 것이었다. 바로 사업을 운영하는 전문가들이었다. 매트는 기회를 노렸지만 필요한 전문 지식이 없었다.

매트는 조언과 도움을 얻기 위해 자신의 네트워크에 눈을 돌렸다. 한 친구가 매트를 안드레아Andrea에게 소개했다. 안드레아는 전 세계에서 직업 훈련 부서를 운영하는 국제 채용 업체에서 일하고 있었고, 코치 자격증도 취득 중이었다. 매트는 기업 교육 및 개발에 관해 조언을 구하는 중이었다. 매트는 안드레아가 바로 자신이 찾고 있던 공동 창업자임을 알았다.

그들 앞에 놓인 과제는 기술이 필요한 사람들에게 어떻게 기술 교육을 제공할 것인가 하는 것이었다. 안드레아는 우연히 자신의 네트워크에서 유연한 기술 솔루션의 필요성을 강조하는 사람과 이야기를 나누게 되었다. 대규모 조직에서는 사람들을 같은 시간 같은 장소에 모아 직접 교육을 진행하는 일이 어려웠다. 거의 같은 시기에, 매트는 다른 학습 전문가와 이야기를 나누었다. 그는 특별한 준비 없이 바로 시작할 수 있는 학습 프로그램의 모델로 명상 및 마음 챙김 분야에서 활용되는 앱을 예로 들었다. 간단히 가입만 하면 시작할 수 있는 프로그램이었다. 안드레아와 매트는 처음에는 그 아이디어에 의구심이 들었다. 당시 이용 가능한 많은 이러닝 프로그램은 품질이 좋지 않았고 결과를 과장해서 광고했기 때문이다. 하지만 그들은 도전을 받아들였다. 그리고 유용하고 매력적인 디지털 교육 경험을 설계하기 시작했다. 단순히 가르치거나 지식을 전달하기보다 안내를 제공하고, 무엇보다 사람들을 직접 만나는 경험을 할 수 있도록 하는 것이 목표였다(이는 진정한 인간적 기술을 배우는 데 필수적이다).

이렇게 해서 '오지 라이프 랩'이 탄생했다. 그들은 안드레아가 '중간 계층'이라고 말하는 사람들에게 서비스를 제공하고자 했다. 보통 교육 프로그램은 리더나 신입 사원들을 대상으로 설계되지만, 안드레아와 매트는 기존 프로그램에서 소외된 이들을 위한 효과적인 학습 솔루션을 설계하고 싶었다. 문제는 그것을 실현할 방법이었다.

안드레아는 기업 학습 분야에서 쌓은 지식을 활용했다. "저희의 학습 철학은 짧은 시간이라도 매일 무언가를 하면 오랜 시간 후 행동이 바뀔 가능성이 훨씬 크다는 것입니다. 새 근육을 단련하고 활용할 가능성이 확실히 커지는 것이죠. 그래서 우리는 분산 학습 spaced repetition과 나선형 학습 spiral learning, 그리고 시간을 두고 더 깊이 있게 주제를 다시 살펴보는 방식으로 학습 과정을 설계합니다." 정서 지능 기술을 다룬 첫 번째 프로그램은 중소 제조업체와 대규모 의료 시스템, 글로벌 기술 회사 등 다양한 조직에 성공적으로 적용되었다. 이에 오지 라이프 랩은 신임 관리자를 위한 의사 결정 기술 외에 여러 주제를 아우르는 복합 기술 교육 프로그램을 개발했다.

안드레아는 콘텐츠를, 매트는 소프트웨어를 담당한다. 하지만 이렇게 업무를 양분하는 것은 두 사람의 파트너십을 지나치게 단순화한다. 매트는 이를 하나의 비유로 설명한다. "제 생각에 이건 시나리오 쓰는 것과 비슷해요. 중요한 건 플롯이고 캐릭터는 그 플롯 위에서 움직인다고 생각하는 사람들도 있고, 그 반대로 생각하는 사람들도 있거든요. 하지만 사실 그 둘은 서로 얽혀 있습니다. 플롯과 캐릭터를 분리할 수는 없어요. 둘 다 서로 영향을 주고받습니다."

"우리는 전반적으로 견해가 같아요." 안드레아가 이어서 말했다. "하지만 모든 의견에 동의하는 건 아닙니다. 우리가 이렇게 운 좋게 파트너십을 이어갈 수 있는 건 항상 서로의 이익을 최우선으로 한다는 사실을 분명히 알고 있어서 가능한 일 같아요. 창의력을 마음껏 발휘하려면 안전하고 믿을 수 있는 환경에 있어야 합니다."

역설적으로 들릴 수 있지만, 창의적인 작업을 가능하게 하는 것은 서로 상반되어 보이는 사회적 힘이다. 한편으로는 지지와 존중이 바탕이 된 견고한 관계가 필요하다. 반면, 친밀한 관계는 관계 유지를 위해 상대를 기쁘게 하려는 욕구를 불러일으키기 때문에, 독창적인 사고와 독창적인 행동을 하기 더 어려워질 수도 있다.

이 명백한 모순을 어떻게 조화시킬 수 있을까? 그 해답은 바로 '강력하고 친밀한 관계', 그리고 과학자들이 '약한 유대 관계'라고 부르는 관계, 즉 자주 교류하지 않고 깊은 정서적 유대감을 갖지 않는 이들과 지인, 동료 모두를 활용하는 것이다.

연구에 따르면, 강한 유대 관계와 약한 유대 관계는 각각 창의성에 기여하는 방식이 다르다. 강력한 사회적 관계는 '지지 네트워크'를 형성함으로써 창의적인 활동을 격려하고 기운을 불어넣어 주며, 어려운 상황에서 인내심을 가지고 계속해 나갈 수 있도록 도와준다. 반면, 약한 유대 관계는 새로운 접근 방식을 유도하고 참신한 생각을 불어넣어 준다. 특히 창의적 교착 상태에 빠졌을 때 도움이 된다. 창의성을 충분히 발휘하기 위해서는, 강한 관계와 약한 관계 사이의 균형을 맞추고, 이를 가장 효과적인 방식으로 활용해 창의적인 활동을 촉진해야 한다.

가벼운 관계를 활용하라

매트는 청소년을 위한 학습 센터 네트워크를 직장인 대상으로 전환한다는 첫 번째 통찰을 얻은 뒤, 조직 내에서 '휴먼 스킬human skill'을 어떻게 개발할지 고민하기 시작했다. 한 전문가 지인과 대화를 나누던 중에 떠오른 생각이었다. 그 지인은 기술 기반 솔루션이 필요하다고 지적했다.

● 휴먼 스킬
AI는 흉내 낼 수 없는 인간의 기술

약한 유대 관계의 장점은 사회의 다양한 분야에 있는 사람들을 연결해 준다는 것이다. 이들은 우리와는 꽤 다른 배경과 경험이 있어, 그들이 아니면 얻을 수 없는 정보와 아이디어를 제공해 줄 수 있다. 약한 유대 관계는 우리를 훨씬 다양한 정보나 시각을 접하게 해 주고, 사고의 폭을 넓혀 준다. 모두 약한 유대 관계가 반드시 중요한 계기를 마련해 주는지는 알 수 없지만, 전체적으로 볼 때 이런 유대 관계는 참신하고 생산적인 아이디어를 얻을 수 있는 길을 충분히 열어 줄 수 있다.

정보와 다양한 시각에 대한 접근은 창의성을 촉진하는 데 있어 매우 중요하지만, 안타깝게도 단순히 새로운 지식과 참신한 시각을 쌓는 것만으로 충분하지 않다. 오히려 그 지식을 얻은 후 어떻게 활용하는지가 중요하다. 매트는 기업들이 훈련 앱을 선호하며 인기 명상 앱이 좋은 사례라는 사실을 알게 되었을 때 그냥 무시할 수도 있었다. 어쨌든 오지 라이프 랩을 건강 프로그램으로 만들 생각이 전혀 없었기 때문이다. 하지만 매트와 안드레아는 표면적으로 무의미해 보이는 것을 뛰어넘어 자신들에게 필요한 것을 찾았다. 그들은 세부 사항들을 제거하고 앱의 기능 중 '다운로드 후 바로 사용'에 집중했다. 그들은 특별한 준비 없이 학습 과정을 시작할 수 있고, 사용자는 자신의 속도에 맞게 학습을 진행할 수 있다는 점에 초점을 맞췄다.

에모리대학교 조직 행동학 교수인 질 페리-스미스Jill Perry-Smith는, 항공우주공학에서부터 정보 기술에 이르기까지 다양한 첨단 기술을 다루는 응용 연구소의 과학자들을 대상으로 소셜 네트워크를 연구했다. 이들의 업무는 창의성이 핵심이었다. 그들은 어려운 문제들을 해결하고 있었고, 그들의 고객은 독창적이고 효과적인 해결책을 기대하고 있었다. 연구의 일환으로, 페리-스미스와 그녀의 연구팀은 그들에게 일과 관련한 주제로 소통했던 사람들을 목록으로 작성해 달라고 요청했다. 일반적으로 사람들은 가끔 연락하는 이들을 제외하는 경향이 있다는 점을 고려해서, 일 관련 대화를 나눈 사람이라면 누구든 목록에 넣도록 유도했다. 대화를 나누는 일이 드물거나, 비공식적으로 만난 사람이거나, 얼마 안 되는 얘기를 나눈 사람이라도 상관없이 모두 넣도록 했다. 목록 작성이 끝난 후, 연구진은 과학자들에게 그들 각자와 얼마나 가까운 관계인지, 얼마나 오랫동안 알고 지냈는지, 얼마나 자주 소통하는지 물었다.

그들이 지인이라고 말한 5년 미만 알고 지낸 동료들, 건너 건너 아는 사람, 또는 그저 친근한 동료로 한 달에 한두 번 정도 얘기 나눈다고 말한 사람들은 약한 유대 관계로 분류했다. 반대로, 그들이 5년 이상 알고 지내며 일주일에 여러 번 소통하는 사람들은 강한 유대 관계로 분류했다. 연구진은 각 과학자가 맺고 있는 약한 유대 관계와 강한 유대 관계의 수를 계산하는 것에 더해, 연구소에서 그들이 하는 역할과 재직 기간을 토대로 각 네트워크에 속한 이들이 가진 배경의 다양성을 조사했다.

결과에 따르면, 상관으로부터 창의성이 뛰어나다는 평을 듣는 과학자들은 그렇지 않은 과학자들보다 약한 유대 관계가 더 많았다. 그 이유가 무엇일까? 약한 유대 관계가 많을수록 다양한 배경을 가진 사람들과 교류할 가능성이 커지고, 그로 인해 창의성이 향상되기 때문이다.

그렇다면, 일과 관련해 소통할 약한 유대 관계를 더 많이 맺기 위해 노력해야 한다는 의미일까? 징 저우Jing Zhou 교수와 그녀의 동료들은 약한 유대 관계가 너무 많으면 얻는 것이 적거나 오히려 부정적인 영향을 받지는 않는지 궁금했다. 다른 사람과 의미 있는 대화를 하려면 시간이 걸릴 뿐만 아니라, 너무 많은 대화를 하다 보면 업무에 할애할 시간을 빼앗길 수 있기 때문이다. 또한 많은 대화와 다양한 시각을 접하면, 그렇게 얻은 새로운 정부와 아이디어들을 통합해서 의미를 도출하는 데 어려움을 겪을 수 있었다. 너무 많은 의견은 배가 산으로 가는 상황을 만들고, 영감을 불러일으키기보다는 혼란만 더 가중할 수 있다.

저우 교수와 그녀의 연구진은 자신들의 아이디어를 검증하기 위해 중국의 한 첨단 기술 기업에서 연구를 진행했다. 그들은 직원들에게 회사 구성원 전체의 명단을 주었다. 그리고 업무 관련 문제가 생겨서 전문적인 조언을 구해야 할 때, 그 구성원 각각이 자신에게 얼마나 중요한 원천이 될지 평가하게 했다.

이 연구의 결과는 약한 유대 관계와 창의성 사이의 관계를 재확인시켜 주었다. 약한 유대 관계는 실제로 창의성을 높였다. 하지만 이런 효과는 조직 구성원들의 네트워크의 규모가 '적절할' 때만 나타났다. 약한 유대 관계가 너무 적거나 너무 많으면 창의성이 떨어졌다. 가장 효율적인 규모는 이 두 극단 사이 어디쯤 자리하고 있었다.

또한 저우 교수와 연구진은 모든 사람이 이런 사회적 유대 관계에서 똑같은 이익을 얻는 건 아니라는 사실을 발견했다. 타인과 어울리는 일에 크게 신경 쓰지 않는 사람들이 약한 유대 관계를 가장 잘 활용했다. 반면, 주변의 기대에 지나치게 부응하려 하거나 그에 맞추기 위해 행동을 자제하는 사람들은 새로운 아이디어나 시각을 받아들이기 어려워했다.

이 연구는 매우 실용적인 시사점을 제공한다. 만일 당신의 목표가 창의성 증진이라면, 그저 잘 어울리려고 노력만 해서는 실제로 도움이 되지 않는다. 인사 고과나 승진에 대한 걱정 때문에 업무 환경의 틀에 얽매일 수 있고, 의사결정권자와 평가자의 기대를 예측하고 그 기준에 따라 업무를 수행하려는 유혹을 느낄 수 있다. 그런 걱정을 하는 건 현실적이지만, 창의성을 저해할 수 있다. 탁월함이란 주도적으로 행동하고 가치를 창출하는 것을 의미한다. 창의성은 문제를 새로운 시각으로 보고 참신한 아이디어에 열린 마음으로 접근하는 것에 달려 있다.

직장에서의 약한 유대 관계는 다양한 정보에 접근할 수 있게 해 줄 뿐만 아니라, 통상적인 방식에서 벗어난 다양한 시각으로 볼 수 있게 도와준다. 반면, 강한 유대 관계는 완전히 다른 방식으로 도움이 된다.

강한 유대 관계에 기대라

강한 유대 관계는 사람에게 건강이 중요하듯 창의성에 필수적인 요소다. 그 중요성은 특히 뭔가 잘못되었을 때 분명하게 드러난다. 건강이 늘 중요하지만 아프기 전까지는 실감하지 못하듯, 이런 관계 역시 문제가 발생하기 전에는 전혀 그 중요성을 깨닫지 못한다.

업무 중에 뭔가가 잘못되면 불만이 생긴다. 많은 이들이 일하는 동안 불행하다는 끈질긴 감정에 시달린 적이 있을 것이다. 단순히 직장에 있고 싶지 않은 것에서부터 아예 직장 생활이 두려워지는 경우까지 다양하다. 이런 감정이 들 때 대응하는 방법에는 여러 가지가 있을 수 있다. 우선 한 가지 방법은 직장을 그만두고 다른 일을 찾는 것이다. 미국에서는 코로나19 팬데믹 이후 엄청난 수의 직장인들이 다른 일을 찾아 이직했다. 이른바 '대퇴사 시대The Great Resignation'라 불리는 이 시기 동안, 2021년에는 4,780만 명이, 2022년에는 5,050만 명이 직장을 떠났다. 이는 생산적이고 활력을 불어넣는 선택일 수 있으며, 새로운 직책과 활동에 더 큰 열정을 불러일으킬 수 있다. 하지만 물론 직장을 그만두는 것이 늘 가능한 일은 아니다. 때로는 불가피하게 직장에 계속 남아 있어야 할 때도 있다.

불만족스러운 직장에서 꼼짝 못 하는 상황이라 하더라도, 우리는 여전히 창의력을 발휘할 방법을 찾을 수 있다. 그리고 그렇게 하는 데 필요한 주요 자원 중 하나는 가까운 동료들이다. 연구에 따르면, 강한 유대 관계가 창의성에 미치는 힘은 매우 크다. 그만둘 수 없어 직장에 계속 다녀야 하는 직원도, 즐겁게 회사에 다니는 사람들이나 다른 직장으로 옮긴 사람들만큼 창의성을 발휘할 수 있게 해 준다.

동료와의 강한 유대 관계는 두 가지 방식으로 창의성을 발휘할 수 있도록 도와준다. 첫 번째는 행동을 통해, 그리고 두 번째는 감정을 불러일으키는 방식을 통해서다. 동료의 행동은 우리의 업무에 직접적인 도움을 준다. 우리가 뒤처지고 있을 때, 그들은 바로 뛰어들어 도움을 주고 기꺼이 전문 지식을 나눠 주며, 의견 충돌이나 갈등이 생겼을 때 중재자 역할을 해 준다. 우리가 목소리를 낼 수 있도록 도와주고, 또한 우리의 업무 성과를 향상하는 데 도움이 되는 소중한 정보와 피드백을 제공한다. 그들이 주는 이런 지원을 통해 우리는 문제를 창의적으로 해결할 수 있다.

직장 내의 강한 유대 관계는 특정한 방식으로 감정에 영향을 미친다. 우리 대부분은 시인 마야 안젤루Maya Angelou의 말에 고개를 끄덕일 것이다. "제가 알게 된 게 있다면, 사람들은 당신이 한 말이나 행동은 잊어도 당신이 불러일으킨 느낌은 절대 잊지 않는다는 거예요."

우리는 우리가 관계라고 부르는 것의 핵심이 감정임을 본능적으로, 그리고 무의식적으로 안다.

연구에 따르면, 직장에서 인간관계에서 가장 중요하고 영향력 있는 감정적 요소는 '존중 respect'이었다. 존중이 특징인 관계는 서로를 소중하게 여긴다는 느낌을 주고받는다. 우리는 누군가가 우리를 주목하고 우리의 말에 경청한다고 느낄 때, 소외되지 않고 배려받는다고 느낄 때, 그리고 인정받는다고 느낄 때 비로소 존중받는다고 느낀다. 존중하는 관계에서는 서로의 말에 귀 기울이고, 생각과 의견에 진정한 관심을 보이며, 긍정적인 자질과 기여를 높이 평가하고 강조한다. 또한 서로의 시간을 소중하게 생각하고, 일방적인 요구가 아니라 정중한 부탁의 형태로 소통한다. 이와 반대로, 무시당하거나, 배제당하거나, 평가절하당하는 경험을 할 때, 우리는 존중받는다고 느끼지 못한다.

서로를 존중하는 관계는 긍정적인 순환 구조를 만든다. 직장에서 더 큰 활력을 느끼고, 생기와 에너지가 가득한 느낌을 받으며, 주도적으로 행동하고 싶은 욕구와 자신감을 갖게 된다. 존중하는 관계는 해야 할 일을 해낼 수 있도록 힘이 되어 준다. 이 주관적인 감정은 우리에게 동기를 부여할 뿐만 아니라 창의적인 일을 더 성공적으로 해낼 수 있게 해 준다.

존중하는 관계의 또 다른 중요한 효과 하나는, 좌절을 겪은 후에도 다시 일어설 수 있는 회복탄력성을 높여 준다는 것이다. 창의적인 작업은 그 자체에 이미 난관과 좌절, 교착 상태와 실패가 포함되어 있다. 따라서 포기하거나 비창의적인 해결책에 의지하지 않고 아이디어 단계에서 실현 단계까지의 여정을 완수하기 위해서는, 끈기 있게 버티게 해 주는 회복탄력성이 필수다.

　동료, 팀원들과 존중하는 마음으로 함께 할 때, 우리는 모두 서로를 도와 일을 심사숙고하고 생산적으로 논의할 수 있게 된다. 존중하는 관계는 서로 진심으로 소통하고 있음을 보여 주고, 상대를 존중하고 있다는 메시지를 전달한다. 이런 환경에서는 자신이 알고 있는 것과 자신이 진행 중인 작업을 다른 사람과 공유할 수 있다고 느끼며, 흔쾌히 공유한다. 존중하는 관계는 독창적인 아이디어를 공유할지 말지 고민할 때 떠오르는 평판 리스크에 대한 우리의 걱정, 그리고 '다른 사람들이 뭐라고 할까?'와 같은 우려를 덜어 준다. 존중하는 관계는 새로운 아이디어를 시도하고, 다양한 가정을 검토하며 진행 중인 작업에 대해 우려의 목소리를 낼 수 있게 해 준다. 그리고 이런 논의를 통해 문제를 발견할 가능성을 높일 수 있다. 즉, 아이디어를 탐색하고, 계속 논의하며, 질문하고, 피드백을 구하고, 공유하는 것이다. 이 과정을 통해 우리는 못 보고 지나쳤을지도 모를 문제를 파악하고, 그냥 흘려보냈을 기회까지 붙잡을 수 있다.

　첨단 제품을 개발하는 지식 근로자부터 CEO 및 경영진까지 다양한 직군의 사람들을 대상으로 진행한 연구에 따르면, 팀원들과 존중하는 관계를 형성하는 경우 창의적인 목표를 더 많이 추구하고, 문제를 창의적으로 더 많이 해결하며, 창의적인 아이디어를 더 많이 실현하는 것으로 나타났다.

　인터뷰 내내 매트는 안드레아와의 관계와 '오지 라이프 랩'을 설립할 때 도움이 되었던 역량에 관해 이야기하면서, 존중과 신뢰라는 주제를 계속해서 언급했다. 그는 에드윈 허친스Edwin Hutchins의 저서

《야생에서의 인지Cognition in the Wild》가 자신의 사고방식에 큰 영향을 미쳤다고 밝혔다. 이 책의 핵심은, 인지란 단순히 개인적이고 내적인 정신적 과정이 아니며, 인지의 진정한 단위는 '함께 하는 우리us together'라는 것이다. 그는 이 내용을 매우 중요하게 생각한다. 매트와 안드레아는 창의적 작업에 있어서 마음속으로 서로를 신뢰한다. 그들은 둘 중 누가 아이디어를 생각해 냈고 누가 구체적으로 기여했는지에 초점을 맞추지 않는다. 매트는 누가 얼마나 기여했는지는 중요하지 않다고 여긴다. 창의적 작업 과정이란 두 사람이 상호 작용하며 함께 만들어 나가는 것이기 때문이다.

매트와 안드레아의 작업 과정을 보면 '진행 중인 작업에 관해 의견을 나누는 것'이 창의성의 핵심이라는 점을 잘 보여 준다. 첫 오지 라이프 랩 프로그램을 출시했을 때, 안드레아는 사용자들과 실시간 회의를 마친 뒤, 사무실로 돌아와 그 내용을 되짚어 보곤 했다. 그녀는 자신들이 구축한 프로그램이 사용자들의 삶에 영향을 미친 감동적인 이야기를 들려주면서 기쁨을 감추지 못했다. 안드레아는 수많은 들려주었고, 그 과정에서 매트와 안드레아는 새로운 기회가 그 안에 숨어 있음을 깨달았다. 이 대화를 통해 두 사람은 '스토리stories'라는 새로운 기능에 대한 아이디어를 떠올렸다. 그리고 이 기능을 프로그램에 추가했다. 사용자들이 의미 있는 내용을 텍스트나 오디오, 또는 비디오 파일로 스마트폰에 저장한 후, 프로그램을 통해 얻은 효과를 태그로 표시할 수 있도록 하는 기능이었다. 어떤 사람들은 스트레스를 줄일 수 있었다고 이야기했고, 어떤 사람들은 더 나은 의사 결정을 내릴 수 있었다고 했으며, 또 어떤 사람들은 어려운 일을 자신이 어떻게 해

냈는지를 들려주었다. 조직이 오지 프로그램을 도입할 경우, 사용자들은 설정을 통해 자신의 이야기를 고용주나 조직 내의 다른 사람들에게 공개하기를 선택할 수 있었다. 그렇게 하면 그들은 자신의 이야기를 일종의 업무 성과처럼 공유할 수 있었다.

동료나 팀원과의 관계만큼이나 중요한 건 바로 상사와의 관계다. 상사와의 관계는 창의력을 한층 더 북돋우고, 무엇을 어떻게 할 것인지 결정하는 데 훨씬 더 강력한 영향을 미칠 수 있다. 과학자들이 수십 건의 연구 결과를 메타 분석한 결과, 리더와 직원 사이의 관계가 업무상에서의 창의성과 혁신을 예측할 수 있게 해 주는 확실한 지표임을 발견했다. 양질의 관계란 직원들이 리더와 함께 있을 때 자신이 어떤 위치에 있는지 명확히 아는 관계다. 직원들은 리더가 자신의 업무 문제와 요구 사항을 이해하고 문제 해결에 힘을 보태줄 것이며, 필요한 경우 '구제'도 해 줄 거라고 믿는다.

연구진은 직원-리더 관계의 특징 가운데 어떤 특징이 직원들의 창의성에 기여하는지 분석한 결과, 답은 역시 존중이었다. 리더를 직업적으로 존중하고, 리더의 지식과 기술을 높이 평가하며, 리더의 전반적인 업무 능력에 깊은 인상을 받은 직원들은 창의성이 높았다. 우리는 종종 영감을 주는 리더란 호감형이거나 카리스마 넘치는 사람이라고 생각한다. 하지만 우리의 직감이 늘 정확한 것은 아니다. 카리스마는 겉으로 보이는 특질일 뿐, 지속해서 영향을 미치기에는 충분하지 않다. 만약 당신이 리더라면, 직원들의 창의성을 고취하기 위해 당신이 할 수 있는 가장 중요한 일은 업무에 있어서 뛰어난 역할 모델이 되고, 존중이 바탕이 되는 관계를 구축하는 것이다.

누구에게, 언제 도움을 청해야 할까?

강한 유대 관계뿐만 아니라 약한 유대 관계 또한 창의적 작업에 도움이 된다면, 우리는 어떻게 주변에서 적절한 도움을 얻을 수 있을까? 그리고 강한 유대 관계와 약한 유대 관계의 적절한 균형을 어떻게 찾을 수 있을까? 아이디어를 떠올리고 그것의 실행을 결정하는 단계부터 아이디어를 개발하고 구체화하기에 이르는 전 과정에 이르기까지, 관계를 통해 창의성을 향상하려면 과연 우리는 무엇을 해야 할까?

좋은 소식은, 우리가 다양한 개인과 집단에 적극적으로 다가갈 수 있다는 점이다. 중요한 건 창의적 작업 과정의 각 단계에서 무엇이 필요한지를 아는 것이다.

다양한 관점에서 시도하라

창의적 작업 과정을 시작하기 위해서는 '인지적 유연성cognitive flexibility'이 필요하다. 즉, 다양한 관점에서 생각하고, 서로 다른 카테고리의 아이디어를 탐색하는 것이다. 실험실에서 실험 대상자들에게 종종 던지는 과제 같은 것을 상상해 보자. 예를 들면, 벽돌과 같은 흔한 사물의 용도를 다양하게 떠올려 보는 것이다. 인지적으로 유연하다는 것은, 아이디어를 여러 범주에서 바라보는 것을 말한다. 즉, 벽돌은 건축 자재도 될 수 있고, 장식 수단도 될 수 있으며, 무언가를 지탱하기 위한 무게추도 될 수 있고, 또는 무언가를 부수거나 으깨기 위한 도구도 될 수 있다고 보는 것이다. 이것들은 모두 다른 카테고리이며, 각각의 카테고리마다 수많은 아이디어가 존재한다(예를 들면, '무언가를 부수거나 으깨기 위한 도구'라는 카테고리에는 견과를 깨서 알맹이를 꺼내는 일도 있을 수 있고, 긴급 출동 서비스도 부를 수 없는 외딴곳에서 차 안에 갇혔을 때 차창을 부수는 일도 있을 수 있고, 불이 난 오두막에 갇힌 동물을 구하기 위해 유리문을 깨는 일도 있을 수 있다).

이제 훨씬 복잡한 직업적 상황을 상상해 보자. 조직의 리더라면 직원이 과로로 탈진하는 일을 예방할 방법이 고민일 수 있고, 교육자라면 학생의 참여도와 성적을 향상할 수 있는 아이디어를 찾고 있을 수 있다. 브랜드 매니저라면 기존 상품을 새로운 사용자에게 홍보할 방법을 고민 중일 수 있다. 가능성을 폭넓게 탐색할수록 더 나은 아이디어를 발견할 수 있다.

'오지 라이프 랩' 창립자들도 기술 개발 프로그램에서 다룰 주제의 카테고리를 정해야 했다. 첫 번째 프로그램에 관한 아이디어는 매트가 한 콘퍼런스에 참여했다가 정서 지능의 중요성을 확신하게 되면서 우연히 떠올랐다. 그때 매트와 안드레아는 다양한 업계의 리더들로부터 의사 결정 및 인력 관리 교육에 활용할 프로그램이 필요하다는 이야기를 늘었다. 이 아이디어는 네트워크 속 약한 유대 관계에서 얻은 통찰이었다. 매트와 안드레아는 자신들이 돕고자 하는 그들의 요구를 경청했다. 그리고 기업 교육 및 개발 분야에서 그 어떤 것과도 비교할 수 없는 혁신적인 제품을 만들어낼 수 있었다.

혼자서도 다양한 카테고리를 고려할 수 있지만, 다양한 배경을 가진 지인 및 동료들과 나누는 대화는 우리의 지식과 정보에 대한 인지적 네트워크를 확장시켜 인지적 유연성을 위한 토대를 제공해 줄 수 있다. 이때, 약한 유대 관계가 다수 포함된 네트워크는 매우 유용한 자원이 될 수 있다. 이런 네트워크를 적극적으로 활용함으로써, 우리는 혼자서는 상상조차 할 수 없었을 영역으로 사고를 확장할 수 있다.

여기서 중요한 것은, 우리는 창의성에 영향을 미치는 사회적 유대 관계를 생각할 때 흔히 직업적 네트워크를 떠올리는 경향이 있다는 것이다. 그러나 창의성에 영향을 미치는 관계는 직업적 네트워크를 넘어 개인, 가족 간의 유대 관계까지 포괄한다. 코네티컷대학교 경영학과의 노라 마자르Nora Madjar 교수는, 직원들이 부서 안팎에서 지식과 전문적 조언, 관점, 아이디어를 공유받을 때 더 창의적으로 업무에 임한다는 증거를 발견했다. 직원들은 또한 같은 부서와 조직 내 다른 부서 사람들로부터 지원을 받을 때 더욱 창의적인 모습을 보였다. 특히 독창적으로 생각하는 성향이 낮은 사람들은 직장에서 창의적인 아이디어나 해결책을 제시하는 데 친구나 가족의 격려가 큰 도움이 된다.

창의성을 가장 크게 높여 주는 소셜 네트워크의 모습은 결국 우리가 하는 일의 성격에 달려 있다. 해양학자인 내 남편 제이미Jamie는 해류가 다양한 해양 생물의 서식지에 미치는 영향과 해류를 유발하는 요인을 연구한다. 제이미에게는 다양한 산업 분야에서의 창의성을 연구하는 나보다는 규모가 작은 소셜 네트워크가 이상적일 것이다. 제이미는 해양 물리학자 및 생물학자들과 대화를 통해 시야를 넓히는 데 도움이 될 수 있겠지만, 심리학자인 아내, 역사학자인 부모님, 그리고 자신의 경영 상담가와 예술가 친구들의 지식과 전문성은 중요하지 않을 것이다. 반면에 나는 바로 이런 사람들과 가족, 친구들로부터 많은 걸 배우고 영감을 받았다. 심리학과 조직 행동 분야에서 창의성을 연구하는 학자들 외에도, 크리에이티브 디렉터에서 과학자로 전향한 사람, 사회적 기업가, 기술 창업가, 전시 디자이너, 교육 지도자 및 수많은 작가와 예술가들로부터도 많은 것을 배웠다.

소셜 네트워크를 구축하려면 얼마나 많은 인맥을 쌓아야 하는지 궁금할 것이다. 하지만 안타깝게도, 최적의 창의성에 필요한 인맥의 수를 '정확'하고 구체적으로 알려 주는 공식은 없다. 다만 도움이 되는 네트워크라면 문제와 아이디어를 논의할 사람이 충분할 만큼 광범위해야 하며, 바로 옆의 동료나 팀원 외에 다양한 정보에 접근할 수 있을 정도로 폭넓어야 한다. 물론 업무만을 위해 개인적 관계를 구축하려는 건 아닐 것이다. 이미 맺고 있는 개인 및 가족 관계 또한 새로운 관점과 격려를 제공해 주는 놀랍고 열정적인 지지 기반이 될 수 있다. 가까운 동료와 협력자, 친구로 구성된 폐쇄적인 관계에서 벗어나 다른 사람들에게 다가가라. 그들은 당신의 잠재적 정보 자원을 더 확장해 줄 나름의 네트워크를 가지고 있을 것이다.

올바른 방향으로 가고 있는지 확인하려면, 자신의 창의적 작업의 관점을 어떻게 확장할 수 있을지 생각해 보라. 무엇을 알아야 하는가? 무엇을 알고 싶은가? 누구에게 도움을 청할 수 있는가? 영감은 전혀 예상치 못한 곳에서 올 수 있다. 정확하고 확실하게 계획을 세워 얻을 수 있는 게 아니다. 하지만 폭넓게 시도해 볼 수는 있다. 조직 내에 있는 다양한 팀원들과 업무 이야기를 나눠 보라. 콘퍼런스에 가면 비슷한 문제를 다루는 사람들뿐 아니라 다른 관심 분야와 전문 분야를 추구하는 사람들과도 이야기를 나눠 보라. 서로 다른 주제를 연결하거나 유사한 점을 찾는 동안 흥미로운 아이디어가 떠오르는 경우가 많다.

아이디어를 개발하라: 지원을 적극적으로 활용하라

다양한 아이디어를 모았다 하더라도 관건은 그것들이 얼마나 양질의 아이디어인지를 판단하는 일이다. 그중 어떤 것이 유망하고 어떤 것이 그렇지 않은지 파악해야 한다. 눈보라 치는 주말을 보내기 위해 1,000개의 조각으로 이루어진 퍼즐을 처음 펼칠 때처럼 아이디어 전체를 살펴봐야 한다. 물론 아이디어를 평가하는 것은 퍼즐 맞추기보다 훨씬 어렵다. 우리에겐 완성된 결과물의 전체 모습을 확인할 수 있는 퍼즐 상자 뚜껑이 없기 때문이다. 창의적 작업 과정에는 조각 몇 개가 주어져 있을 수는 있지만, 전체 그림은 우리 자신이 만들어 나가는 것이다. 그림을 완성하기 위해서는 약한 유대 관계와 강한 유대 관계를 적극적으로 활용해 아이디어를 다듬고 발전시켜야 하며, 일단 아이디어를 구체화하기 시작했다면 프로젝트가 올바른 방향으로 잘 나아가고 있는지 평가해야 한다.

초기 아이디어를 구체화하고 발전시킬 때, 우리는 정서적인 지지와 격려가 필요하다. 왜냐하면 처음에 떠오르는 아이디어는 모호해서 의심이 따르기 때문이다. 어떤 사람은 아이디어 자체를 어떤 사람은 자신의 창의력을 의심한다. 하지만 친구나 가까운 동료와의 끈끈한 관계가 주는 지지는 창의적인 자기효능감을 높이고 불확실성 속에서도 창의적인 원동력을 유지하는 데 도움이 된다.

하지만 여기서 말하는 지지는 모든 게 다 훌륭하다고 말해 주는 것을 뜻하지 않는다. 오히려 정서적으로 힘을 주는 관계는, 아직은 미완성인 아이디어, 개발이 필요한 아이디어를 거리낌 없이 공유하고, 방향을 제시하는 피드백을 받을 수 있게 한다. 이런 관계는 우리가 스스로 검열하거나 일부러 유능하거나 통제력 있는 것처럼 보이려고 노력하지 않고도 아이디어를 공유할 수 있게 해 준다. 혹독한 비판이 쏟아지지 않으리라는 신뢰가 있는 것이다.

아이디어는 발전 과정에서 확장되고 진화한다. 창작자들은 이런 발전 사항을 어느 정도까지는 시험해 볼 수 있다. 하지만 비판적인 시각이 많아진다는 건 개선의 기회도 많아짐을 의미한다. 유용한 피드백은 성장을 가능하게 해야 하며, 기존 아이디어를 토대로 한 구체적인 제안을 포함하고 있어야 한다.

매트는 안드레아와의 파트너십과 협업에 대해, 자신들이 만들고 있는 상품을 개선하기 위한 지원과 건설적인 피드백이 적절하게 조화를 이루었다고 설명했다. "어느 날 서로 의견이 맞는 부분conspiring과 서로 의견이 맞지 않는 부분sparring에 관한 이야기 나누는 중이었어요. 그러다 말이 헛나오는 바람에 '치열하게 논의할 필요가 있다conspar'라는 말이 나왔어요. 그리고 이제는 우리 모두 사용하는 말이 되었죠. 말하자면, 그래요, 우리는 서로에게 협력적이지만 의견이 안 맞아요." 이렇게 협력적이 형태의 '치열하게 논의하는' 관계는 활력을 불어넣고 순수한 창작의 마법을 불러온다. 매트는 이렇게 덧붙였다. "제가 생각할 때 창작 프로젝트에서 가장 멋진 일 가운데 하나는, 누군가 아이디어를 공유해 줬는데 그 아이디어가 정말 이해가 가지 않거나 별로라고 느껴질 때예요. 그러면 제가 그 사람한테 더 설명해 달라고 부탁하거든요. 그러면 바로 그때, 어떤 계시 같은 게 오는 느낌이 들어요. 바로 창작의 본질이죠."

아이디어를 구체화하고 발전시키려면 신뢰할 수 있는 사람들과 나름대로 '치열하게 논의하는' 과정이 필요하다. 그럴 때, 이런 관계가 도움이 되는 건 맞지만 저항감이나 불쾌한 감정이 전혀 없을 수는 없다는 사실을 반드시 기억해야 한다. 때로는 가까운 사람들과의 소통이라 하더라도 일시적인 좌절과 불안감이 증폭될 수 있다. 하지만 이런 감정은 창의적 과정을 따르며 어려운 문제를 적극적으로 해결하려는 과정에서 자연스럽게 생겨나는 것이다. 이런 감정이 이는 건 당연한 일이다. 오히려 우리가 창의적 작업 과정에 적극적으로 참여하고 올바른 방향으로 나아가고 있다는 신호이기도 하다.

**중요한 건 약한 유대 관계와 강한 유대 관계
사이를 오가는 것**

창의적인 작업은 때에 따라 약한 유대 관계와 강한 유대 관계가 모두 필요하다. 따라서 초기의 모호한 아이디어에서 성공적인 제품 구현과 성과로 나아가기 위해서는 우리의 사회적 자본을 능숙하게 사용할 필요가 있다.

조직 행동 학자들은 아이디어를 구상하고 발전시키는 단계에서 사회적 관계가 창의성에 어떻게 도움이 되는지 정확히 알아보기 위해 일련의 연구를 설계했다. 그 결과, 창의적 작업 과정의 성공을 극대화하기 위해서는 약한 유대 관계와 강한 유대 관계를 전략적으로 전환해야 한다는 사실을 발견했다. 한 실험에서 연구진은 우선 경영대학원 학생들로 구성된 그룹의 강한 유대 관계를 알아보았다. 그들은 학생들에게 비공식적으로 다양한 주제에 관해 이야기를 나눈 사람들이 이름을 적게 한 뒤, 그들 각자와 얼마나 감정적으로 가까운 사이인지 물었다. 이어진 실험에서 연구진은 참가자들을 강한 유대 관계 또는 약한 유대 관계에 있는 사람들과 짝 지웠다. 그 가운데 일부는 목록에 적힌 강한 유대 관계에 있는 두 사람을 짝 지웠고, 또 일부는 약한 유대 관계로서 무작위로 선정된 두 사람을 짝 지웠다. 연구에 지원하긴 했어도 참가자들이 작성한 목록에는 없는 사람들이었다.

그런 다음 대학 기념품 가게에서 판매할 물건을 디자인하는 과제를 각 그룹에 제시했다. 그들은 함께 여러 가지 아이디어를 도출하고, 가장 창의적이라고 생각되는 아이디어를 선택한 후, 그 아이디어를 발전시켰다. 일부 참가자들은 아이디어를 도출하는 과정에서 자신의 짝과 교류했고, 또 어떤 참가자들은 선택한 아이디어를 구체화하고 발전시키는 과정에서 다른 사람들과 교류했다. 새로운 아이템의 창의성에 대해서는 대학 기념품 가게를 잘 알고 있고 비교적 평범한 것과 독창적인 것을 구별할 수 있는 사람들이 심사를 맡았다.

그 결과, 서로 다른 유형의 사회적 유대 관계와의 교류는 창의성에 도움이 된다는 사실이 드러났다. 다만 창의성에 미치는 효과의 종류는 약한 유대 관계와 강한 유대 관계가 서로 달랐다. 약한 유대 관계는 아이디어를 '창출'하는 데 도움이 되었다. 이와 대조적으로, 강한 유대 관계는 아이디어를 '구체화'하는 데 도움이 되었다.

우리의 목표가 특정 아이디어를 발전시키는 것임을 아는 사람들은 두 가지 구체적인 도움을 준다. 우선, 아이디어의 가치를 인정함으로써 지지를 제공한다. "아, 그거 멋진데!" 또는 "좋은 생각이다!"와 같은 은근한 말로 시작해 아이디어를 더 발전시키거나 개선할 만한 안을 제안한다. 제품의 특징을 명확히 하거나, 새로운 기능을 추천한다거나, 예상 밖의 신선하거나 놀라운 반전을 제공하는 것이다. 연구에 따르면, 아이디어 발전 단계에서는 강한 유대 관계가 도움이 되었지만 약한 유대 관계는 오히려 방해가 되었다. 약한 유대 관계의 사람들은 자신의 새로운 아이디어를 공유할 뿐 우리의 아이디어에 적극적으로 관여하지 않았기 때문이다. 그들은 진심으로 몰입하거나 관심을 집중하지 않았다.

창의력을 극대화하려면 작업 단계에 따라 누구에게 도움을 청할지 신중하게 선택해야 한다. 아이디어를 처음 도출하는 단계라면 약한 유대 관계, 즉 별로 친하지 않고 자주 소통하지 않는 사람들에게 도움을 청하는 편이 좋다. 어떤 아이디어를 밀고 나갈지 정했다면, 그때는 가까운 동료에게 의지하는 편이 좋다. 그러나 이 전환에 실패하면 최종 결과물에 부정적인 영향을 줄 수 있다. 가까운 관계에만 의존하면 별로 창의적이지 않은 아이디어에 집착하게 될 가능성이 커지고, 약한 유대 관계만 믿고 의존하면 정반대의 결과가 일어날 수 있다. 매우 창의적인 아이디어가 떠오를지 몰라도, 무엇이 유용하고 무엇이 그렇지 않은지 구분하지 못해 잠재력을 충분히 발휘하지 못할 가능성이 크다.

창의성 과학에 의하면, 창의적인 노력을 지원하는 이상적인 소셜 네트워크는 크게 두 축으로 구성된다. 하나는 폭넓고 다양한 약한 유대 관계의 집단이고 다른 하나는 가까운 동료들로 이루어진 강한 유대 관계의 집단을 모두 포함한다. 약한 유대 관계는 창의적인 영감을 불어넣어 줄 수 있고, 강한 유대 관계는 아이디어를 구체화해 결과물을 만들어 내는 데 도움과 피드백을 제공해 준다. 하지만 고통스러운 사실은, 이런 네트워크를 구성하는 일이 모두에게 똑같이 가능한 건 아니라는 점이다. 예를 들어, 내 연구실에서 수행한 조사에 따르면, 여자들은 남자들보다 직장에서 창의성에 대한 지원을 얻거나 인정과 존중을 경험하기 어렵다. 게다가 사회경제적 불평등으로 인한 지속적인 어려움도 존재한다. 즉, 자본과 교육, 그리고 강력한 사회적 네트워크에 접근성이 좋은 사람들은 대부분의 자원을 쉽게 활용할 수 있으며, 여기에는 창의성을 위한 최상의 환경을 조성하는 데 필요한 이상적인 네트워크를 구축하는 능력도 포함된다.

따라서 모두에게 더 많은 창의의 기회를 제공하려면, 조직과 사회가 사회 자본에 대한 불평등한 접근성 문제를 적극적으로 해결해야 한다. 리더들은 조직의 구성원들이 자유롭게 의견을 내고 아이디어를 공유할 수 있는 환경을 조성하고, 그들에게 개별적으로 힘을 실어 주는 맞춤형 배려를 제공함으로써 이를 달성할 수 있을 것이다. 다음 장에서는 이런 사회적 힘이 어떻게 지속적인 창의성과 혁신을 가능하게 해 주는지 살펴보도록 하겠다.

10장
직장에서의 창의성 구축

스타트업은 터질듯한 에너지로 가득하다. 이 에너지는 혁신의 원동력이다. 아이디어를 자유롭게 탐색하고, 테스트하고, 개발하고, 필요하면 버리겠다는 그들의 열정과 의지는 획기적인 제품과 솔루션을 만들어 내는 이상적인 환경을 제공한다. 게다가 목표에 이르는 속도 또한 빠르다. 대기업이 바다를 누비는 여객선이라면, 스타트업은 쾌속정과 같다. 물론 대기업도 창의적인 목표에 도달할 수 있지만, 그들은 앞서 진행 중인 것의 균형을 맞춰야 하므로 움직임이 상대적으로 느리다.

이것이 바로 대기업이 스타트업 정신을 가지고 운영되는 소규모 혁신 스튜디오와 연구소를 따로 만드는 이유다. 나는 핀터레스트의 제품 실험 개발 연구소 '투트웬티TwoTwenty'의 운영 책임자인 메러디스 아서Meredith Arthur를 만났다. 그녀의 역할은 본사 내에서 연구소의 업무를 정의하고 위치를 정하며, '투트웬티'가 하는 일을 성공적으로 전달하는 동시에 연구소가 원활하게 운영되고 자신의 팀 또한 창의적으로 업무에 몰입할 수 있도록 하는 것이다.

내가 메러디스에게 투트웬티에서 일하는 것이 어떤지 묻자, 그녀가

환하게 웃었다. 그녀의 첫 대답은 팀이 매우 열정적이고 호기심이 많다는 것이었다. 그리고 잠시 생각에 잠겼다가 이렇게 말했다. "마음이 놓여요. 그냥, 투트웬티에서 일할 수 있어서 정말 기뻐요."

안도감이라는 표현은 업무 환경을 설명하는 말로는 다소 낯설게 들릴 수 있다. 하지만 스타트업과 대기업 모두에서 충분한 근무 경험을 쌓은 메러디스는 모든 팀이 다 열정과 활력으로 가득하지는 않다는 사실을 잘 알고 있었다. 그녀는 아이디어를 함께 구상하고 구현하며, 모든 구성원이 자신이 하는 일에 주인 의식을 느끼는 팀과 함께 할 수 있음을 감사하게 생각했다. 그리고 상사로 일하면서도 여전히 자신에게 의미 있는 제품을 만들 수 있다는 점 또한 큰 기쁨이라고 말했다.

메러디스는 혁신적인 문화를 육성하기 위해 특별히 채용되었다. 투트웬티는 전면 원격 근무 체제로 운영된다. 샌프란시스코와 바르샤바, 뮌헨, 바르셀로나에 팀원들이 포진되어 있어서, 기업가 정신과 자율성을 중시하는 문화를 의도적으로 구축할 필요가 있다. 진부하게 들릴지 몰라도 메러디스는 소통이 핵심이라는 말을 끊임없이 반복했다. 때로는 가장 중요한 업무가 오히려 가장 뻔하게 보이나. 하시만 창의성을 위한 환경을 조성하고 팀을 혁신으로 이끌어야 할 때는, 당연하거나 진부해 보이는 일을 실행하는 데도 섬세한 기술이 필요하다. 운영 책임자인 메러디스는 20명이 넘는 팀원들을 일 년에 두 번 개별적으로 만난다. 그녀의 목표는 그들의 원동력이 무엇인지 진정으로 이해하는 것이다(그녀는 '진정으로'라는 말을 강조했다). "무엇에 설레는가? 무엇에 영감을 받는가?" 그녀가 말했다. "투트웬티의 문화 중 많은 것이 바로 개인의 내면에 귀 기울이는 데서 출발합니다."

직원 개개인의 창의적 원동력과 영감의 원천을 파악하기 위해 실질적으로 필요한 것은 소통 인프라다. 메러디스는 모든 직원을 계속해서 논의나 의사 결정에 개입시키는 방법을 고안했다. 그녀는 자신의 리더십을 교통경찰에 비유하며 사람들을 한 곳에서 다른 곳으로 안전하게 이동할 수 있도록 돕는 역할이라고 설명했다. "제 일은 문제 해결이 아닙니다." 그녀가 말했다. "문제의 적임자들이 서로 이야기 나누도록 하는 것이 제 일이죠."

메러디스는 투트웬티 문화의 운영적 기반이 될 두 가지 핵심축을 만들었다. 첫 번째는 제품 개발 프로세스의 핵심인 월간 원격 퍼널 검토funnel review다. 이 검토의 목표는 모든 팀원이 각 프로젝트의 모든 단계에서 무슨 일이 일어나고 있는지 전체적으로 파악할 수 있도록 하는 것으로, 의사 결정보다는 검토와 성찰을 위한 시간이다. 검토는 팀원 모두가 프로젝트 진행 과정을 이해하고 서로의 강점을 충분히 이해하며, 특정 프로젝트에 적시에 누구를 투입할지 알 수 있게 해 준다. 이는 또한 프로젝트에 뛰어들거나, 다른 사람에게 의견과 전문 지식, 협업을 요청할 수 있는 시간이기도 하다.

● **퍼널 검토**
사용자 이용 실태 분석

퍼널의 최상단에는 '조사Investigation' 단계의 프로젝트가 자리한다. 이는 아이디어 발상 단계에 있는 프로젝트이며 한두 명 정도가 담당한다. 아이디어의 가치와 잠재력이 입증되면 퍼널의 다음 단계인 '프로토타입Prototype' 단계를 거쳐 마지막 '제품 출시Market Launch' 단계로 넘어간다. 제품 출시는 투트웬티의 '셔플스Shuffles'나 '하우 위 필How We Feel'과 같은 독립형 앱, 또는 핀터레스트에 출시할 수 있는 제품 형태로 이루어진다.

퍼널 검토 프로세스는 의도적으로 개방성을 유지한다. "우리는 사람들이 스스로 나서서 프로젝트의 리더가 되는 방법을 문화적으로 가르치기 위해 노력합니다." 메러디스는 말했다. "자신이 원하는 게 무엇인지 분명하게 전달해야 해요. 여유가 조금 있다면 '이 프로젝트에는 제 기술이 유용할 것 같습니다' 같은 말도 할 수 있겠죠." 메러디스는 모든 팀원이 자기 생각과 아이디어를 자유롭게 표현할 기회를 주는 동시에 자율성과 주도성을 부여하려 노력한다.

투트웬티 문화의 두 번째 핵심축은 현장 이벤트다. 이는 보통 일주일 동안 진행되는 집중적인 대면 행사로, 해커톤 hackathon, 즉 빠른 기간 안에 이루어지는 협업 엔지니어링을 모델로 한 것이다. 투트웬티의 현장 이벤트는 뭔가를 만들어 내고 싶어 신이 난 엔지니어와 개발자들이 함께 하는 일종의 야영 캠프와 같다. "맛있는 음식을 함께 먹으며 시간을 보내기도 하지만, 함께 특별한 목적의 활동을 하려고 노력합니다. 뭔가를 함께 만들어 나갈 때 가장 큰 유대감을 형성할 수 있으니까요." 메러디스가 말했다.

● **해커톤**
'hacking'과 'marathon'의 합성어로, 팀을 이루어 제한 시간 안에 정해진 과제를 완수하는 이벤트

그들은 팀원들의 열정을 토대로 프로젝트를 평가하고 우선순위를 정하며 의사 결정을 내리기 위한 직관적인 전략을 개발했다. 이 프로세스를 칭하는 내부 코드명은 '프리티 포니 pretty pony'와 '데드 호스 dead horse'다. '프리티 포니'는 팀원들이 지금 하는 일에 열정을 느끼고, 신뢰를 하며, 매일 열정적으로 일에 착수해 진전을 이루고자 하는 것을 의미한다. 당연히 '데드 호스'는 팀원들이 전혀 프로젝트가 진척된다는 느낌을 받지 못하는 것을 의미한다. 하지만 특정 시점에 프로젝트가 '데드 호스' 상태로 느껴진다고 해서 프로젝트를 포기하는 것은 아니

다. 메러디스의 설명에 따르면, 그냥 '데드 호스' 상태로 하루를 보낼 수도 있다는 뜻이다. 그저 불확실한 하루일 뿐이다. 팀은 이런 피드백을 객관적으로 바라본다. 즉, 중요한 정보이긴 하지만 즉시 행동에 옮기지는 않는다. 하지만 만일 이런 상태가 계속되고 팀원 상당수가 해당 아이디어나 프로젝트를 쓸모없게 느낀다면 포기할 가능성이 커진다.

　반면, 팀 전체가 뭔가를 '프리티 포니'라고 여긴다면 프로젝트가 올바른 방향으로 잘 진행되고 있다는 좋은 신호로 받아들여진다. 메러디스는 "그럴 때 우리는 그 에너지와 열정이 어디를 향해 있는지 주목하죠. 드문 일이긴 해요"라고 말했다. "우린 서로 '이거 데드 호스야, 프리티 포니야?'라고 묻곤 합니다." 예를 들어, '셔플스 콜라주 앱은 프리티 포니라고 느낀 프로젝트였다. 그리고 그들의 느낌은 정확했다. 2022년 7월 말 출시된 이 앱은 애플 앱 스토어에서 빠르게 순위가 상승하기 시작했다. 틱톡TikTok에서 입소문이 나면서 단 일주일 만에 미국의 라이프스타일 앱 순위 5위에 올랐고, 비게임 앱 상위 20위에 올랐다. 사용자들은 세련된 컷아웃 기능과 이미지를 콜라주로 결합하는 기능, 음악과 애니메이션을 추가할 수 있는 기능을 마음에 들어 했다. 투트웬티가 셔플스 앱에 보인 엄청난 열정은 프로젝트의 가치를 평가할 때, 팀원들의 감정 에너지를 전략적으로 활용하는 방법을 보여 주는 훌륭한 사례다. 감정은 창의적인 작업에 중요한 정보를 제공한다. 노련한 리더는 그것을 어떻게 활용하면 되는지 알고 있다.

창의성은 심리적 안전감을 기반으로 자란다

투트웬티의 팀 운영 방식의 핵심은 '적극적인 참여'다. 새로운 아이디어를 적극적으로 공유하고 다른 사람의 아이디어를 발전시키고 개선하며, 누구든 기술과 흥미와 시간이 맞는 사람이 프로젝트에 뛰어드는 것이다. 이런 접근 방식은 조금 단순해 보일 수 있지만, 투트웬티에서는 그냥 하면 된다. 하고 싶으면 그냥 손을 들고 시작하면 된다! 어떤 의견이든 다른 사람들과 공유하면서 말이다.

하지만 아무리 간단해 보이는 일이라도 제대로 성취하기는 좀처럼 쉽지 않다. 아마 여러분도 나처럼 회의에 참석해 본 적이 있을 것이다. 그리고 생각과 아이디어를 공유해도 되는지, 아니 공유해야 하는지 확신이 서지 않은 적이 있었을 것이다. 특히 비판적인 아이디어를 낼 때는 괜히 상대방이 짜증을 내거나 불쾌해하지는 않을지 망설여졌을 것이다. 당신은 자신이 남의 영역을 침범하거나, 선을 넘거나, 태도가 안 좋은 사람으로 여겨질 수도 있는 상황을 기꺼이 감수할 의향이 있는가? 혹시 그보다 더 확실하고 부정적인 결과가 있을 수 있을까?

우리가 스스로에게 던지는 이런 질문들은, 조직 행동학 학자들이 '심리적 안전감psychological safety'이라고 부르는 것과 관련이 있다. 하버드 대학교의 리더십 및 경영학 교수인 에이미 에드먼슨Amy Edmondson은 심리학 안전감에 관한 선구적인 연구를 수행한 인물이다. 그의 정의에 따르면, 심리적 안전감이란 리더든 팀원이든 타인과의 상호 작용을 존중하고, 자기 검열 없이 자유롭게 의견을 말할 수 있으며, 시행착오나 어느 정도의 위험을 감수하더라도 새롭고 독창적인 아이디어를 제안할 수 있다고 느끼는 것이다. 심리적으로 안전하다고 느낄 때, 우리는 아무리 다른 사람들의 지지를 받지 못하거나 다수의 의견과 다르다 하더라도 기꺼이 의견을 제시한다. 다시 말해서, 팀원들과 정보와 아이디어를 공유하고 중요한 문제를 제기하며, 진행 중인 작업과 작업 방식에 대해 다른 의견을 낼 수 있는 것이다. 이것이 바로 열린 소통을 문화를 조성하려는 메러디스의 노력 덕분에 지금 투트웬티에서 실제로 일어나고 있는 일이다.

무엇이 심리적 안전감이 아닌지 아는 것도 중요하다. 심리적 안전감은 무엇이든 허용하는 관대한 분위기를 말하는 것이 아니다. 팀원들에게 다른 팀원을 배려하지 않고 말하고 행동할 자유를 주는 것이 아니다. 그것은 어디까지나 팀원 간에 공유된 신뢰를 바탕으로 한 확신이다. 팀원들은 모두 존중받으며, 논쟁은 사람이 아닌 업무와 아이디어 자체를 대상으로 한다는 믿음을 공유한다(예를 들어, 의견 불일치가 있더라도 사적인 감정과는 상관없는 일이다). 심리적 안전감은 또한 그저 서로를 '친절'하게 대하는 것이 아니다. 심리적 안전감을 갖춘 팀이 회의하는 장면으로 들어가 보면 때로 얼마나 논쟁적인 분위기인지 놀랄 것이다. 이는 그저 문제와 이슈를 제기하고, 상충하는 견해를 밝히고, 입장을 주장하는 일이 자유롭게 허용된다고 믿기 때문에 가능한 일이다.

심리적 안전감은 팀 내에서 자신의 평판이나 입지에 위험이 될 만한 결정을 내릴 수 있게 하고, 유용하지만 받아들여지지 않을 수도 있는 정보를 공유할 수 있게 해 주며, 팀의 전반적인 견해와 맞지 않는 아이디어라도 제안하게 하고, 개선이나 추가 개발이 필요한 이슈를 강조할 수 있게 해 준다. 이는 여러 측면에서 창의성에 필요한 핵심 요소들을 반영하고 있다. 정보 공유, 효과와 한계에 대한 비판적 평가, 아이디어 개발과 발전 방안에 대한 논의 없이는 창의성을 기대할 수 없다.

조직 행동학 교수인 로닛 카크Ronit Kark와 에이브러햄 카멜리 Abraham Carmeli는 심리적 안전감이 업무에 대한 사람들의 감정적 태도에 어떤 영향을 미치는지 알아보기 위해 금융 및 보험, 통신, 전자, 식음료, 제약, 의료 장비 산업 등 다양한 분야에서 일하는 시간제 대학원생들을 대상으로 연구를 수행했다. 그들은 참가자들에게 일터에서 얼마나 긍정적인 에너지를 느끼는지, 실체적, 정신적으로 자신이 얼마나 강하다고 느끼는지, 그리고 전반적인 업무 만족도는 어느 정도인지 물었다. 그리고 이런 감정을 '활력vitality'이라고 칭했다. 2주 후, 참가자들에게는 또 다른 설문이 주어졌다. 아이디어를 공유할 때 위험을 감수했는지, 기존의 업무 수단이나 장비의 새로운 용도를 개발했는지, 다른 사람들에게 문제가 될 만한 문제들을 해결했는지, 그리고 독창적이고 실행 가능한 아이디어를 찾아냈는지 등의 질문이었다.

카크와 카멜리가 알아낸 바에 의하면 심리적 안전감이 높은 사람들이 직장에서 더 큰 활기와 활력을 느꼈다. 결과적으로 이런 활력은 사람들에게 동기를 부여해 계속해서 창의성을 발휘할 기회를 추구하게 만드는 역할을 했다.

또 다른 질문은, 심리적 안전감이 직장에서 사람들이 업무 능력에 어떤 영향을 미치는가 하는 것이었다. 루 첸Lu Chen 교수와 그의 동료들은 기술 연구 개발 부서에서 일하는 직원들에게 팀 내 심리적 안전감에 관해 물었다. 예를 들어, 누군가 실수하면 실수한 사람이 비난받는가? 팀원들은 어느 정도까지 문제를 제기하거나 어려운 사안을 논의할 수 있는가? 위험을 감수하는 일이 안전하게 이루어지는가? 다른 팀원들에게 도움을 요청하는 일이 어려운가? 개인의 고유한 기술과 재능이 얼마나 그 가치를 인정받고 활용되는가? 그런 다음, 같은 직원들을 대상으로 그들이 창의적인 업무에 일상적으로 기울이는 노력에 대해 설문 조사를 했다. 예를 들어, 자신이 맡은 문제의 본질을 이해하기 위해 시간을 충분히 투자하는가? 문제를 다양한 관점에서 생각하는가? 관련 정보와 아이디어를 찾을 때 다양한 출처를 이용하는가? 기존의 방식에서 벗어나는 아이디어나 해결책을 고안하기 위한 노력을 어느 정도나 기울이는가?

마지막으로, 연구진은 그들의 상관에게 직원들의 창의적인 아이디어나 행동, 성과에 관해 물었다. 연구에 따르면, 팀 내 심리적 안전감을 통해 그들이 얼마나 창의적인 업무에 참여하는지 예측할 수 있었다. 심리적 안전감은 그들이 더 많은 정보를 찾고, 더 오래 깊이 문제를 탐색하며, 더 다양한 아이디어를 떠올릴 수 있게 해 주었다. 결국 이런 관계는 직원들이 자신이 속한 팀에 대해 어떻게 느끼는지 전혀 몰랐던 관리자의 눈에도 분명하게 드러났다. 심리적 안전감이 클수록 창의성 발휘에 필요한 종류의 업무가 더 원활하게 진행되었다.

심리적 안전감은 개인의 창의성을 뒷받침할 뿐만 아니라 팀의 창의성을 증진한다. 직원들에게 직장에서의 심리적 안전감을 리더에게는 팀의 창의적 기여도를 평가하게 한 연구들은, 심리적 안전감이 팀 성과에 좋은 영향을 미친다는 사실을 일관되게 보여 준다. 게다가 이 결과는 연구 대상이 경영학과 학생이든, 연구 개발팀 직원이든, 제조 프로젝트팀이든, 건강 관리팀이든 상관없이 일관되게 나타난다.

한 연구에서, 유웬 류Yuwen Liu 교수와 그 동료들은 연구 개발팀을 대상으로 삼았다. 연구진은 팀원들에게 심리적 안전감과 팀의 주도적 분위기에 관한 질문을 던졌다. 예를 들어, 정해진 업무량 이상을 수행하는지, 기회가 주어졌을 때 적극적으로 참여하는지, 문제가 발생하면 해결에 나서는지 등을 물었다. 또한 팀 리더들을 대상으로 각 팀원이 자신의 전문 지식과 노하우를 다른 팀원들과 얼마나 공유하는지 묻고, 팀의 창의적 성과를 평가하게 했다.

예상대로 연구진은 심리적 안전감이 높을수록 사람들이 마음을 열고 기꺼이 지식을 공유하며, 이는 팀의 창의성을 촉진한다는 것을 발견했다. 팀원들은 팀이 개인의 주도성에 대한 상호 기대를 바탕으로 구성될 때 정보를 공유하는 경향을 보였다. 메러디스가 투트웬티 팀 사례에서 설명한 것과 마찬가지로, 사람들은 심리적 안전감을 느낄 때 집단적 주인 의식을 느낀다. 전문 지식과 아이디어를 공유하는 것은 다른 사람들에게 도움이 될 뿐만 아니라 공동의 성공에도 기여한다.

종합적으로 봤을 때, 조직 행동 연구는 심리적 안전감이 창의성에 왜 도움이 되는지 알려 주는 세 가지 방식을 보여 준다. 첫째, 사람들은 자신이 안전하게 위험을 감수할 수 있고 아무도 고의로 자신을 해하지 않으리라는 믿음이 있을 때, 기꺼이 우려를 표명하고 실수를 논한다. 안전감은, 부정적으로 평가받을 우려나 실수를 인정하면 비난받을지도 모른다는 두려움을 줄여 준다. 이 기능은 특히 안전감 결여로 인해 불완전한 제품 개발이라는 결과가 나왔을 때 특히 그 중요성이 두드러지게 나타난다. 불완전한 제품 개발은 사용자 인터페이스 불량과 같은 비교적 사소한 불편함에서부터 두 번의 사고 모두 탑승자

전원이 사망하는 참사를 낸 보잉 737 맥스Boeing 737 MAX 항공기의 결함에 이르기까지 다양하다. 미국 연방항공청FAA, Federal Aviation Administration의 전문가 패널이 사고의 원인을 조사한 결과, 안전 문제를 제기하면 보복당할지도 모른다는 두려움이 직원들 사이에 만연해 있었다는 사실이 드러났다.

둘째, 과학자들이 '업무상 갈등task conflict'이라고 부르는 현상을 팀원들이 활용하도록 돕는 것이다. 업무상 갈등이란, 해결해야 할 문제의 본질과 접근 방식에 관해 팀원들 간에 의견이 일치하지 않는 경우를 말한다. 업무를 두고 논쟁을 벌이거나 충돌하는 경우, 팀원들은 어떤 아이디어를 따를지 다양한 의견을 논의하고 아이디어나 접근 방식을 비판적으로 검토해야 한다. 이는 문제를 더 많이 탐색하고 개발하는 것을 의미한다. 결론적으로, 사람들은 심리적 안전감을 느낄 때 업무상의 의견 불일치와 그것을 해결하는 과정이 업무에 '이롭다'라고 생각하는 경향이 있다.

셋째, 의견 불일치가 생산적이라고 인식되면, 팀원들은 이를 개인적인 비판이나 공격으로 받아들이지 않는다. 이런 식으로 심리적 안전감은 아이디어를 둘러싼 갈등이 팀원 간의 충돌이나 개인적인 적대감으로 발전하는 것, 다시 말해 창의적인 작업의 골칫거리를 예방해 준다.

팀 합의에서 벗어나 새로운 아이디어를 제안하거나 기존 아이디어의 약점이나 한계를 지적하는 행동 역시 다른 방식으로 해석될 수 있다. 만일 팀에서 안전감을 느끼는 상태라면 새로운 관점을 환영할 가능성이 크다. 하지만 팀에서 안전감을 느끼지 못하고 있다면, 이런 제안이 자신의 개인적인 노력을 폄훼한다고 인식할 가능성이 있다.

창의성을 위한 분위기를 조성할 때 가장 근본적이고 중요한 비결은 명확하다. 바로 심리적 안전감의 토대를 구축하는 것이다.

창의성을 위한 리더십

상사의 지시를 받아 봤거나 여러 사람이 함께 일하는 조직에서 일해 본 사람이라면, 리더가 업무 경험의 분위기를 좌우한다는 사실을 잘 알고 있을 것이다. 관리자부터 프로젝트 책임자, 부서장, 부사장, 최고 경영자CEO에 이르기까지, 리더들이 내리는 결정은 그들이 이끄는 사람들의 일과에 영향을 미친다. 그들이 동기를 부여하고 의사를 결정하는 방식은 조직의 구성원들이 업무 중 다른 사람들에 대해 느끼고 상호 작용을 하는 방식, 업무 목표, 생각과 문제 해결 방식에 영향을 끼친다. 이는 업종과도 관계없고 리더가 어떤 직무를 맡고 있느냐와도 상관없다. 다른 교육자들에게 비전을 제시하는 교장이든, 디자이너 팀과 함께 일하는 크리에이티브 디렉터든, 기술 스타트업 창업자든, 대형 극장의 제작 감독이든 마찬가지다.

창의성과 혁신에 있어서 리더십이 어떤 역할을 하는지 살펴보기 위해, 연구진은 다양한 직급의 리더와 부하 직원들을 대상으로 조사를 진행했다. 리더가 무엇을 어떻게 하는지, 즉 어떻게 동기를 부여하는지, 자신의 결정을 어떻게 전달하는지, 그리고 업무를 어떻게 이끄는지 등에 관해 질문했고, 이에 답은 특정한 리더십 스타일 패턴을 드러냈다. 또한 그들은 직원들에게 팀의 정서적 분위기, 문제를 탐색하고 해결하는 방식, 자신에게 동기를 유발하는 요인, 업무 수행 방식에 대해서도 질문했다. 이를 통해, 독창적이면서도 효과적인 아이디어를 도출해 내는지, 업무상의 문제에 대해 창의적인 해결책을 생각하는지를 파악했다.

연구진은 직원들이 내놓는 답을 수집한 후, 리더들에게 각각의 직원과 팀의 창의적 성과에 대해 질문했다. 구성원들이 업무상의 문제를 해결하기 위해 새로운 아이디어를 얼마나 자주 생각해 내는지, 자신의 아이디어를 인정받기 위해 치열하게 노력하는지, 그리고 새로운 아이디어를 체계적으로 업무에 도입하는지 등을 평가하도록 했다.

연구 결과, 함께 일하는 사람들의 창의성을 북돋는 리더들은 대체로 변혁적이고 권한을 부여하며, 기업가적인 스타일인 것으로 나타났다. 이런 리더십 스타일은 상호 배타적이지 않고 오히려 리더 행동의 다양한 측면에 초점을 맞춘다.

'**변혁형**Transformational' 리더는 조직의 가치와 이상에 바탕으로 매력적인 비전을 제시한다. 타인과의 관계에서, 그들은 사람들의 흥미를 자극하고 문제를 탐색할 것을 장려하며, 기존의 가정을 의심하고 새로운 방식으로 문제를 해결하도록 자극한다. 또한 다른 사람에게 관심을 표현하고 개인의 요구와 능력을 이해하기 위해 노력하며, 팀원의 역량 개발에 투자함으로써 함께 일하는 사람들에게 개별적인 배려를 제공한다.

'**권한 부여형**Empowering' 리더는 직원들이 자율성을 누릴 수 있도록 지원하고 발전 기회를 제공한다. 그들은 부서 내 문제에 대한 권한을 부여하며 주도권을 갖도록 장려하고, 목표를 달성할 수 있도록 지원한다. 권한 부여형 스타일의 리더는 또한 자신과 직원들의 목표에 대해 논의하고, 업무를 공유하고 함께 검토하며, 업무 계획을 투명하게 공개한다. 그들은 이런 방식으로 업무를 성공적으로 수행하여 롤모델 역할을 한다.

'**기업가형Entrepreneurial**' 리더는 위험을 감수하는 사람이다. 그들은 다른 사람들이 혁신적인 방식으로 행동하도록 요구하고, 문제에 접근하거나 업무를 수행하는 현재의 방식을 재고하도록 독려한다. 또한 고정관념에서 벗어나 새로운 아이디어와 수단을 추구하도록 격려한다.

이런 리더십 스타일이 우리가 책에 지금까지 다룬 창의성에 대한 지식과 어떻게 연관되는지 면밀하게 살펴보면, 이 세 가지 유형의 리더 모두 주변 사람들의 창의성을 끌어올리는 이유가 분명해진다. 이들의 행동은 사실상 창의성에 필요한 요건과 거의 일치한다.

가장 기본적인 전제 조건인 심리적 안전감을 생각해 보자. 변혁형 리더는 의도적으로 사람들이 업무에 관해 공개적으로 질문할 수 있는 분위기를 만듦으로써 심리적 안전감을 조성한다. 권한 부여형 스타일의 리더와 기업가형 리더는, 사람들이 위험을 감수하고 독창적인 방식으로 업무상의 과제에 접근하도록 장려한다. 또한 개별적인 배려를 제공함으로써 직원들이 대담한 의견을 낼 때 느낄 수 있는 불편함과 불안감을 완화한다.

이런 리더들은 다른 사람들에게 창의성에 대한 동기를 부여한다. 경영학자 고도형 Dohyoung Koh과 그의 동료들은 127건의 개별 연구를 분석한 결과, 변혁형 리더십을 가진 리더들이 직원들의 창의적 자기효능감과 내재적 동기를 강화해 창의적 성과를 높인다는 사실을 발견했다. 이런 리더들은 긍정적인 미래 비전을 제시하고 팀에 자부심과 존중하는 태도를 불어넣기 때문에, 직원들이 리더와 자신을 동일시하는 경향이 있다. 결과적으로 직원들은 자신들이 중요하고 의미 있는 일을 하고 있으며 창의적으로 문제를 해결할 수 있다는 리더의 확신을 신뢰하게 된다.

이와 마찬가지로, 권한 부여형 스타일의 리더는 직원들이 업무 중 주도권을 행사할 수 있는 적절한 환경을 조성하는 것을 목표로 한다. 연구에 따르면, 권한 부여형 스타일의 리더와 함께 일하는 직원들은 실제로 더 적극적으로 업무를 수행할 수 있다고 느끼며, 리더가 자신들의 최선의 이익을 염두에 두고 있다고 믿는다. 결과적으로 도전적인 목표를 달성하기 위해 주도적으로 행동하는 직원들은 업무에서 창의성을 발휘할 가능성이 더 크다. 이것이 바로 메러디스가 말한 사례다. 그녀는 자신의 팀에 속한 엔지니어와 디자이너들이 (직접적으로든 상징적으로든) 관심과 역량, 참여할 시간이 있는 프로젝트에 자원하도록 격려한다. 또한 누군가 질문을 하면 곧바로 관련 팀원에게 연결해 주는 촉진자 역할을 주로 수행한다.

기업가형 리더는 침착하게 위험을 감수할 필요성을 강조하고 업무 수행 방식에 의문을 제기하도록 독려한다. 또한 문제의 발견 및 탐색을 중시하며, 이를 뒷받침하는 문화를 조성한다. 만하임대학교의 과학자들은 정보 기술 및 기술 지원 분야에서부터 연구 개발, 홍보, 경영 및 전략에 이르는 다양한 산업 분야 종사자들을 대상으로 설문 조사를 했다. 먼저, 그들은 상사에 대해 변혁형 리더십을 얼마나 실천했는지 평가하기 위한 질문에 답했다. 또한 자신의 업무 접근 방식에 관한 질문을 받았는데, 예를 들어, 개인적인 비전과 포부에 따라 업무의 순위가 어느 정도나 달라지는지, 자신의 발전에 도움이 되는 업무 수행에 얼마나 집중하는지, 목표를 달성하기 위해 위험을 감수하는 경향이 있는지 등에 관한 것이었다. 그리고 마지막 질문은 그들이 얼마나 자주 창의적인 업무에 참여하며 그들이 거둔 창의적 성과는 무엇인지 묻는 것이었다.

그 결과, 변혁형 리더 밑에서 일하는 직원들은 위험을 감수하고 더 많은 시간을 들여 문제를 탐색하며, 다양한 아이디어를 고려한다는 사실이 확인되었다. 이를 통해, 그들은 과감하게 독창적인 아이디어를 제안하되 성급하게 결정하지 않는다는 사실을 알 수 있다.

연구 결과가 보여 주듯, 리더로서 팀원들에게 영감을 주고 창의성을 북돋아 주고 싶다면 변혁적이고, 권한을 부여하며, 기업가적인 스타일을 채택해야 한다. 하지만 그게 전부가 아니다 이런 리더들은 영감을 주고 활력을 불어넣지만, 우리의 일과 삶은 영감에만 의존하지 않는다. 리더로서 역할을 충분히 다하려면 이러한 영감을 주는 스타일에 더해 팀원들의 창의적인 아이디어와 성과를 인정하고 보상하는 방식을 결합해야 한다. 이렇게 하면 리더가 창의적인 활동을 장려할 뿐만 아니라, 진정으로 가치 있게 여긴다는 것을 구체적으로 전달할 수 있다. 직원들을 상담하다 보면 가장 흔히 나오는 얘기가, 리더들은 새로운 아이디어를 장려하고 공유할 방법을 마련해 주지만, 결국 아이디어는 블랙박스 속으로 사라져 버리고 결코 실행으로 옮겨지지 않는다는 것이다. 리더로서 창의적인 제안을 혁신으로 전환하고 이를 활용하고자 한다면, 격려하는 데 그치지 말고 인정과 보상을 통해 창의성을 옹호해야 한다.

이론에서 실천으로

지금까지 살펴본 바와 같이, 직장에서 창의성을 발휘할 수 있는 환경을 조성하는 일은 심리적 안전감에서 출발한다. 리더는 직원들이 무엇을 어떻게 해야 할지 지시하고, 무엇을 가치 있게 여길 것인지 분위기를 조성한다. 이런 이유로 리더는 (노출감이 아니라) 심리적 안전감의 토대를 마련하는 데 지대한 영향을 미치며, 주도성을 장려하고 창의적 원동력을 지원함으로써 창의적 분위기를 조성하는 데 핵심적인 역할을 한다. 문제는 창의적 작업을 위한 이런 심리적 기반을 어떻게 구축할 것인가이다.

창의성을 위한 분위기 조성하기

내가 지금까지 만난 리더들은 '문제를 가져오지 말고, 해결책을 가져오라' 같은 태도를 자랑스러워하는 경향이 있었다. 그들은 일의 방식에 대해 문제를 제기하거나 우려를 전하는 것은 부정적 태도를 의미하거나 전제 조건이 되는 비전이나 낙관성이 결핍되어 있음을 의미한다고 생각한다. 이들은 해결책을 요구함으로써 자신들이 직원들에게 더 큰 자율성을 부여하고 있다고 생각한다.

하지만 안타깝게도, '해결책을 가져오라'라는 식의 태도는 창의적 문제 해결 방식이 아니다. 권한을 위임한다는 의도일 수 있지만, 창의적 분위기 조성을 위한 토대는 아니다. 결과적으로 직원들이 받는 메시지는 리더가 문제 해결 과정에 참여하는 데 관심이 없다는 것이다. 리더가 이런 태도를 보일 때의 첫 번째 문제점은, 직원들이 문제를 제기하지 않게 된다는 것이다. 괜히 분위기를 어지럽히고 불쾌감을 초래하느니 문제를 제기하지 않는 편이 안전하기 때문이다. 또 다른 문제는 이런 분위기에서 도출되는 해결책과 관련이 있다. 사람들은 해결책을 제시해야 하면 어떻게든 생각해서 제시한다. 하지만 아무리 최선을 다했다고 하더라도 이런 해결책은 다양한 관점에서 논의되고, 분석되고, 정교화될 수 있는 기회를 얻지 못한다. 충분히 개발될 기회도 없다. 문제보다 해결책을 요구하는 리더는 원하는 대로 답을 얻을 수는 있어도, 최선의 해결책은 얻지 못한다.

그렇다면, 사람들이 잠재력을 실현하고 아이디어를 충분히 개발할 수 있는 창의적인 분위기의 기본 요소는 무엇일까?

조직 심리학자 새뮤엘 헌터Samuel Hunter와 그의 동료들은 직장에서 창의성과 혁신에 도움이 되는 분위기를 조성하는 조직적, 관계적, 직무적 특징을 파악했다. 조직적 차원에서 이런 분위기를 조성하는 데 도움이 되는 요소들은 다음과 같다.

창의성 사명 Creativity Mission

조직들은 명확하게 정리된 사명 선언문을 발표할 때가 많다. 실질적으로 창의성을 불러일으키는 분위기는 조직이 창의성을 갈망한다는 것을 구성원들이 얼마나 인식하고 있는가에 달려 있다.

창의성에 대한 최고 경영진의 지원 Top leadership support for creativity

조직이 창의성을 사명으로 여기는 경우 또 다른 과제는, 직원들이 창의적 성과에 대한 회사의 기대치를 이해할 수 있도록 이 사명을 명확하게 전달하는 일이다.

유연성과 위험 감수 Flexibility and risk taking

직원들이 보기에 조직이 기꺼이 위험을 감수하고 창의적 업무의 불확실성에 유연하게 대처한다면, 직원들도 스스로 창의적 업무에 따르는 불쾌한 모호함에 기꺼이 대처하고자 하며, 실제로 더 잘 대처할 수 있게 된다.

제품 강조 Product emphasis

이는 조직이 독창성뿐만 아니라 업무의 질에도 전념하고 있다는 확신을 준다.

창의성과 혁신을 위한 자원의 가용성 Availability of resources for creativity and innovation

창의성에 대한 조직의 진정성은 조직이 창의적 업무를 가능하게 만들기 위해 얼마나 지원을 기꺼이 제공하는지로 판단할 수 있다. 이런 자원에는 재정적·물질적 자원뿐만 아니라 인적 자원도 포함된다. 물론 이런 자원들은 서로 밀접하게 관계되어 있다. 사람들은 공간과 장비, 도구를 발판으로 삼아 성장한다. 따라서 조직은 필요한 기술을 갖추고 창의성 목표를 달성할 수 있는 직원을 채용하고 유지할 의지와 능력을 갖춰야 한다.

창의성에 대한 보상 Rewards for creativity

조직은 창의적 기여에 보상을 제공함으로써 조직의 사명을 가시적이고 신뢰할 수 있는 것으로 만든다. 사명만으로도 사람들을 끌어들일 수 있지만, 창의적인 활동을 지속하려면 구체적인 인정과 보상이 병행되어야 한다.

조직은 공식적, 비공식적 방법으로 우선순위를 정하고 소통한다. 그러나 사람들이 창의성과 혁신을 위한 분위기를 가장 직접적으로 경험하는 것은 동료 및 리더와의 상호 작용을 통해서다. 이런 차원에서, 창의성을 위한 분위기의 토대가 되는 요소들은 다음과 같다.

심리적 안전감 Psychological safety

이는 새로운 것을 제안하거나, 제품을 개발하거나, 혹시 모를 문제를 지적하거나 할 때, 보복에 대한 두려움 없이 생각이나 의견, 아이디어를 자유롭게 교환할 수 있다고 믿는 기대감이다.

긍정적인 대인 관계 Positive interpersonal exchange

이는 종합적인 연대감으로, 같은 회사나 실험실, 학교, 병원, 또는 기업 안에서 하나가 되어 공통된 목표를 추구하는 느낌을 말한다. 이런 결속 경험은 직원들에게 일터에 대한 정서적 애착을 형성해 업무와 창의적인 작업에 주도적으로 참여하게 한다.

동료들과의 긍정적인 관계 Positive relations with coworkers

창의성을 중시하는 분위기에서 동료 관계는 서로 신뢰하고 존중하는 특징을 갖는다. 사람들은 팀원과 동료를 참여적이고 서로 정서적으로 지지하는 존재로 인식한다.

관리자와의 긍정적인 관계 Positive relations with supervisors

창의성에 대한 지지를 보여 주는 가장 직접적인 신호는, 직속 상사와 관리자, 틀에 얽매이지 않고 독창적인 아이디어에 적극적으로 참여하고 이를 실행에 옮기는 그들의 능력과 의지에서 나온다. 사람들은 관리자가 새로운 아이디어를 격려하고 그것을 열린 마음으로 충분히 검토하며, 실행 의지를 보이는지를 통해 창의성에 대한 관리자의 진정성을 평가한다.

마지막으로 창의성과 혁신을 위하는 분위기는 또한 사람들이 자신이 하는 일의 본질을 어떻게 인식하는지에 따라 결정된다:

자율성 Autonomy

직원들은 업무 수행 방식을 결정하는 데 있어 자신이 어느 정도는 독립성을 가지고 있다고 인식한다.

지적 자극 Intellectual stimulation

고무적인 분위기는 토론을 가능하게 한다. 이미 잠정적으로 합의된 해결책을 가지고 프로젝트 회의에 참석하는 것과 달리, 아이디어를 전체적으로 분석하고, 이를 분석하고 발전시켜 다듬어 나갈 수 있는 열린 공간을 마련해 준다.

도전 Challenge

창의성은 자신이 하는 일을 도전적이고 흥미롭다고 인식할 때 더 빛난다. 이는 내재적 동기 부여의 핵심으로, 직원들이 일반적인 업무와 과업에 필요한 사항을 넘어 무엇을 어떻게 할 수 있을지 깊이 생각하도록 이끈다. 내재적 동기를 부여받은 직원들은 무엇이 가능할지 상상하는 것을 두려워하지 않는다. 따라서 직원들이 역량을 최대한 발휘할 수 있도록 업무를 복잡하게 설계하되 만성적인 스트레스에 압도당하지 않도록 설계하는 것이 중요하다.

창의성과 혁신의 모순 해결하기

혁신적인 조직을 이끌기 위해서는 두 가지 상반된 과제를 동시에 해결해야 한다. 첫 번째 과제는 영감을 주는 비전을 만들고 탐색과 실험을 가능하게 하는 것이고, 두 번째 과제는 효율성을 추구하되 이미 검증된 제품과 프로세스를 지속적으로 개선하고 충분히 활용하는 것이다. 이런 탐색과 활용의 과정은 본질적으로 충돌한다. 문제를 탐색하고 구성하는 데는 시간과 자원이 필요하다. '시간은 돈'이라는 말은, 진부하다고 치부할 말이 아니다. 문제를 탐색하는 데 시간(과 비용)을 투자

하는 건 불가피하지만 효율적이지는 않다. 혁신적인 조직을 이끄는 리더는, 이런 두 요구 사이에서 탁월한 균형점을 찾아야 한다. 성공적인 리더는 '탐색하고 실행하라'는 메시지와 '현재 있는 것을 기반으로 구축하라'는 메시지를 통합해야 한다.

  혁신적인 조직을 이끄는 데 필요한 모순적인 요구를 해결하기 위해서는 창의적인 해결책이 필요하다. 그 한 가지 방법은 구조적으로 해결하는 것이다. 즉, 물리적으로 공간을 분리해 새롭고 유망한 제품에 집중하는 것이다. 핀터레스트의 투트웬티 혁신 연구소가 바로 그런 경우다. 이 연구소는 모회사인 본사에 위치하지 않는다. '투트웬티'라는 이름은 핀터레스트의 첫 사무실 주소에서 따온 것으로, 직원들이 전 세계에서 원격으로 근무하던 초기 스타트업 시절과 상징적으로 연결되어 있다. 이 혁신 연구소는 모회사에서 멀리 떨어져 있어서 스타트업과 유사한 형태로 운영될 수 있으며, 기존 제품에 얽매이지 않은 채 열망을 갖고 새롭고 혁신적인 제품을 개발할 수 있다.

  혁신적인 조직을 이끄는 데 따르는 모순을 해결하는 또 다른 방법은 '이중 리더십dual leadership'이다. 참신한 아이디어를 자유롭게 탐색할 시간을 더 많이 요구하는 목소리와 효율성이 더 중요하다는 목소리 사이에서 균형을 잡아야 하는 1인 리더십 대신, 두 명의 리더가 책임을 분담하고 협상을 통해 상충하는 갈등 상황에서 적절한 균형을 찾는 방식이다. 두 리더는 각자의 고유한 강점에 의존해 암묵적으로 업무를 분담해 문제를 해결할 수 있으며, 이는 시간이 지남에 따라 점진적으로 발전할 수 있다. 두 리더는 서로 의지하며 문제 해결을 위한 감정적 지지와 파트너십을 쌓을 수 있다. 공유된 비전과 다양한 관점에서 배운다는 상호 존중을 기반으로 파트너십이 구축될 경우, 리더는 직원들과 더욱 명확한 소통의 토대를 마련할 수 있으며, 이는 훨씬 더 창의적이고 혁신적인 성과로 이어질 수 있다.

직장에서 창의성이 발휘되려면 조직의 결정이 개별 직원의 열망 및 능력과 궤를 같이해야 한다. 리더는 직원들에게 도전 의식을 불어넣고, 직원들의 역량을 강화하며 창의적인 작업을 격려하고 보상함으로써, 서로 전혀 다른 창의성 퍼즐의 조각들을 하나로 모을 수 있다. 또한 개별 직원과 팀이 창의적인 아이디어를 추구할 수 있는 환경을 조성해 아이디어를 실현하기 위해 얼마든지 창의적 선택에 다시 전념할 수 있도록 해야 한다.

결론
창의성 선택의 모든 것

이 책은 창의성 선택이라는 여정으로 향하는 안내서다. 창의적인 아이디어를 업무에 적용하고 실행으로 옮기며, 상품이나 성과로 전환하기 어려워도 어떻게든 지속해 나갈 전략을 찾는, 대체로 기나긴 과정을 여러분과 함께 한다. 이 책에서는 세 가지 중요한 질문을 던진다. 그리고 과학적인 답을 제시한다.

창의성의 진정한 본질과 그 길로 나아가기 위한 일

창의성은 일종의 선택이다. 독창적이고 효과적인 것을 고안해 내기로 선택하고 아이디어를 구체화하는 과정에서 그 선택을 끊임없이 반복하는 것이다.

창의성은 리스크가 따른다. 예상할 수 있는 재정적, 물질적 리스크 외에 우리는 두 가지 주요 심리적 리스크를 감수해야 한다. 그것은 바로 일정 수준의 지적 리스크(처음인데 잘 해낼 수 있을까?)와 사회적, 또는 평판 리스크(사람들이 어떻게 생각할까?)다.

창의적인 사람이 될 수 있다는 믿음은 '모 아니면 도' 같은 명제가 아니다. 당신은 창의성을 '타고 날' 필요도 없고, 창의력을 발휘할 수 있다고 확신할 필요도 없다. 확신은 행동을 통해 자라난다.

다른 사람들이 창의적인 노력을 통해 성공하는 것을 볼 때, 다른 사람들로부터 격려를 받을 때, 자신의 행동이 성과로 이어지는 것을 목격할 때, 그리고 스스로 자신이 효과적으로 성과를 내고 있다고 느낄 때, 창의성에 대한 당신의 자신감은 더욱 강해질 것이다.

성공적인 창의적 작업을 위한 전략

창의적 원동력은 뭔가를 만들어 내는 도전에 대한 애정, 그 과정에서 얻는 보상이 주는 자극을 통해 더 빛을 발한다. 원동력을 발휘할 때는 예상하지 못했던 방향으로 주의를 전환할 방법을 찾아보라.

창의성의 핵심은 질문을 던지고 그 질문이 제기하는 문제를 탐색하는 데 있다. 이런 탐색 과정은 창의적 프로젝트의 시작 단계에서만 일어나는 것이 아니다. 문제를 파악하고 구성하는 일은 창의적 작업 과정 전반에 걸쳐 일어난다.

창의적 작업은 감정의 롤러코스터와 같다. 각 감정은 당신과 당신 주위에서 무슨 일이 일어나고 있는지 알려 주는 데이터이자, 특정한 사고 방식을 돕는 자원이 된다. 그 감정이 유쾌하든 그렇지 않든, 당신은 그 감정의 힘을 활용해 다양한 사고방식을 키울 수 있다.

감정이 방해가 될 때, 즉 너무 강한 감정이 일거나 잘못된 시기에 잘못된 감정이 나타날 때는, 그것을 다스리고 무디게 만들 전략이 필요하다. 그런 감정을 예방하고 그런 감정이 발생하는 상황을 조정하며, 잠시 주의를 전환하고 그런 감정을 대하는 생각을 바꾸는 동시에 감정에 대한 반응을 관리하는 전략은 다양한 상황에서 도움이 될 수 있다.

창의적 작업 과정에서 벽을 만나는 일은 매우 흔하다. 그것은 할 수 없다는 신호가 아니다. 그저 창의적 작업 과정의 일부라는 사실을 기억하고 계속해 나가라.

창의성의 사회적 측면

창의성은 혼자 작업한다고 생각할 때조차도 본질적으로 사회적 성격을 띤다. 약한 유대 관계, 즉 자주 소통하지는 않지만 느슨하게 연결된 사람들은 새로운 아이디어를 떠올리고 새로운 관점을 얻는 데 도움을 줄 수 있다. 그리고 강한 유대 관계에 있는 사람들은 아이디어를 구체화하고, 발전시키고, 실현하기 위해 노력할 때 지원과 격려를 제공해 줄 수 있다.

창의성을 위한 주변 환경도 중요하다. 결과에 대한 두려움 없이 의견과 아이디어를 공유할 수 있다는 심리적 안전감은 장기적인 창의성의 토대다. 심리적 안전감은 필요한 지적 리스크 및 평판 리스크를 감수하게 해 준다. 또한 발명이 필요할 때뿐만 아니라 새로운 가능성을 적극적으로 추구하고 개발해야 할 때도 창의적 작업 과정에 꾸준히 참여할 수 있게 해 준다. 창의성을 위한 환경은 수많은 꽃이 활짝 피어날 수 있는, 비옥한 토양과 같다.

핀터레스트 설립자이자 회장인 벤 실버먼은 나와의 대화에서 이 책에서 강조하는 창의성 선택의 모든 핵심 요소를 언급했다. 처음 시작할 때부터 목표를 성취하는 것(그의 경우에는 매우 성공적이었다!)까지. 그리고 그 과정에서 사회적 관계가 얼마나 중요한지를 보여 주었다. 벤은 핀터레스트가 스타트업에서 상장 기업으로 성장하는 전 과정을 이끌었다. 2017년 당시 핀터레스트의 기업 가치는 100억 달러였다. 그리고 2024년 1월 말, 그 가치는 2.5배로 상승했다.

벤이 회사를 창업하게 된 것은 뜻밖의 우연이었다. 안과 의사였던 그의 부모님은 합리성을 높이 평가했으며 편안하고 안정된 삶을 중요하게 여겼다. 반면에 위험을 감수하는 일은 높이 평가하지 않았다. 벤은 어린 시절부터 경쟁심이 강하고 기술에 관심이 많았다. 고등학생일 때는 엄격한 선발 과정을 거쳐 매사추세츠 공과대학교MIT의 하계 연구 프로그램에 선발되기도 했다. 하지만 예일대학교에 진학한 그는 공학이나 컴퓨터 과학이 아닌 정치학을 선택했다.

벤은 무엇보다 창의성과 혁신 프로세스의 사회적 본질을 강조했다. 혁신적인 아이디어는 외부와 단절된 상태에서 갑자기 툭 튀어나와 순식간에 사람들이 사용하고 즐길 수 있는 상품으로 전환되지 않는다. 그는 대학 졸업 후 워싱턴 D.C.로 이사했다. 정치학 전공자로서 당연한 선택이었다. 하지만 회사를 창업해야겠다는 생각이 끊임없이 떠올랐다. 창업 얘기를 꺼내면 개인적으로 아는 사람이나, 직업적으로 아는 사람이나 어리둥절한 표정으로 그를 바라볼 뿐이었다. 모두 이렇게 말했다. "계속 공부해서 정부에서 일하는 건 어때?" 워싱턴 D.C.는 정부의 중심지였고, 집단 지성과 상상력이 향하는 곳 역시 정부였다. 합리적인 길을 가고자 했던 정치학 전공자에게는 더할 나위 없는 곳이었지만, 그의 열망에는 맞지 않는 곳이었다.

벤은 창업에 도움이 되는 곳으로 가야 한다는 것을 직감했다. 그래서 당연히 그런 곳을 찾아갔다. 샌프란시스코 베이 지역으로 이사한 것이다. 그는 당시의 심정에 대해 말하길, 마치 새로운 세상에 발을 디딘 기분이었다고 했다. 그곳의 공기에는 사업을 하고자 하는 열정이 깃들어 있었다. 피할 수가 없었다. 술집에 앉아 있을 때는 사람들이 최신 기술에 관해 이야기하는 소리가 들려왔고, 대부분의 사교 모임은 새로운 아이디어를 접할 기회였다. 그는 점차 혁신의 문화적·사회적 측면의 중요성을 깨닫게 되었다. "사람들은 개인적인 차이를 너무 지나치게 강조합니다." 그가 말했다. "하지만 사회적 영향에서 자유로운 사람은 없습니다."

베이 지역에 자리 잡은 벤은 구글에서 제품 전문가로 일하며 기술 분야에서의 성공이 어떤 모습인지 가까이에서 볼 수 있었다. 그는 기꺼이 위험을 감수하는 것과 학문적 아이디어를 제품으로 능숙하게 만들어 내는 것이 어떤 보상으로 돌아오는지 확인했다. 위험이 보상으로 전환되는 것을 목격한 그는, 내면에서 안전하고 합리적인 결정이 중요하다고 속삭이는 부모님의 목소리를 극복할 수 있었다. 동시에 구글의 성공 뒤에는 순풍이 있었고 인터넷 자체가 회사를 일으킨 힘이라는 사실을 깨달았다. 중요한 건 적절한 시기에 적절한 장소에 있는 것이었다.

구글은 어느 모로 보나 좋은 직장이었고, 벤은 그 점에 감사했다. 하지만 얼마 지나지 않아 좌절감을 느끼며 집으로 돌아오는 일이 반복되었다. "에어쇼가 벌어지는 곳에서 지상 근무를 하는 기분이었습니다." 그가 말했다. 이런 불만족스러운 기분은 뭔가 새로운 도전을 향해 나아가야 한다는 신호였다. 그는 다음 단계를 명확히 보기 위해 구글에서 배운 교훈을 떠올려보았다. "첫 번째로 얻은 교훈은 야망과 규모를 중시할 때 얼마나 크게 성장할 수 있는지 볼 수 있어야 한다는 겁니다." 그가 말했다. 그리고 두 번째로 얻은 교훈은 그의 첫 번째 창의성 선택으로 이어졌다. "나는 독립해 나만의 것을 구축해야 한다는 걸 깨달았습니다."

아내의 격려와 지지에 힘입은 벤은 2008년에 구글을 떠났다. 시기상 적절했다. 바로 전년도에 출시된 최초의 아이폰과 소셜 미디어의 부상으로 컴퓨터는 모든 사람의 주머니 안으로 들어가 자기표현에 대한 욕구를 자극했다. 관건은 이 순풍에 어떻게 타느냐였다.

벤은 아이디어가 부족하지 않았다. 사실, 핀터레스트는 그가 시도한 첫 번째 아이디이도 아니었다. 그는 좋은 아이디어에 이르는 길은 여러 가지라고 생각했다. "어떤 사람들은 기술 동향을, 어떤 사람들은 시장을 생각하는데, 저는 '혹시 ……한다면 멋지지 않을까?'라는 생각으로 시작했습니다." 그가 말했다. 집안 곳곳에 쌓인 카탈로그를 보다가 아이디어가 하나 떠올랐다. 그리고 뒤이어 저렇게 카탈로그를 만드는 건 다 낭비라는 생각이 들었다. "인터넷 기반의 카탈로그가 있다면 멋지지 않을까?"라는 생각이 들기 시작했다. 자금을 모으는 데 시간이 걸렸다. 그런 다음, 앱의 첫 번째 버전이 개발되었다. 하지만 앱 스토어에서 승인을 받는 데는 더 긴 시간이 걸렸다. 이 과정을 통해, 벤과 그의 팀은 아이디어 자체는 좋을지 몰라도 자신들이 구상한 방식으로는 제대로 작동하지 않는다는 사실을 깨달았다.

핀터레스트의 출발점은 벤의 수집에 대한 애정이었다. 이번에는 이런 질문이었다. "온라인에서 찾은 정보를 시각적으로 정리할 수 있다면 멋지지 않을까?" 수집은 그 사람의 정체성을 나타내는 데 도움이 되지만, 당시 인터넷에는 이를 공유할 마땅한 공간이 없었다. 더 많은 사람에게 도움이 되고 싶다는 동기가 벤을 계속 앞으로 나아가게 했다. 그러려면 어떻게 해야 할지, 그리고 이런 앱이 사용자들을 끌어들일 수 있을지 불확실했지만, 그는 이를 극복해야 할 도전 과제로 여겼다.

인터넷에서 찾은 정보를 시각적으로 정리하는 문제를 해결해야 했다. 벤의 공동 창업자였던 에반 샤프Evan Sharp는 명쾌한 해결책을 제시했다. 숙련된 디자이너였던 그는 핀터레스트만의 특징적인 시각적 격자 디자인을 구상하고 직접 코딩했다. 그리고 그 안에 아이템들이 배치되도록 했다.

벤은 아무리 큰 목표라도 결국 일련의 작은 단계들이 모여 이루어진다고 강조했다. 그리고 뭔가를 새롭게 만들어 내는 데 있어서 하나의 중요한 부분은 어느 한 단계에 영원히 머물지 않는다고 말했다. 그는 사람들이 종종 너무 큰 목표에 매몰된 나머지 첫 단계나 두 번째 단계에서 좌초한다는 사실을 깨달았다. 그리고 이런 감정을 미리 다스려야 한다는 사실을 이미 마음속으로 이해하고 있었다. 벤이 말했다. "음, 뭘 어떻게 해야 할지 모르겠다면, 그건 그 일을 할 줄 아는 사람을 찾아야 한다는 뜻입니다. 일단 찾은 다음에, 비용을 어떻게 감당할 생각해 보는 거죠."

각 단계는 관리할 수 있다. 한 번에 한 단계에 집중하면 된다. 그러면 '감당하기 힘들 정도로 압도적인(대체 왜 시작한 건가?) 과정'을 '스트레스받을 때도 있지만 도전적이고 실행할 수 있는 과정'으로 바꿀 수 있다. 벤은 자신을 인내심 있는 사람이라고 생각하지 않는다. 하지만 고집스러운 면이 있고 누구보다 의지가 강하다고 믿는다.

벤은 자신의 창의적인 끈기를 여러 가지 요소의 조합으로 설명한다. 가장 중요한 건, 자신과 공동 창업자들, 그리고 그들의 팀이 만들어 낸 앱이 정말 성공하는지 보고자 했던 그의 의지였다. 그리고 일단 팀을 구성한 후에는 팀에 대한 의무감과 책임감으로 움직였다. 그들은 큰 성공을 꿈꾸었고, 단계를 밟고 문제를 해결하며 작은 성취를 거듭할 때마다 그 꿈이 현실이 될 것이라는 믿음이 커졌다. 창의적 자기효능감을 키우는 일은 회사를 키우는 일과 밀접하게 연관되어 있었다.

유대감은 핀터레스트를 만들고 성장시키는 과정의 핵심적인 요소였다. 가장 중요한 요소는 공동 창업자이자 공동 리더이기도 한 에반과 이 파트너십이었다. 벤은 친구이자 같은 인생이 단계를 밟고 있는 사람과 공동 창업자가 된 것을 행운이라고 여겼다. "어떤 공통점은 내가 원하는 것의 토대가 되어 주기도 합니다. 예를 들면, 공동 목표나 유머 감각 같은 것이요." 하지만 가치 공유만큼이나 중요한 것은 상호 보완적인 능력이다. 에반은 벤의 큰 그림과 영감에 디자인 감각과 기술 노하우를 더했다. 이 조합은 단순한 덧셈이 아니었다. 오히려 두 사람은 함께 하는 동안 각자의 특성과 능력을 합친 것보다 더 큰 가치를 창출해 냈다.

창업 초기, 벤과 그의 팀은 라이프스타일 블로그를 운영하는 여러 여성에게 제품을 소개했다. 그들은 핀터레스트의 사용 방식을 미리 정해 놓지 않았다. 예상치 못한 반응도 열린 마음으로 받아들였고, 사용자들이 그것을 어떻게 사용하는지 주의 깊게 살폈다. 그들은 사용자들의 열기를 눈치챘고, 이것을 예상치 못한 방향으로의 성장을 이끄는 원동력으로 삼았다. 더딘 성장은 점차 꾸준한 성장으로 이어졌고, 결국 폭발적인 성장으로 전환되었다.

짧은 몇 페이지의 글로만 보면 핀터레스트의 여정이 순탄했던 것처럼 보일지도 모른다. 하지만 실제 업무와 의사 결정 차원에서는 이야기가 훨씬 복잡하다. 벤은 말했다. "새로운 사업을 시작할 때 가장 어려운 점은 결과에 대한 불확실성과 전적으로 모든 책임이 자신에게 있다는 부담감입니다." 이런 스트레스를 돌아보며, 벤은 다시 한번 창의성의 사회적 측면에 초점을 맞추었다. "이것이 바로 문화가 그토록 중요한 이유입니다. 많은 이들이 같은 경험을 했죠." 그리고 그는 자신의 경험을 이해할 수 있는 사람들에게 의지했다. 이런 어려움에 대처하는 방법에 대해, 벤은 다음과 같이 말했다. "지금 상황이 어떤지, 다음에는 무엇을 해야 할지 판단하려면 현실을 직시하되 동시에 낙관적인 태도를 유지하는 것이 바람직합니다." 하지만 또 이렇게 덧붙였다. "파트너가 있다는 것은 좋은 일입니다. 자신이 처한 상황을 혼자 제대로 판단하기는 어렵거든요."

창의적 작업 과정의 내막을 안다고 해서 의심이나 불편한 감정이 사라지는 것은 아니다(그럴 리 없다). 그렇다고 해서 항해가 순조롭고 흔들림 없으리라는 뜻도 아니다. 이는 창의적 작업 과정을 시작하기 위한 첫 번째 중요한 결정을 내릴 준비가 되어 있을 것이고, 끈기를 발휘할 도구와 전략을 갖출 것이며, 언제 누구에게 다가가야 할지 감을 잡을 수 있게 된다는 뜻이다.

벤의 말에 따르면, 그와 그의 공동 창업자는 사람들이 좋아하는 것을 만들고 싶어 했다. 그 결과물이 바로 인터넷에서 찾아낸 영감을 시각적으로 모아 주는 플랫폼, '핀터레스트'였다. 핀터레스트의 창립자들이 하나의 아이디어에서 시작해 그것을 구축하고 성장시켜 나간 것처럼, 당신도 오랫동안 마음에 품어온 소설이나 그림책을 쓸 수 있고, 위험을 감수하고 직장에서 아이디어를 제안하거나 프로젝트를 이끌 수 있다. 또 직원들의 업무를 지원할 수도 있고, 창의적 잠재력을 개발하고 적용하는 방법을 고객에게 가르쳐줄 수도 있으며, 당신만의 새로운 다이키리 칵테일 제조법을 구상할 수도 있다. 그러니 창의성을 선택하라.

감사의 말

저는 선물을 고를 때마다 저는 받을 사람이 무엇을 좋아하는지, 제가 얼마나 그들을 사랑하는지를 생각합니다. 그러면 제 얼굴에는 미소가 떠오르지요. 이 책은 일종의 선물입니다. 창의성 과학의 여러 요소를 하나로 묶어 창의적 아이디어를 현실로 구현하고자 하는 사람들에게 전하는 새로운 도전이자, 제게 주는 선물이기도 합니다. 이 선물은 많은 이들의 직간접적 도움이 없었다면 마련할 수 없었을 겁니다. 그렇게 보이지 않을 때도 있지만, 창의성은 언제나 사회적입니다. 이 책을 쓰는 데 도움을 주신 모든 분께 진심으로 감사드립니다.

  우선 제 조부모님께 이 책을 바칩니다. 두 분은 제게 세상에 대한 호기심을 심어 주셨고, 이루 말할 수 없는 큰 사랑을 주셨습니다. 바카 라도이카Baka Radojka는 무엇이든 능숙하게 그림으로 그려 주셨고, 온몸의 세포가 느낄 정도로 나를 있는 그대로 믿어 주었습니다. 무엇이든 겁내지 않고 도전하는 것도 가르쳐 주셨지요. 그것이 진학할 대학이든 롤링 스톤즈 공연이든 상관 없어요. 디다 마테Dida Mate는 '치리비ćiribi 놀이'로 어린 내게 강렬한 경이감을 경험하게 해 주었습니다.

그가 만들어 낸 마법의 단어들을 외우고, 나뭇가지에 매달리고, 하늘에서 비처럼 쏟아지는 간식에 신나 하던 내 모습이 아직도 생생해요. 노노 피에로Nono Pjero는 제가 9학년 때 영화 〈죽은 시인의 사회Dead Poets Society〉를 보고 나서 쓴 에세이를 읽어 주었습니다. 그때의 말씀이 계기가 되어 처음으로 나도 글을 쓸 수 있다고 생각했어요. 노나 빈카Nona Vinka의 파스타 소스는 지금까지 제가 경험한 가장 놀랍고 강렬한 경험 중 하나입니다. 제 어린 시절의 소중한 추억이기도 하고요. 노나 케이티Nona Katy는 제게 믿음과 열린 마음의 힘, 그리고 차를 몰고 달리며 신나게 즐기는 법을 가르쳐 주었습니다.

부모님인 드라가나Dragana와 조란Zoran에게도 감사를 전하고 싶습니다. 두 분이 아이디어를 구체적인 무언가로 만들어 내는 모습을 보면서 늘 경이로움을 느꼈어요(보트를 만드신 적도 있고, 직장에서 공학적인 해결안을 마련하기도 하셨죠). 오빠 드라간Dragan이 창의적인 요리법을 가르쳐 주려고 애쓰던 모습도 결코 잊지 못할 거예요. 오빠는 제게 먼저 원하는 맛을 상상한 다음 그 맛을 그대로 만들면 된다고 했죠. 오빠가 말한 것처럼, 이 책은 '그냥 실행으로 옮기기' 위해 필요한 것이 무엇인지 진지하게 탐구합니다.

남편 제이미Jamie에게도 감사를 전합니다. 여러 학문 분야를 넘나들며 연구하는 그는 과학자로서, 또 창의성에 있어서 제 롤모델입니다. 삶의 모든 상황에 '어떻게 하면 창의적으로 볼 수 있을까?'라는 말하며 실제 행동으로 옮기는 사람입니다. 그는 제가 오후와 저녁 시간을 동네 서점에서 글을 쓰며 보낼 수 있도록 요리와 아이들의 숙제를 도맡아 해 주었습니다. 그리고 책을 쓰는 동안 겪은 감정적 부작용과 그에 관련된 모든 것을 (대체로) 인내심 있게 감내해 주었습니다.

그리고 아들 알렉스Alex가 성장해 나가는 모습을 지켜보고, 그 아이가 창의성을 발휘하는 모습을 바라보는 것은 제가 누려온 특권입니다. 한때는 상상 속 또 다른 자아이자 세계적인 사업가적 천재였던 마우시Mousey 이야기로 놀라게 하더니, 역할놀이의 단골 소재 이야기들(동물 구조대! 우주로 간 무민!)로 즐겁게 해 주었고, 그다음에는 레고 도시를 만들어 감탄하게 했죠. 이제는 창의적인 사진작가이자 미래의 환경 공학자로 자라나는 모습까지 보여 주고 있습니다.

친구들에게도 무슨 말로 감사를 표현해야 할지 모르겠습니다. 타티아나 포트코냐크Tatjana Potkonjak는 진정한 퍼포먼스 아티스트입니다. 남들은 미친 짓이라고 하지만 제가 보기에는 지극히 자연스러운 일들을 언제나 기꺼이 하죠. 아주 오래전 새벽 5시에 비스Vis로, 그리고 트리에스테Trieste를 향해 걸어갔던 일, 그리고 그사이에 있었던 모든 일에 고마움을 전합니다. 블라트카 필리포비치-마리지치Vlatka Filipović-Marijić는 멋지고 정신적으로 건강한 인간이란 어떤 것인지를 보여 주는 인생의 롤모델입니다. 나중에 꼭 당신처럼 되고 싶어요. 탄야 쿠찬 플로이드Tanja Kućan Floyd, 가능한 삶을 함께 꿈꿔 주어서 고맙습니다. 「쥐덫The Mousetrap」과 「패딩턴Paddington」도 고마워요. 팔라비 미탈Pallavi Mittal, 당신이 팔라비여서, 그리고 주변에 기쁨을 전해 주는 사람이라서 감사합니다. 브란카 데치코비치Branka Dečković는 제가 창의성이라는 단어를 알기도 전에 창의성에 관심을 가지게 해 주었습니다. 초등학교 시절 당신이 한 일은 오랫동안 내게 영감을 주고 있어요. 그리고 정치적 논의를 함께 나누는 여성들, 테리 노렐리Terie

● **쥐덫**
애거사 크리스티 원작연극

● **패딩턴**
책과 영화로 유명한 아동문학 작품

Norelli와 샤론 니콜스Sharon Nichols, 버니스 브로디Bernice Brody, 조 앤 제이콥스Joan Jacobs, 레슬리 카르티에Leslie Cartier, 그리고 발칸의 여성들, 사넬라 술리치 오르시노Sanela Suljić Orsino와 네벤카 코조모 라Nevenka Kozomora에게도 감사합니다.

엘리프 괴크치뎀Elif Gökçiğdem은 저의 사고의 폭을 넓혀 주었고, 지금도 여전히 그 역할을 하고 있습니다. 우리는 우연히 만났지만, 공동의 목표를 향해 오랫동안 함께 하고 있습니다. 당신을 알게 된 건 영광이에요. 언젠가 꼭 괴베클리 테페Göbekli Tepe에 함께 가요!

저의 직업적 네트워크는 제게 큰 지적 자극과 영감을 주는 원천입니다, 그들은 제가 아이디어를 워크숍과 강좌, 이 책으로 구체화하는 데 큰 도움을 주었어요. 창의성 연구 분야의 수많은 동료 중 가장 먼저 떠오르는 사람은 제임스 카우프만James Kaufman입니다. 그의 지적인 리더십과 우정은 제게 큰 힘이 됩니다. 제 학위 논문의 심사서를 작성해 준 것과 이후의 모든 일에 감사드립니다. 종일 생각하고 글 쓰는 시간으로 이어졌던, 켄Ken의 집에서 함께 즐겼던 아침 식사를 소중히 간직하겠습니다. 그리고 뛰어난 연구로 인용할 자료를 제공해 주고 또한 더 많은 질문을 던지도록 자극해 주는 동료들, 로버트 스턴버그Robert Sternberg, 이자벨라 르 부다Izabela Le buda, 마치에이 카르보프스키 Maciej Karwowski, 알렉산드라 지엘린스카Aleksandra Zielińska, 스콧 배리 카우프만Scott Barry Kaufman, 샌디 러스Sandy Russ, 블라드 글라베아누Vlad Glăveanu, 로니 라이터-팔몬Roni Reiter-Palmon, 폴 실비아 Paul Silvia, 조반니 코라차Giovanni Corazza, 파블로 티니오Pablo Tinio, 캐서린 코터Katherine Cotter, 제니퍼 드레이크Jennifer Drake, 카일 스미스Kaile Smith, 막달레나 그로만Magdalena Grohman, 진 프레즈Jean Pretz, 그리고 그 외의 많은 분께 감사를 전합니다.

제게 심리학과 연구에 관해 가르쳐 준 멘토들에게도 감사를 전합니다. 데니스 브라트코Denis Bratko는 처음부터 연구를 직업으로 삼도록 이끌어 주었고, 블라디미르 탁시치Vladimir Takšić는 항상 저를 응원해 주었습니다. 다양한 연구 분야를 통합하고 수많은 조각으로 이루어진 퍼즐을 완성하는 잭 메이어Jack Mayer의 전례 없는 능력은 제게 끊임없이 영감과 열망을 불어넣어 줍니다. 사람들을 진정으로 이해하고 싶다면 한정된 전문 분야만으로는 충분하지 않다는 것을 그의 연구는 보여 줍니다. 베키 워너Becky Warner는 제게 통계의 기초뿐만 아니라 연구에서 통계를 하나의 도구로 생각해야 하는 법을 가르쳐 주었습니다. 그리고 박사 후 연구원 시절 멘토였던 데이비드 필레머David Pillemer에게 감사를 전합니다. 자전적 기억에 관한 그의 연구는 제 삶에 지침이 되어 주었습니다. 또한 내가 나를 믿지 못했을 때 나를 믿어 주었고, 지금 내 과학 철학의 많은 부분을 가르쳐 준 낼리니 앰버디Nalini Ambady에게도 감사드립니다.

중요한 시작을 함께해 준 예일대학교 감성 지능 센터Yale Center for Emotional Intelligence의 동료들에게도 감사를 전합니다. 마크 브라켓Marc Brackett은 대학원 첫날부터 친구가 되어 주었습니다. 로빈 스턴Robin Stern은 제게 책을 쓰라고 말해 줌으로써 시작의 계기를 마련해 주었습니다. 당신은 제게 〈더 골든 걸스The Golden Girls〉의 소피아나 마찬가지입니다. 내 생각을 자극하는 날카롭고 유쾌한 말들을 한마디도 잊을 수 없어요. 박사 후 과정에서 만난 연구원들과 연구 조교들에게도 감사합니다. 그들은 내내 나를 새로운 관점으로 안내해 주었습니다. 제시커 호프먼Jessica Hoffmann은 박사 후 연구원으로 만나 지금도 여전히 함께하고 있습니다. 엘리아나 그로스먼Eliana Grossman은 그 누구보다도 예술이 가진 다양한 힘을 깨닫게 해 주었습니다. 뉴헤이븐에서 카티 롤 푸드 트럭까지 걸어가면서 나눈 대화들, 그리고 인도에서 달라이 라마 성하와의 회담에 가는 길에 카티 롤 가판대까지 걸어가며 나눈 대화에 감사드립니다. 앞으로도 계속 이야기 나눠요.

이 프로젝트의 든든한 안내자이자 조력자인 저의 문학 에이전트 질 마살Jill Marsal에게도 진심으로 감사드립니다. 이 책을 구상하고 있던 바로 그 순간에 연락을 주셨지요. 정말 고맙습니다. 그리고 캐서린 네퍼Catherine Knepper와 만남을 주선해 주신 것도 진심으로 감사드립니다. 책을 쓰는 일은 본질적으로 창의적이기에 수많은 우여곡절과 "여기 이 말은 무슨 뜻이죠?"와 같은 질문으로 가득합니다. 그럴 때마다 캐서린 덕분에 내 머릿속의 고정관념에서 벗어나 메시지를 효과적으로 전달할 수 있었어요. 감사합니다. 그리고 편집자 킴벌리 메일룬Kimberly Meilun과 에밀리 데이비Emily Taber가 이끄는 퍼블릭어페어스PublicAffairs 출판사의 모든 팀원 여러분, 감사드립니다. 이 책의 구조와 이야기의 흐름을 공들여 정리해 준 모든 분께도 감사드립니다.

지금까지 제 연구를 후원해 주셨고 지금도 계속 후원해 주시는 모든 분께 감사드립니다. 스페인 산탄데르Santander에 있는 푼다시온 보틴Fundación Botín과의 오랜 협력은 발견과 영감으로 가득했습니다. 대표인 에밀리오 보틴Emilio Botín은 대담한 비전이 얼마나 큰 변화를 불러올 수 있는지 직접 보여 주었습니다. 이니고 사엔스 데 미에라Íñigo

● 푼다시온 보틴
스페인의 비영리 문화 사회 발전 재단

Sáenz de Miera와 파티마 산체스 산티아고Fátima Sánchez Santiago와 함께 일하며, 센트로 보틴Centro Botín이 하나의 아이디어에서 출발해 창의성의 본거지로 성장하는 모습을 보는 것은 큰 기쁨이었습니다. 파스 재단Faas Foundation과 온타리오 병원 협회Ontario Hospital Association는 사람들이 직장에서 어떻게 느끼는지, 그리고 그것이 그들이 할 수 있는 일에 어떤 영향을 미치는지에 대한 중요한 질문을 던질 수 있게 해 주었습니다. 그리고 프록시미티 연구소Proximity Institute의 애니 토비아스Annie Tobias와 함께 일하면서 리더십 개발에 이론과 연구를 실제로 적용하는 것이 얼마나 큰 힘을 발휘하는지 깨달을 수 있었습니다. 미국 국립예술기금National Endowment for the Arts은 창의적인 사람들에게서 나타나는 모순적 특성을 연구할 수 있게 해 주었습니다. 템플턴 재단John Templeton Foundation이 상상 연구소Imagination Institute에 지원한 덕분에 창의적인 행동의 자기 조절을 깊이 이해할 수 있었고, 아이디어를 구체적인 무언가로 전환하는 과정을 이해하는 데 결정적인 토대가 되었습니다. 이 글을 쓰는 동안 템플턴 종교 재단Templeton Religion Trust의 지원금 덕분에 창의적 작업 과정을 내외적으로 탐구할 수 있는 새로운 문이 열렸습니다. 감사합니다.

　마지막으로, 프랭크 배런Frank Barron의 작품을 접하게 된 것에 감사드립니다. 창의성의 본질과 창의적인 사람들, 창의적 작업 과정에 대한 그의 통찰력은 제게 끊임없는 영감을 줍니다. 시간 여행이 가능하다면 직접 만나 뵙고 싶습니다. 할 이야기가 정말 많아요.

- **센트로 보틴**
  현대 예술 문화 교육 복합센터
- **파스 재단**
  앤드류 파스가 설립한 비영리 재단
- **프록시미티 연구소**
  캐나다 온타리오주 병원 경영진을 대상으로 고위 리더십 개발을 지원하는 비영리 기관

참고문헌

서문

Baas, M., De Dreu, C. K. W., & Nijstad, B. A. (2008). A meta-analysis of 25 years of mood-creativity research: Hedonic tone, activation, or regulatory focus? *Psychological Bulletin, 134*(6), 779–806. https://doi.org/10.1037/a0012815.

Barron, F. (1963). *Creativity and psychological health: Origins of personal vitality and creative freedom*. Van Nostrand.

Csikszentmihalyi, M. (1996). *Creativity: Flow and the psychology of discovery and invention*. Harper Perennial.

Feist, G. J. (1998). A meta-analysis of personality in scientific and artistic creativity. *Personality and Social Psychology Review, 2*(4), 290–309.

Ivcevic, Z., Grossman, E., & Ranjan, A. (2022). Patterns of psychological vulnerabilities and resources in artists and nonartists. *Psychology of Aesthetics, Creativity, and the Arts, 16*(1), 3–15. https://doi.org/10.1037/aca0000309.

Ivcevic, Z., & Mayer, J. D. (2009). Mapping dimensions of creativity in the life-space. *Creativity Research Journal, 21*, 152–165. https://doi.org/10.1080/10400410902855259.

Ivcevic, Z., & Nusbaum, E. C. (2017). From having an idea to doing something with it: Self-regulation for creativity. In M. Karwowski & J. C. Kaufman (Eds.), The creative self: Effect of beliefs, *self-efficacy, mindset, and identity* (pp. 343–365). Academic Press.

Kerr, S. P., Kerr, W. R., & Dalton, M. (2019). Risk attitudes and personality traits of entrepreneurs and venture team members. *Proceedings of the National Academy of Sciences, 116*(36), 17712–17716. https://doi.org/10.1073/pnas.1908375116.

Scott, G., Leritz, L. E., & Mumford, M. D. (2004). The effectiveness of creativity training: A quantitative review. *Creativity Research Journal, 16*(4), 361–388. https://doi.org/10.1207/s15326934crj1604_1.

Sio, U. N., & Lortie-Forgues, H. (2024). The impact of creativity training on creative performance: A meta-analytic review and critical evaluation of 5 decades of creativity training studies. *Psychological Bulletin, 150*(5), 554–585. https://doi.org/10.1037/bul0000432.

Yamada, K. (2013). *What do you do with an idea?* Compendium.

1장 창의성은 선택이다

Amabile, T. M. (1996). *Creativity in context: Update to the social psychology of creativity.* Westview Press.

Can "creative" be a noun? When adjectives drift into noun territory. (n.d.). Merriam-Webster. https://www.merriam-webster.com/grammar/can-creative-be-a-noun-usage-history.

Child, J., with Prud'homme, A. (2007). *My life in France.* Anchor Books.

Cramer, P. (2015). Defense mechanisms: 40 years of empirical research. *Journal of Personality Assessment, 97*(2), 114–122. https://doi.org/10.1080/00223891.2014.947997.

Daiquiri. (n.d.). Wikipedia. Retrieved January 21, 2023. https://en.wikipedia.org/wiki/Daiquiri.

Difford, S. (n.d.). Daiquiri history and story of its creation. Difford's Guide. Retrieved on January 21, 2023. https://www.diffordsguide.com/g/1083/daiquiri-cocktail/story.

Foster, B. (2005, January). Einstein and his love of music. *Physics World.* http://www.gci.org.uk/Documents/einstein&music.pdf.

Glăveanu, V. P. (2011). Is the lightbulb still on? Social representations of creativity in a Western context. *International Journal of Creativity & Problem-solving, 21*(1), 53–72.

Glăveanu, V., Lubart, T., Bonnardel, N., Botella, M., De Biaisi, P. M., Desainte-Catherine, M., Georgsdottir, A., Guillou, K., Kurtag, G., Mouchiroud, C., Storme, M., Wojtczuk, A., & Zenasni, F. (2013). Creativity as action: Findings from five creative domains. *Frontiers in Psychology, 4,* Article 176. https://doi.org/10.3389/fpsyg.2013.00176.

Gould, E. (2017, November 20). An unabashed appreciation of Smitten Kitchen, the Ur-food blog. *New Yorker.* https://www.newyorker.com/culture/annals-of-gastronomy/an-unabashed-appreciation-of-smitten-kitchen-the-ur-food-blog.

Grossman, E., & Drake, J. E. (2023). The affective benefits of creative activities. In Z. Ivcevic, J. D. Hoffmann, & J. C. Kaufman (Eds.), *The Cambridge handbook of creativity and emotions* (pp. 376–393). Cambridge University Press.

Holinger, M., & Kaufman, J. C. (2023). Everyday creativity as a pathway to meaning and well-being. In Z. Ivcevic, J. D. Hoffmann, & J. C. Kaufman (Eds.), *The Cambridge handbook of creativity and emotions* (pp. 393–410). Cambridge University Press.

Ivcevic, Z. (2007). Artistic and everyday creativity: An act-frequency approach. *Journal of Creative Behavior, 41*(3), 271–290. https://doi.org/10.1002/j.2162-6057.2007.tb01074.x.

Ivcevic, Z., & Nusbaum, E. C. (2017). From having an idea to doing something with it: Self-regulation for creativity. In M. Karwowski & J. C. Kaufman (Eds.), *The creative self: Effect of beliefs, self-efficacy, mindset, and identity* (pp. 343–365). Academic Press.

Julia Child. (n.d.). Wikipedia. Retrieved January 20, 2023. https://en.wikipedia.org /wiki/Julia_Child.

Kaufman, J. C., & Beghetto, R. A. (2009). Beyond big and little: The four c model of creativity. *Review of General Psychology, 13*(1), 1–12. https://doi.org/10.1037/a0013688.

La Duke, P. (2019, December 10). Ten entrepreneurs share how they turned their hobbies into successful careers. *Authority Magazine*. https://medium.com/authority-magazine/ten-entrepreneurs-share-how-they-turned-their-hobbies-into-successful-careers-22e574e35e2.

Marques Brownlee. (n.d.). Wikipedia. Retrieved May 17, 2024. https://en.wikipedia.org/wiki/Marques_Brownlee.

Monti, F. (2016, June 28). Cuba's overlooked role in cocktail history. *Punch*. https://punchdrink.com/articles/cuban-cocktails-history-and-recipes-little-known-contributions-to-cocktail-culture.

Pardilla, C. (2016, May 12). Cocktails 101: The daiquiri. *Eater*. https://www.eater.com/drinks/2016/5/12/11327350/daiquiri-cocktail-recipe-rum-lime-cuban-drink.

Organ, D. W., & Konovsky, M. (1989). Cognitive versus affective determinants of organizational citizenship behavior. *Journal of Applied Psychology, 74*(1), 157–164. https://doi.org/10.1037/0021-9010.74.1.157.

Proudfoot, D., Kay, A. C., & Koval, C. Z. (2015). A gender bias in the attribution of creativity: Archival and experimental evidence for the perceived association between masculinity and creative thinking. *Psychological Science, 26*(11), 1751–1761. https://doi.org/10.1177/0956797615598739.

Said-Metwaly, S., Taylor, C. L., Camarda, A., & Barbot, B. (2022). Divergent thinking and creative achievement—How strong is the link? An updated meta-analysis. *Psychology of Aesthetics, Creativity, and the Arts*. Advance online publication. https://doi.org/10.1037/aca0000507.

Scott, G., Leritz, L. E., & Mumford, M. D. (2004). The effectiveness of creativity training: A quantitative review. *Creativity Research Journal, 16*(4), 361–388. https://doi.org/10.1207/s15326934crj1604_1.

Silvia, P. J. (2009). Looking past pleasure: Anger, confusion, disgust, pride, surprise, and other unusual aesthetic emotions. *Psychology of Aesthetics, Creativity, and the Arts, 3*(1), 48–51. https://doi.org/10.1037/a0014632.

Sternberg, R. J. (2002). "Creativity as a decision": Comment. *American Psychologist, 57*(5),

Article 376. https://doi.org/10.1037/0003-066X.57.5.376a.

Sternberg, R. J. (2003). Development of creativity as a decision making process. In R. K. Sawyer, V. John-Steiner, S. Moran, R. J. Sternberg, D. H. Feldman, J. Nakamura, & M. Csikszentmihalyi (Eds.), *Creativity and development* (pp. 91–138). Oxford University Press.

Tierney, P., Farmer, S. M., & Graen, G. B. (1999). An examination of leadership and employee creativity: The relevance of traits and relationships. *Personnel Psychology, 52*(3), 591–620. https://doi.org/10.1111/j.1744-6570.1999.tb00173.x.

Tinio, P. P. L. (2013). From artistic creation to aesthetic reception: The mirror model of art. *Psychology of Aesthetics, Creativity, and the Arts, 7*(3), 265–275. https://doi.org/10.1037/a0030872.

Zhou, J., & George, J. M. (2001). When job dissatisfaction leads to creativity: Encouraging the expression of voice. *Academy of Management Journal, 44*(4), 682–696. https://doi.org/10.5465/3069410.

2장 창의성은 도전이다

Abad-Santos, A. (2019, November 11). Martin Scorsese's fight against Marvel isn't really about Marvel movies. *Vox*. https://www.vox.com/2019/11/8/20950451/martin-scorsese-marvel-movies-cinema-feige.

Asch, S. E. (1956). Studies of independence and conformity: I. A minority of one against a unanimous majority. *Psychological Monographs: General and Applied, 70*(9), 1–70. https://doi.org/10.1037/h0093718.

Aten, J. (2021, January 19). This is Steve Jobs's most controversial legacy. It is also his most brilliant. *Inc*. https://www.inc.com/jason-aten/this-was-steve-jobs-most-controversial-legacy-it-was-also-his-most-brilliant.html.

Beghetto, R. A., Karwowski, M., & Reiter-Palmon, R. (2021). Intellectual risk taking: A moderating link between creative confidence and creative behavior? *Psychology of Aesthetics, Creativity, and the Arts, 15*(4), 637–644. https://doi.org/10.1037/aca0000323.

Blais, A. R., & Weber, E. U. (2006). A domain-specific risk-taking (DOSPERT) scale for adult populations. *Judgment and Decision Making, 1*(1), 33–47. https://doi.org/10.1017/S1930297500000334.

Brandstetter, J., Rácz, P., Beckner, C., Sandoval, E. B., Hay, J., & Bartneck, C. (2014, September). A peer pressure experiment: Recreation of the Asch conformity experiment with robots. In *2014 IEEE/RSJ International Conference on Intelligent Robots and Systems* (pp. 1335–1340). IEEE.

Brown, T., Ordona, M., & Phillips, J. (2023, May 3). Marvel is doing just fine—for now. But some L.A.-area fans are at a "tipping point." *Los Angeles Times.* https://www.latimes.com/entertainment-arts/movies/story/2023-05-03/marvel-studios-movies-mcu-box-office-reviews-fan-reactions.

de Vet, A. J., & de Dreu, C. K. W. (2007). The influence of articulation, self-monitoring ability, and sensitivity to others on creativity. *European Journal of Social Psychology, 37*(4), 747–760. https://doi.org/10.1002/ejsp.386.

El-Murad, J., & West, D. C. (2003). Risk and creativity in advertising. *Journal of Marketing Management, 19*(5–6), 657–673. https://doi.org/10.1080/0267257X.2003.9728230.

Freud, A. (1946). *The ego and the mechanisms of defense.* International Universities Press. (Original work published 1936.)

Freud, S. (1962). The neuro-psychoses of defense. In J. Strachey (Ed. and Trans.), *The standard edition of the complete works of Sigmund Freud* (Vol. 3, pp. 45–61). Hogarth Press. (Original work published 1894.)

Freud, S. (1966). Further remarks on the neuro-psychoses of defense. In J. Strachey (Ed. and Trans.), *The standard edition of the complete works of Sigmund Freud* (Vol. 3, pp. 161–1851. Hogarth Press. (Original work published 1896.)

Hunter, S. T., Blocker, L. D., Gutworth, M. B., & Allen, J. (2023). Why we support some original ideas but reject others: An application of signaling theory. *Journal of Creative Behavior, 57*(2), 199–220. https://doi.org/10.1002/jocb.570.

Ivcevic, Z., & Hoffmann, J. D. (2021). The creativity dare: Attitudes toward creativity and prediction of creative behavior in school. *Journal of Creative Behavior, 56*(2), 239–257. https://doi.org/10.1002/jocb.527.

Kois, D. (2021, August 1). "'This is going to change the world!" *Slate.* https://slate.com/human-interest/2021/08/dean-kamen-viral-mystery-invention-2001.html.

Mahmoud, N. E., Kamel, S. M., & Hamza, T. S. (2020). The relationship between tolerance of ambiguity and creativity in architectural design studio. *Creativity Studies, 13*(1), 179–198. https://doi.org/10.3846/cs.2020.9628.

Mueller, J., Melwani, S., Loewenstein, J., & Deal, J. J. (2018). Reframing the decision-makers' dilemma: Towards a social context model of creative idea recognition. *Academy of Management Journal, 61*(1), 94–110. https://doi.org/10.5465/amj.2013.0887.

Mueller, J. S., Melwani, S., & Goncalo, J. A. (2012). The bias against creativity: Why people desire but reject creative ideas. *Psychological Science, 23*(1), 13–17. https://doi.org/10.1177/0956797611421018.

Merit review facts. (n.d.). National Science Foundation. https://www.nsf.gov/bfa/dias/policy/merit_review/facts.jsp#5.

Stevens, G. A., & Burley, J. (1997). 3,000 raw ideas = 1 commercial success! *Research Technology Management, 40*(3): 16–27. https://www.jstor.org/stable/24131400.

Stoycheva, K. (2024). Tolerance of ambiguity and the creative action: To engage and endure. *Journal of Creative Behavior*. Advance online publication. https://doi.org/10.1002/jocb.1506.

Toh, C. A., & Miller, S. R. (2016). Creativity in design teams: The influence of personality traits and risk attitudes on creative concept selection. *Research in Engineering Design, 27*, 73–89. https://doi.org/10.1007/s00163-015-0207-y.

Tyagi, V., Hanoch, Y., Hall, S. D., Runco, M., & Denham, S. L. (2017). The risky side of creativity: Domain specific risk taking in creative individuals. *Frontiers in Psychology, 8*, Article 145. https://doi.org/10.3389/fpsyg.2017.00145.

Whiting, K. (2021, October 21). These are the top 10 job skills of tomorrow—and how long it takes to learn them. World Economic Forum. https://www.weforum.org/agenda/2020/10/top-10-work-skills-of-tomorrow-how-long-it-takes-to-learn-them.

3장 그렇다, 당신은 할 수 있다

Bandura, A. (1997). *Self-efficacy: The exercise of control*. W. H. Freeman.

Curtis, B. (2013, May 16). The Dan Brown code: In a court filing, the best-selling author reveals all the secrets of a pulp novelist. *Slate*. https://slate.com/news-and-politics/2013/05/dan-brown-inferno-in-a-court-filing-the-best-selling-author-reveals-the-secrets-to-his-success.html.

Farmer, S. M., & Tierney, P. (2017). Considering creative self-efficacy: Its current state and ideas for future inquiry. In M. Karwowski & J. C. Kaufman (Eds.), *The creative self: Effect of beliefs, self-efficacy, mindset, and identity* (pp. 23–47). Elsevier Academic Press. https://doi.org/10.1016/B978-0-12-809790-8.00002-9.

Feist, G. J. (2017). The creative personality: Current understandings and debates. In J. A. Plucker (Ed.), *Creativity and innovation: Theory, research, and practice* (pp. 181–198). Prufrock Press, Inc.

Haase, J., Hoff, E. V., Hanel, P. H. P., & Innes-Ker, Å. (2018). A meta-analysis of the relation between creative self-efficacy and different creativity measurements. *Creativity Research Journal, 30*(1), 1–16. https://doi.org/10.1080/10400419.2018.1411436.

Helson, R., Soto, C. J., & Cate, R. A. (2006). From young adulthood through the middle ages. In D. K. Mroczek & T. D. Little (Eds.), *Handbook of personality development* (pp. 337–352).

Lawrence Erlbaum Associates Publishers.

Hon, A. H. Y., & Chan, W. W. H. (2013). Team creative performance: The roles of empowering leadership, creative-related motivation, and task interdependence. *Cornell Hospitality Quarterly, 54*(2), 199–210. https://doi.org/10.1177/1938965512455859.

Karwowski, M., Han, M.-H., & Beghetto, R. A. (2019). Toward dynamizing the measurement of creative confidence beliefs. *Psychology of Aesthetics, Creativity, and the Arts, 13*(2), 193–202. https://doi.org/10.1037/aca0000229.

Karwowski, M., & Lebuda, I. (2016). The big five, the huge two, and creative self-beliefs: A meta-analysis. *Psychology of Aesthetics, Creativity, and the Arts, 10*(2), 214–232. https://doi.org/10.1037/aca0000035.

Karwowski, M., Lebuda, I., Wisniewska, E., & Gralewski, J. (2013). Big five personality traits as the predictors of creative self-efficacy and creative personal identity: Does gender matter? *Journal of Creative Behavior, 47*(3), 215–232. https://doi.org/10.1002/jocb.32.

Li, C.-R., Yang, Y., Lin, C.-J., & Xu, Y. (2021). Within-person relationship between creative self-efficacy and individual creativity: The mediator of creative process engagement and the moderator of regulatory focus. *Journal of Creative Behavior, 55*(1), 63–78. https://doi.org/10.1002/jocb.435.

Lindquist, M. J., Sol, J., & van Praag, M. C. (2012). Why do entrepreneurial parents have entrepreneurial children? Working paper no. 6740. Institute of Labor Economics (IZA). https://hdl.handle.net/11245/1.395582.

Myers, F. R. (2022, October). The James Webb Space Telescope, from concept to commissioning. Talk presented at the Cambridge Science Festival. Massachusetts Institute of Technology Museum, Cambridge, MA. https://mitmuseum.mit.edu/programs/cambridge-science-festival.

Puente-Díaz, R., & Cavazos-Arroyo, J. (2017). Creative self-efficacy: The influence of affective states and social persuasion as antecedents and imagination and divergent thinking as consequences. *Creativity Research Journal, 29*(3), 304–312. https://doi.org/10.1080/10400419.2017.1360067.

Puente-Díaz, R., & Cavazos-Arroyo, J. (2022). Creative self-efficacy and metacognitive feelings as sources of information when generating, evaluating, and selecting creative ideas: A metacognitive perspective. *Journal of Creative Behavior, 56*(4), 647–658. https://doi.org/10.1002/jocb.557.

Ross, C. E. (2000). Occupations, jobs, and the sense of control. *Sociological Focus, 33*(4), 409–420. https://doi.org/10.1080/00380237.2000.10571177.

Royston, R., & Reiter-Palmon, R. (2019). Creative self-efficacy as mediator between creative mindsets and creative problem-solving. *Journal of Creative Behavior, 53*(4), 472–481. https://doi.org/10.1002/jocb.226.

Salanova, M., Llorens, S., & Schaufeli, W. B. (2011). "Yes, I can, I feel good, and I just do it!" On gain cycles and spirals of efficacy beliefs, affect, and engagement. *Applied Psychology: An International Review, 60*(2), 255–285. https://doi.org/10.1111/j.1464-0597.2010.00435.x.

Schwaba, T., Luhmann, M., Denissen, J. J. A., Chung, J. M. H., & Bleidorn, W. (2018). Openness to experience and culture-openness transactions across the lifespan. *Journal of Personality and Social Psychology, 115*(1), 118–136. https://doi.org/10.1037/pspp0000150.

Swarm, W. B., Jr. (1985). The self as architect of social reality. In B. Sehlenker (Ed.), *The self and social life* (pp. 100–125). McGraw-Hill.

Tierney, P., & Farmer, S. M. (2002). Creative self-efficacy: Its potential antecedents and relationship to creative performance. *Academy of Management Journal, 45*(6), 1137–1148. https://doi.org/10.2307/3069429.

Tierney, P., & Farmer, S. M. (2004). The Pygmalion process and employee creativity. *Journal of Management, 30*(3), 413–432. https://doi.org/10.1016/j.jm.2002.12.001.

Tierney, P., & Farmer, S. M. (2011). Creative self-efficacy development and creative performance over time. *Journal of Applied Psychology, 96*(2), 277–293. https://doi.org/10.1037/a0020952.

Yar, D. H., Wennberg, W., & Berglund, H. (2008). Creativity in entrepreneurship education. *Journal of Small Business and Enterprise Development, 15*(2), 304–320. https://doi.org/10.1108/14626000810871691.

Zielińska, A., Lebuda, I., & Karwowski, M. (2023). Dispositional self-regulation strengthens the links between creative activity and creative achievement. *Personality and Individual Differences, 200*, Article 111894. https://doi.org/10.1016/j.paid.2022.111894.

4장 창작의 원동력: 흥미와 제약 사이에서

Acar, S., Runco, M. A., & Park, H. (2020). What should people be told when they take a divergent thinking test? A meta-analytic review of explicit instructions for divergent thinking. *Psychology of Aesthetics, Creativity, and the Arts, 14*(1), 39–49. http://dx.doi.org/10.1037/aca0000256.

Aleksić, D., Škerlavaj, M., & Dysvik, A. (2016). The flow of creativity for idea implementation. In M. Škerlavaj, M. Černe, A. Dysvik, & A. Carlsen (Eds.), *Capitalizing on creativity at work: Fostering the implementation of creative ideas in organizations* (pp.29–38). Edward Elgar Publishing. https://doi.org/10.4337/9781783476503.

Amabile, T. M. (1997). Entrepreneurial creativity through motivational synergy. *Journal of Creative Behavior, 31*(1), 18–26. https://doi.org/10.1002/j.2162-6057.1997.tb00778.x.

Amabile, T. M., Hill, K. G., Hennessey, B. A., & Tighe, E. M. (1994). The Work Preference Inventory: Assessing intrinsic and extrinsic motivational orientations. *Journal of Personality and Social Psychology, 66*(5), 950–967. https://doi.org/10.1037/0022-3514.66.5.950.

Amabile, T. M., & Kramer, S. J. (2011). *The progress principle: Using small wins to ignite joy, engagement, and creativity at work.* Harvard Business Press.

Baer, M. (2012). Putting creativity to work: The implementation of creative ideas in organizations. *Academy of Management Journal, 55*(5), 1102–1119. https://doi.org/10.5465/amj.2009.0470.

Benedek, M., Karstendiek, M., Ceh, S. M., Grabner, R. H., Krammer, G., Lebuda, I., Silvia, P. J., Cotter, K. N., Li, Y., Hu, W., Martskvishvili, K., & Kaufman, J. C. (2021). Creativity myths: Prevalence and correlates of misconceptions on creativity. *Personality and Individual Differences, 182*, Article 111068. https://doi.org/10.1016/j.paid.2021.111068.

Blake Mycoskie (n.d.). Wikipedia. Retrieved August 15, 2023. https://en.wikipedia.org/w/index.php?title=Blake_Mycoskie&oldid=1172207124.

Boova, L., Pratt, M. G., & Lepisto, D. A. (2019). Exploring work orientations and cultural accounts of work: Toward a research agenda for examining the role of culture in meaningful work. In R. Yeoman, C. Bailey, A. Madden, and M. Thompson (Eds), *The Oxford handbook of meaningful work* (pp. 185–207). Oxford University Press.

Breugst, N., Domurath, A., Patzelt, H., & Klaukien, A. (2012). Perceptions of entrepreneurial passion and employees' commitment to entrepreneurial ventures. *Entrepreneurship Theory and Practice, 36*(1), 171–192. https://doi.org/10.1111/j.1540-6520.2011.00491.x.

Cardon, M. S., & Kirk, C. P. (2015). Entrepreneurial passion as mediator of the self-efficacy to persistence relationship. *Entrepreneurship Theory and Practice, 39*(5), 1027–1050. https://doi.org/10.1111/etap.12089.

Caughron, J. J., & Mumford, M. D. (2008). Project planning: The effects of using formal planning techniques on creative problem-solving. *Creativity and Innovation Management, 17*(3), 204–215. https://doi.org/10.1111/j.1467-8691.2008.00484.x.

Chi, A. (2018, April). The most advanced prosthetic in the world. TEDxPortland. https://www.ted.com/talks/albert_chi_the_most_advanced_prosthetic_in_the_world.

Corazza, G. E., & Agnoli, S. (2022). The DA VINCI model for the creative thinking process. In T. Lubart, M. Botella, S. Bourgeois-Bougrine, X. Caroff, J. Guegan, C. Mouchiroud, J. Nelson, & F. Zenasni (Eds.), H*omo creativus: The 7 C's of human creativity* (pp. 49–67).

Springer International Publishing.

Csikszentmihalyi, M. (1996). Creativity: *Flow and the psychology of discovery and invention.* Harper Perennial.

Csikszentmihalyi, M., & LeFevre, J. (1989). Optimal experience in work and leisure. *Journal of Personality and Social Psychology, 56*(5), 815–822. https://doi.org/10.1037/0022-3514.56.5.815.

Drnovsek, M., Cardon, M. S., & Patel, P. C. (2016). Direct and indirect effects of passion on growing technology ventures. *Strategic Entrepreneurship Journal, 10*(2), 194–213. https://doi.org/10.1002/sej.1213.

Fetzer, G., & Pratt, M. G. (2020). Meaningful work and creativity: Mapping out a way forward. In R. Reiter-Palmon, C. M. Fisher, and J. S. Mueller (Eds.), *Creativity at work.* Palgrave Studies in Creativity and Innovation in Organizations. Palgrave Macmillan. https://doi.org/10.1007/978-3-030-61311-2_13.

Forgeard, M. (2022). Prosocial motivation and creativity in the arts and sciences: Qualitative and quantitative evidence. *Psychology of Aesthetics, Creativity, and the Arts, 18*(2), 222–244. https://doi.org/10.1037/aca0000435.

Forgeard, M. (2023). Motivations, emotions, and creativity. In Z. Ivcevic, J. D. Hoffmann, & J. C. Kaufman (Eds.), *The Cambridge handbook of creativity and emotions* (pp. 149–166). Cambridge University Press.

Haught-Tromp, C. (2017). The Green Eggs and Ham hypothesis: How constraints facilitate creativity. *Psychology of Aesthetics, Creativity, and the Arts, 11*(1), 10–17. http://dx.doi.org/10.1037/aca0000061.

Jacob Lawrence: The migration series. (n.d.). Phillips Collection. https://lawrence migration.phillipscollection.org.

Kellogg, R. T. (1988). Attentional overload and writing performance: Effects of rough draft and outline strategies. *Journal of Experimental Psychology: Learning, Memory, and Cognition, 14*(2), 355–365. https://doi.org/10.1037/0278-7393.14.2.355.

Koole, S., & Spijker, M. (2000). Overcoming the planning fallacy through willpower: Effects of implementation intentions on actual and predicted task-completion times. *European Journal of Social Psychology, 30*(6), 873–888. https://doi.org/10.1002/1099-0992(200011/12)30:6<873::AID-EJSP22>3.0.CO;2-U.

Liu, D., Jiang, K., Shalley, C. E., Keem, S., & Zhou, J. (2016). Motivational mechanisms of employee creativity: A meta-analytic examination and theoretical extension of the creativity literature. *Organizational Behavior and Human Decision Processes, 137,* 236–263. https://

doi.org/10.1016/j.obhdp.2016.08.001.

Locke, E. A., & Latham, G. P. (Eds.). (2013). *New developments in goal setting and task performance*. Routledge/Taylor & Francis Group. https://doi.org/10.4324/9780203082744.

Lucas, B. J., & Nordgren, L. F. (2020). The creative cliff illusion. *PNAS: Proceedings of the National Academy of Sciences of the United States of America, 117*(33), 19830–19836. https://doi.org/10.1073/pnas.2005620117.

Malik, M. A. R., Butt, A. N., & Choi, J. N. (2015). Rewards and employee creative performance: Moderating effects of creative self-efficacy, reward importance, and locus of control. *Journal of Organizational Behavior, 36*(1), 59–74. https://doi.org/10.1002/job.1943.

Mayer, J. D., Caruso, D. R., & Salovey, P. (2016). The ability model of emotional intelligence: Principles and updates. *Emotion Review, 8*(4), 290–300. https://doi.org/10.1177/1754073916639667.

Moeller, J. (2014). Passion as concept of the psychology of motivation. Conceptualization, assessment, inter-individual variability and long-term stability. Doctoral dissertation, University of Erfurt. http://www.db-thueringen.de/servlets/Derivate Servlet/Derivate-29036/DissJuliaMoeller.pdf.

Moeller, J., Ivcevic, Z., White, A. E., Taylor, C., Menges, J. I., Caruso, D., & Brackett, M. A. (2019, August 7). Passion for work: What is it, who has it, and does it matter? OSF Preprints. https://doi.org/10.31219/osf.io/xhbu7.

Nakamura, J., & Csikszentmihalyi, M. (2002). The concept of flow. In S. J. Lopez & C. R. Snyder (Eds.), *The Oxford handbook of positive psychology* (pp. 89–105). Oxford University Press.

Nusbaum, E. C., Silvia, P. J., & Beaty, R. E. (2014). Ready, set, create: What instructing people to "be creative" reveals about the meaning and mechanisms of divergent thinking. *Psychology of Aesthetics, Creativity, and the Arts, 8*(4), 423–432. http://dx.doi.org/10.1037/a0036549.

O'Keefe, P. A., Dweck, C. S., & Walton, G. M. (2018). Implicit theories of interest: Finding your passion or developing it? *Psychological Science, 29*(10), 1653–1664. https://doi.org/10.1177/0956797618780643.

Onarheim, B. (2012). Creativity from constraints in engineering design: Lessons learned at Coloplast. *Journal of Engineering Design, 23*(4), 323–336. https://doi.org/10.1080/09544828.2011.631904.

Pratt, M. G., Pradies, C., & Lepisto, D. A. (2013). Doing well, doing good, and doing with: Organizational practices for effectively cultivating meaningful work. In B. Dik, Z.

Byrne, & M. Steger (Eds.), *Purpose and meaning in the workplace* (pp. 173–196). American Psychological Association.

Root-Bernstein, R., Allen, L., Beach, L., Bhadula, R., Fast, J., Hosey, C., Kremkow, B., Lapp, J., Lonc, K., Pawelec, K., Podufaly, A., Russ, C., Tennant, L., Vrtis, E., & Weinlander, S. (2008). Arts foster scientific success: Avocations of Nobel, National Academy, Royal Society, and Sigma Xi members. *Journal of Psychology of Science and Technology, 1*(2), 51–63. https://doi.org/10.1891/1939-7054.1.2.51.

Schellenberg, B. J. I., Verner-Filion, J., Gaudreau, P., Bailis, D. S., Lafrenière, M.-A. K., & Vallerand, R. J. (2019). Testing the dualistic model of passion using a novel quadripartite approach: A look at physical and psychological well-being. *Journal of Personality, 87*(2), 163–180. https://doi.org/10.1111/jopy.12378.

Sellier, A.-L., & Dahl, D. W. (2011). Focus! Creative success is enjoyed through restricted choice. *Journal of Marketing Research, 48*(6), 996–1007. https://doi.org/10.1509/jmr.10.0407.

Shally, C. E., Gilson, L. L., & Blum, T. C. (2009). Interactive effects of growth need strength, work context, and job complexity on self-reported creative performance. *Academy of Management Journal, 52*(3), 489–505. https://doi.org/10.5465/AMJ.2009.41330806.

Stokes, P. D. (2008). Creativity from constraints: What can we learn from Motherwell? From Mondrian? From Klee? *Journal of Creative Behavior, 42*(4), 223–236. https://doi.org/10.1002/j.2162-6057.2008.tb01297.x.

Stollberger, J., & Debus, M. E. (2020). Go with the flow, but keep it stable? The role of flow variability in the context of daily flow experiences and daily creative performance. *Work & Stress, 34*(4), 342–358. https://doi.org/10.1080/02678373.2019.1695293.

Tromp, C., & Baer, J. (2022). Creativity from constraints: Theory and applications to education. *Thinking Skills and Creativity, 46*, Article 101184. https://doi.org/10.1016/j.tsc.2022.101184.

Vallerand, R. J., Blanchard, C., Mageau, G. A., Koestner, R., Ratelle, C., Léonard, M., Gagné, M., & Marsolais, J. (2003). Les passions de l'âme: On obsessive and harmonious passion. *Journal of Personality and Social Psychology, 85*(4), 756–767. https://doi.org/10.1037/0022-3514.85.4.756.

Vallerand, R. J., Chichekian, T., Verner-Filion, J., & Bélanger, J. J. (2023). The two faces of persistence: How harmonious and obsessive passion shape goal pursuit. *Motivation Science, 9*(3), 175–192. https://doi.org/10.1037/mot0000303.

Vallerand, R. J., Paquet, Y., Philippe, F. L., & Charest, J. (2010). On the role of passion for work in burnout: A process model. *Journal of Personality, 78*(1), 289–312. https://doi.org/10.1111/j.1467-6494.2009.00616.x.

Zielińska, A., Forthmann, B., Lebuda, I., & Karwowski, M. (2023). Self-regulation for creative activity: The same or different across domains? Psychology of Aesthetics, *Creativity, and the Arts*. Advance online publication. https://doi.org/10.1037/aca0000540.

5장 문제의 발견: 영감을 넘어 탐색으로

Abdulla, A. M., Paek, S. H., Cramond, B., & Runco, M. A. (2020). Problem finding and creativity: A meta-analytic review. Psychology of Aesthetics, *Creativity, and the Arts, 14*(1), 3–14. https://doi.org/10.1037/aca0000194.

Ananth, P., & Harvey, S. (2023). Ideas in the space between: Stockpiling and processes for managing ideas in developing a creative portfolio. *Administrative Science Quarterly, 68*(2), 465–507. https://doi.org/10.1177/00018392231154909.

Augmented reality (n.d.). Wikipedia. Retrieved January 18, 2024. https://en.wikipedia.org/wiki/Augmented_reality.

Baas, M., Nevicka, B., & Ten Velden, F. S. (2014). Specific mindfulness skills differentially predict creative performance. *Personality and Social Psychology Bulletin, 40*(9), 1092–1106. https://doi.org/10.1177/0146167214535813.

Botella, M., Zenasni, F., & Lubart, T. (2018). What are the stages of the creative process? What visual art students are saying. *Frontiers in Psychology, 9*, Article 2266. https://doi.org/10.3389/fpsyg.2018.02266.

Brooks, K. (2016, April 28). Here's a rare glimpse inside Salvador Dalí's unpublished diaries. *HuffPost*. https://www.huffpost.com/entry/salvador-dali-diary_n_572235c7e4b0f309baeffb47.

Catmull, E., & Wallace, A. (2014). Creativity, Inc.: Overcoming the unseen forces that stand *in the way of true inspiration*. Random House.

Csikszentmihalyi, M. (1988). Motivation and creativity: Toward a synthesis of structural and energistic approaches to cognition. *New Ideas in Psychology, 6*(2), 159–176. https://doi.org/10.1016/0732-118X(88)90001-3.

Csikszentmihalyi, M., & Getzels, J. W. (1971). Discovery-oriented behavior and the originality of creative products: A study with artists. *Journal of Personality and Social Psychology, 19*(1), 47–52. https://doi.org/10.1037/h0031106.

Da Vinci, L. (1956). *Treatise on painting: Codex urbinas latinus 1270* (Vol. 2). Princeton University Press.

Dorst, K. (2019). Co-evolution and emergence in design. *Design Studies, 65*, 60–77. https://doi.org/10.1016/j.destud.2019.10.005.

Dorst, K., & Cross, N. (2001). Creativity in the design process: Co-evolution of problem-solution. *Design Studies, 22*(5), 425–437. https://doi.org/10.1016/S0142-694X(01)00009-6.

Einstein, A., & Infeld, L. (1938). *The evolution of physics*. Simon & Schuster.

Glăveanu, V., Lubart, T., Bonnardel, N., Botella, M., De Biaisi, P. M., Desainte-Catherine, M., Georgsdottir, A., Guillou, K., Kurtag, G., Mouchioud, C., Storme, M., Wojtczuk, A., & Zenasni, F. (2013). Creativity as action: Findings from five creative domains. *Frontiers in Psychology, 4*, Article 176. https://doi.org/10.3389/fpsyg.2013.00176.

Green, J. (2021). *The Anthropocene reviewed: Essays on a human-centered planet*. Dutton.

Harrabin, R. (2017, August 3). Device could make washing machines lighter and greener. *BBC*. https://www.bbc.com/news/uk-40821915.

Kolata, G. (2021, April 8; updated October 3, 2023). Long overlooked, Kati Kariko helped shield the world from the coronavirus. *New York Times*. https://www.nytimes.com/2021/04/08/health/coronavirus-mrna-kariko.html.

Kritsky, G., Mader, D., & Smith, J. J. (2013). Surreal entomology: The insect imagery of Salvador Dalí. *American Entomologist, 59*(1), 28–37. https://doi.org/10.1093/ae/59.1.28.

Lee, S. R., & Kim, J. D. (2023). When do startups scale? Large-scale evidence from job postings. *Strategic Management Journal*. Advanced online publication. http://dx.doi.org/10.2139/ssrn.4015530.

Leone, S., Japp, P., & Reiter-Palmon, R. (2023). The emergence of problem construction at the team-level. Small Group Research, 54(5), 639–670. https://doi.org/10.1177/ 10464964231152877.

Raz, G. (Host). (2017, April 9). Instacart: Apoorva Mehta. *How I built this* (podcast). Wondery. https://podcasts.apple.com/za/podcast/instacart-apoorva-mehta/id1150510297?i=1000384196518.

Pablo Picasso. (n.d.). Oxford Reference. https://www.oxfordreference.com/display/10.1093/acref/9780191826719.001.0001/q-oro-ed4-00008311.

Paton, B., & Dorst, K. (2011). Briefing and reframing: A situated practice. *Design Studies, 32*(6), 573–587. https://doi.org/10.1016/j.destud.2011.07.002.

Pokémon Go. (n.d.). Wikipedia. Retrieved January 18, 2024. https://en.wikipedia.org/wiki/Pok%C3%A9mon_Go.

Reiter-Palmon, R. (2018). Creative cognition at the individual and team level: What happens before and after idea generation. In R. Sternberg & J. C. Kaufman (Eds.), *The nature of human creativity* (pp. 184–208). Cambridge University Press. http://dx.doi.org/10.1017/9781108185936.015.

Reiter-Palmon, R., Japp, P., Christenson, K., Allen, J., Shuffler, M., Summers, J., & Murugavel, V. (2023). *The effect of debriefs on team creative behaviors and outcomes*. Paper presented at the Marconi Institute of Creativity conference, Trieste, Italy.

Reiter-Palmon, R., Leone, S., & Schreiner, E. (2023). Conflicting problem representations and creativity: Effects on problem construction. *Creativity Research Journal, 36*(3), 521–531. https://doi.org/10.1080/10400419.2023.2234720.

Reiter-Palmon, R., & Murugavel, V. (2018). The effect of problem construction on team process and creativity. *Frontiers in Psychology, 9*, Article 2098. https://doi.org/10.3389/fpsyg.2018.02098.

Root-Bernstein, R., Allen, L., Beach, L., Bhadula, R., Fast, J., Hosey, C., Kremkow, B., Lapp, J., Lonc, K., Pawelec, K., Podufaly, A., Russ, C., Tennant, L., Vrtis, E., & Weinlander, S. (2008). Arts foster scientific success: Avocations of Nobel, National Academy, Royal Society, and Sigma Xi members. *Journal of Psychology of Science and Technology, 1*(2), 51–63. https://doi.org/10.1891/1939-7054.1.2.51.

Ruiz, C. (2010). Salvador Dalí and science: Beyond a mere curiosity. Gala-Salvador Dalí Foundation. https://www.salvador-dali.org/en/research/archives-en-ligne/download-documents/16/salvador-dali-and-science-beyond-a-mere-curiosity.

Silk, E. M., Rechkemmer, A. E., Daly, S. R., Jablokow, K. W., & McKilligan, S. (2021). Problem framing and cognitive style: Impacts on design ideation perceptions. *Design Studies, 74*, Article 101015. https://doi.org/10.1016/j.destud.2021.101015.

Smith, K., & Drake, J. (2023). *Investigating daily inspiration and creativity in creative and non-creative individuals*. Paper presented at the Marconi Institute of Creativity conference, Trieste, Italy.

Suh, A. (2013). *Leonardo's notebooks*. Black Dog & Leventhal Publishers.

Taylor, M. (2016). God and the atom: Salvador Dalí's mystical manifesto and the contested origins of nuclear painting. Dalí Museum. https://thedali.org/wp-content/uploads/2016/12/proceedings-TAYLOR-en_edits_12.19.16_final.pdf.

Wigert, B. G., Murugavel, V. R., & Reiter-Palmon, R. (2022). The utility of divergent and convergent thinking in the problem construction processes during creative problem-solving. *Psychology of Aesthetics, Creativity, and the Arts*. Advance online publication. https://doi.org/10.1037/aca0000513.

6장 감정의 힘 활용하기

Adam, N. A., & Alarifi, G. (2021). Innovation practices for survival of small and medium enterprises (SMEs) in the COVID-19 times: The role of external support. *Journal of Innovation and Entrepreneurship, 10*(1), Article 15. https://doi.org/10.1186/s13731-021-00156-6.

Allison, T. H., Warnick, B. J., Davis, B. C., & Cardon, M. S. (2022). Can you hear me now? Engendering passion and preparedness perceptions with vocal expressions in crowdfunding pitches. *Journal of Business Venturing, 37*(3), Article 106193. https://doi.org/10.1016/j.jbusvent.2022.106193.

Baas, M. (2023). Experimental methods in the study of emotions and creativity. In Z. Ivcevic, J. D. Hoffmann, & J. C. Kaufman (Eds.), *The Cambridge handbook of creativity and emotions* (pp. 11–29). Cambridge University Press.

Barrett, L. F. (2004). Feelings or words? Understanding the content in self-report ratings of experienced emotion. *Journal of Personality and Social Psychology, 87*(2), 266–281. https://doi.org/10.1037/0022-3514.87.2.266.

Byron, K., Khazanchi, S., & Nazarian, D. (2010). The relationship between stressors and creativity: A meta-analysis examining competing theoretical models. *Journal of Applied Psychology, 95*(1), 201–212. https://doi.org/10.1037/a0017868.

Cardon, M. S., Sudek, R., & Mitteness, C. (2009). The impact of perceived entrepreneurial passion on angel investing. *Frontiers of Entrepreneurship Research, 29*(2), Article 1. http://digitalknowledge.babson.edu/fer/vol29/iss2/1.

Clore, G. L., & Huntsinger, J. R. (2009). How the object of affect guides its impact. *Emotion Review, 1*(1), 39–54. https://doi.org/10.1177/1754073908097185.

Cohen, J. B., & Andrade, E. B. (2004). Affective intuition and task-contingent affect regulation. *Journal of Consumer Research, 31*(2), 358–367. https://doi.org/10.1086/422114.

Fisher, D. R. (2022, July 22). Lessons learned from the post–George Floyd protests. Brookings. https://www.brookings.edu/blog/fixgov/2022/07/22/lessons-learned-from-the-post-george-floyd-protests.

Forgas, J. P., & Koch, A. S. (2013). Mood effects on cognition. In M. D. Robinson, E. Watkins, & E. Harmon-Jones (Eds.), *Handbook of cognition and emotion* (pp. 231–251). Guilford Press.

Fredrickson, B. L. (2001). The role of positive emotions in positive psychology: The broaden-and-build theory of positive emotions. *American Psychologist, 56*(3), 218–226. https://doi.org/10.1037/0003-066X.56.3.218.

Han, E. (2022). 5 examples of design thinking in business. *Harvard Business School Online*. https://online.hbs.edu/blog/post/design-thinking-examples.

King, A. (2021, June 23). How Lip Bar founder Melissa Butler achieves a "carefree" blowout.

Vogue. https://www.vogue.com/article/how-lip-bar-founder-melissa-butler-achieves-a-carefree-blowout.

Kühnel, J., Bledow, R., & Kiefer, M. (2022). There is a time to be creative: The alignment between chronotype and time of day. *Academy of Management Journal, 65*(1), 218–247. https://doi.org/10.5465/amj.2019.0020.

Mayer, J. D., Gaschke, Y. N., Braverman, D. L., & Evans, T. W. (1992). Mood-congruent judgment is a general effect. *Journal of Personality and Social Psychology, 63*(1), 119–132. https://doi.org/10.1037/0022-3514.63.1.119.

Mayer, J. D., & Salovey, P. (1997). What is emotional intelligence? In P. Salovey & D. Sluyter (Eds.), *Emotional development and emotional intelligence: Educational implications* (pp. 3–31). Basic Books.

Morse, K. F., Fine, P. A., & Friedlander, K. J. (2021). Creativity and leisure during COVID-19: Examining the relationship between leisure activities, motivations, and psychological well-being. *Frontiers in Psychology, 12,* Article 609967. https://doi.org/10.3389/fpsyg.2021.609967.

Palfai, T. P., & Salovey, P. (1993–1994). The influence of depressed and elated mood on deductive and inductive reasoning. *Imagination, Cognition and Personality, 13*(1), 57–71. https://doi.org/10.2190/FYYA-GCRU-J124-Q3B2.

Posner, J., Russell, J. A., & Peterson, B. S. (2005). The circumplex model of affect: An integrative approach to affective neuroscience, cognitive development, and psychopathology. *Development and Psychopathology, 17*(3), 715–734. https://doi.org/10.1017/S0954579405050340.

Ram, J., & Atkisson, E. (n.d.). "I'll do it myself." United States Patent and Trademark Office. https://www.uspto.gov/learning-and-resources/journeys-innovation/historical-stories/ill-do-it-myself.

Raz, G. (Host). (2022, October 31). Tripadvisor: Steve Kaufer. *How I built this* (podcast). Wondery. https://wondery.com/shows/how-i-built-this/episode/10386-tripadvisor-steve-kaufer/.

Schwarz, N. (2012). Feelings-as-information theory. In P. A. M. Van Lange, A. Kruglanski, & E. T. Higgins (eds.), *Handbook of theories of social psychology* (pp. 289–308). Thousand Sage.

Strasberg, L. (1988). A dream of passion: The development of the method. Methuen. Tang, M., Hofreiter, S., Reiter-Palmon, R., Bai, X., & Murugavel, V. (2021). Creativity as a means to well-being in times of COVID-19 pandemic: Results of a cross-cultural study. *Frontiers in Psychology, 12,* Article 601389. https://doi.org/10.3389/fpsyg.2021.601389.

Tugade, M. M., & Fredrickson, B. L. (2002). Positive emotions and emotional intelligence. In L. F. Barrett & P. Salovey (Eds.), *The wisdom in feeling: Psychological processes in emotional intelligence* (pp. 319–340). Guilford Press.

van Tilburg, W. A., Sedikides, C., & Wildschut, T. (2015). The mnemonic muse: Nostalgia fosters creativity through openness to experience. *Journal of Experimental Social Psychology, 59*, 1–7. https://doi.org/10.1016/j.jesp.2015.02.002.

Wilson, M. (2018). The untold story of the vegetable peeler that changed the world. *Fast Company*. https://www.fastcompany.com/90239156/the-untold-story-of-the-vegetable-peeler-that-changed-the-world.

Wright, A. G. C., Aslinger, E. N., Bellamy, B., Edershile, E. A., & Woods, W. C. (2020). Daily stress and hassles. In K. L. Harkness & E. P. Hayden (Eds.), *The Oxford handbook of stress and mental health* (pp. 27–44). Oxford University Press.

7장 감정이 방해할 때

Barsade, S. G., Coutifaris, C. G., & Pillemer, J. (2018). Emotional contagion in organizational life. *Research in Organizational Behavior, 38*, 137–151. https://doi.org/10.1016/j.riob.2018.11.005.

Berg, J. M., Wrzesniewski, A., & Dutton, J. E. (2010). Perceiving and responding to challenges in job crafting at different ranks: When proactivity requires adaptivity. *Journal of Organizational Behavior, 31*(2–3), 158–186. https://doi.org/10.1002/job.645.

Bledow, R., Rosing, K., & Frese, M. (2013). A dynamic perspective on affect and creativity. *Academy of Management Journal, 56*(2), 432–450. https://doi.org/10.5465/amj.2010.0894.

Bonanno, G. A., & Burton, C. L. (2013). Regulatory flexibility: An individual differences perspective on coping and emotion regulation. *Perspectives on Psychological Science, 8*(6), 591–612. https://doi.org/10.1177/1745691613504116.

De Cock, R., Denoo, L., & Clarysse, B. (2020). Surviving the emotional rollercoaster called entrepreneurship: The role of emotion regulation. *Journal of Business Venturing, 35*(2), Article 105936. https://doi.org/10.1016/j.jbusvent.2019.04.004.

Ebrahimi, O. V., Pallesen, S., Kenter, R. M., & Nordgreen, T. (2019). Psychological interventions for the fear of public speaking: A meta-analysis. *Frontiers in Psychology, 10*, Article 488. https://doi.org/10.3389/fpsyg.2019.00488.

Famous quotes by Thomas Edison. (n.d.). Thomas A. Edison. https://www.thomasedison.org/edison-quotes.

Fang He, V., Sirén, C., Singh, S., Solomon, G., & von Krogh, G. (2018). Keep calm and carry on: Emotion regulation in entrepreneurs' learning from failure. *Entrepreneurship Theory and Practice, 42*(4), 605–630. https://doi.org/10.1177/1042258718783428.

Folkman, S. (2013). Stress: Appraisal and coping. In J. R. Turner and M. Gellman (Eds.), *Encyclopedia of behavioral medicine* (pp. 1913–1915). Springer.

Gocłowska, M. A., Damian, R. I., & Mor, S. (2018). The diversifying experience model: Taking a broader conceptual view of the multiculturalism-creativity link. *Journal of Cross-Cultural Psychology, 49*(2), 303–322. https://doi.org/10.1177/0022022116650258.

Geng, Z., Liu, C., Liu, X., & Feng, J. (2013). Effects of emotional labor strategies on job stress and creativity. *Academy of Management Proceedings, 2013*(1), 15098.

Gross, J. J. (2013). Emotion regulation: Taking stock and moving forward. *Emotion, 13*(3), 359–365. https://doi.org/10.1037/a0032135.

Gross, J. J. (Ed.). (2013). *Handbook of emotion regulation*. Guilford Press.

Headrick, L., Newman, D. A., Park, Y. A., & Liang, Y. (2023). Recovery experiences for work and health outcomes: A meta-analysis and recovery-engagement-exhaustion model. *Journal of Business and Psychology, 38*(4), 821–864. https://doi.org/10.1007/s10869-022-09821-3.

Ivcevic, Z., & Brackett, M. A. (2015). Predicting creativity: Interactive effects of openness to experience and emotion regulation ability. *Psychology of Aesthetics, Creativity, and the Arts, 9*(4), 480–487. https://doi.org/10.1037/a0039826.

Ivcevic, Z., Moeller, J., Menges, J., & Brackett, M. A. (2021). Supervisor emotionally intelligent behavior and employee creativity. *Journal of Creative Behavior, 55*(1), 79–91. https://doi.org/10.1002/jocb.436.

Kaufman, J. C. (2023). *Creativity advantage*. Cambridge University Press.

Lazazzara, A., Tims, M., & De Gennaro, D. (2020). The process of reinventing a job: A meta-synthesis of qualitative job crafting research. *Journal of Vocational Behavior, 116*, 103267. https://doi.org/10.1016/j.jvb.2019.01.001.

Leung, A. K.-y., Liou, S., Qiu, L., Kwan, L. Y.-Y., Chiu, C.-y., & Yong, J. C. (2014). The role of instrumental emotion regulation in the emotions-creativity link: How worries render individuals with high neuroticism more creative. *Emotion, 14*(5), 846–856. https://doi.org/10.1037/a0036965.

Li, H., Jin, H., & Chen, T. (2020). Linking proactive personality to creative performance: The role of job crafting and high-involvement work systems. *Journal of Creative Behavior, 54*(1), 196–210. https://doi.org/10.1002/jocb.355.

Li, N., Sun, Y., Jiang, D., & Yang, X. (2021). Exploring the moderating effect of interpersonal emotion regulation between the integration of opportunity and resource and entrepreneurial performance. *Frontiers in Psychology, 12*, Article 756767. https://doi.org/10.3389/fpsyg.2021.756767.

Ma, C., Wang, B., Sun, C., & Lin, L. (2023). The spillover effect of emotional labor: How it shapes frontline employees' proactive innovation behavior. *SAGE Open, 13*(3), 21582440231191791. https://doi.org/10.1177/21582440231191791.

Maden-Eyiusta, C., & Alten, O. (2023). Expansion-oriented job crafting and employee performance: A self-empowerment perspective. *European Management Journal, 41*(1), 79–89. https://doi.org/10.1016/j.emj.2021.10.012.

Madjar, N., & Shalley, C. E. (2008). Multiple tasks' and multiple goals' effect on creativity: Forced incubation or just a distraction? *Journal of Management, 34*(4), 786–805. https://doi.org/10.1177/0149206308318611.

Madore, K. P., & Wagner, A. D. (2019, March). Multicosts of multitasking. *Cerebrum, 2019*. Dana Foundation. https://www.ncbi.nlm.nih.gov/pmc/articles/PMC7075496.

Opoku, M. A., Kang, S. W., & Kim, N. (2023). Sleep-deprived and emotionally exhausted: Depleted resources as inhibitors of creativity at work. *Personnel Review, 52*(5), 1437–1461. https://doi.org/10.1108/PR-09-2021-0620.

Riepenhausen, A., Wackerhagen, C., Reppmann, Z. C., Deter, H.-C., Kalisch, R., Veer, I. M., & Walter, H. (2022). Positive cognitive reappraisal in stress resilience, mental health, and well-being: A comprehensive systematic review. *Emotion Review, 14*(4), 310–331. https://doi.org/10.1177/17540739221114642.

Sheppes, G., & Gross, J. J. (2012). Emotion regulation effectiveness: What works when. In H. A. Tennen & J. M. Suls (Eds.), *Handbook of psychology* (2nd ed., pp. 391–406). Wiley Blackwell Press.

Shin, I., Hur, W. M., & Oh, H. (2015). Essential precursors and effects of employee creativity in a service context: Emotional labor strategies and official job performance. *Career Development International, 20*(7), 733–752. https://doi.org/10.1108/CDI-10-2014-0137.

Sirén, C., He, V. F., Wesemann, H., Jonassen, Z., Grichnik, D., & von Krogh, G. (2020). Leader emergence in nascent venture teams: The critical roles of individual emotion regulation and team emotions. *Journal of Management Studies, 57*(5), 931–961. https://doi.org/10.1111/joms.12563.

Tamir, M. (2016). Why do people regulate their emotions? A taxonomy of motives in emotion regulation. *Personality and Social Psychology Review, 20*(3), 199–222. https://doi.org/10.1177/1088868315586325.

Tamir, M., Vishkin, A., & Gutentag, T. (2020). Emotion regulation is motivated. *Emotion, 20*(1), 115–119. https://doi.org/10.1037/emo0000635.

Wang, J., Zhang, Z., & Jia, M. (2017). Understanding how leader humility enhances employee creativity: The roles of perspective taking and cognitive reappraisal. *Journal of Applied Behavioral Science, 53*(1), 5–31. https://doi.org/10.1177/0021886316678907.

Wilkinson, A. (2015, February 1). A pursuit of beauty. *New Yorker*. https://www.newyorker.com/magazine/2015/02/02/pursuit-beauty.

Wrzesniewski, A., & Dutton, J. E. (2001). Crafting a job: Revisioning employees as active crafters of their work. *Academy of Management Review, 26*(2), 179–201. https://doi.org/10.5465/amr.2001.4378011.

Zhu, L. Y. (2022). Linking anxiety to passion: Emotion regulation and entrepreneurs' pitch performance. Doctoral dissertation, University of California, Irvine.

8장 창작의 벽 극복하기

Barrett, L. F., Lewis, M., & Haviland-Jones, J. M. (Eds.). (2016). *Handbook of emotions* (4th ed.). Guilford Press.

De Dreu, C. K. W., Bass, M., & Nijstad, B. A. (2008). Hedonic tone and activation in the mood-creativity link: Towards a dual pathway to creativity model. *Journal of Personality and Social Psychology, 94*(5), 739–756. https://doi.org/10.1037/0022-3514.94.5.739.

Dewey, A., Steinberg, H., & Coulson, M. (1998). Conditions in which British artists achieve their best work. *Creativity Research Journal, 11*(4), 275–282. https://doi.org/10.1207/s15326934crj1104_1.

Fleck, J. I., & Weisberg, R. W. (2004). The use of verbal protocols as data: An analysis of insight in the candle problem. *Memory & Cognition, 32*(6), 990–1006. https://doi.org/10.3758/BF03196876.

Gable, S. L., Hopper, E. A., & Schooler, J. W. (2019). When the muses strike: Creative ideas of physicists and writers routinely occur during mind wandering. *Psychological Science, 30*(3), 396–404. https://doi.org/10.1177/0956797618820626.

Gaiman, N. (2011). *Writers on a New England Stage*. https://overcast.fm/+BED4EqKDgs.

Glăveanu, V., Lubart, T., Bonnardel, N., Botella, M., de Biaisi, P.-M., Desainte-Catherine, M., Georgsdottir, A., Guillou, K., Kurtag, G., Mouchiroud, C., Storme, M., Wojtczuk, A., & Zenasni, F. (2013). Creativity as action: Findings from five creative domains. *Frontiers in Psychology, 4*, Article 176. https://doi.org/10.3389/fpsyg.2013.00176.

Higgins, E. T. (2011). Accessibility theory. In P. A. M. Van Lange, A. W. Kruglanski, & E. T. Higgins (Eds.), *Handbook of theories of social psychology* (Vol. 1, pp. 75–96). Sage.

Hirst, B. (1992). How artists overcome creative blocks. *Journal of Creative Behavior, 26*(2), 81–82. https://doi.org/10.1002/j.2162-6057.1992.tb01163.x.

Gallay, L. H. (2013). Understanding and treating creative block in professional artists. Doctoral dissertation, Alliant International University.

Ivcevic, Z., Grossman, E. R., Cotter, K. N., & Nusbaum, E. (2023). Self-regulation of creativity: Toward measuring strategies of creative action. *Creativity Research Journal, 36*(3), 491–507. https://doi.org/10.1080/10400419.2023.2226494.

Ivcevic, Z., & Hoffmann, J. (2020, August). The role of emotions across the creative process of artists. In Z. Ivcevic (Chair), *Creativity and emotions: From the decision to be creative to reactions to creative products*. Symposium conducted at the Annual Convention of the American Psychological Association.

Montero-Marín, J., Gaete, J., Demarzo, M., Rodero, B., Lopez, L. C. S., & García-Campayo, J. (2016). Self-criticism: A measure of uncompassionate behaviors toward the self, based on the negative components of the Self-Compassion Scale. *Frontiers in Psychology, 7*, Article 1281. https://doi.org/10.3389/fpsyg.2016.01281.

Neff, K. D. (2023). Self-compassion: Theory, method, research, and intervention. *Annual Review of Psychology, 74*, 193–218. https://doi.org/10.1146/annurev-psych-032420-031047.

Neff, K. D., Tóth-Király, I., Knox, M. C., Kuchar, A., & Davidson, O. (2021). The development and validation of the State Self-Compassion Scale (long- and short form). *Mindfulness, 12*(1), 121–140. https://doi.org/10.1007/s12671-020-01505-4.

Ovington, L. A., Saliba, A. J., Moran, C. C., Goldring, J., & MacDonald, J. B. (2018). Do people really have insights in the shower? The when, where and who of the aha! moment. *Journal of Creative Behavior, 52*(1), 21–34. https://doi.org/10.1002/jocb.126.

Prescott, V. (Host). (2011, June 29). Neil Gaiman [Audio podcast episode]. In *Writers on a New England Stage*. New Hampshire Public Radio.

Sawyer, R. K. (2018). Teaching and learning how to create in schools of art and design. *Journal of the Learning Sciences, 27*(1), 137–181. https://doi.org/10.1080/10508406.2017.1381963.

Vohs, K. D., Redden, J. P., & Rahinel, R. (2013). Physical order produces healthy choices, generosity, and conventionality, whereas disorder produces creativity. *Psychological Science, 24*(9), 1860–1867. https://doi.org/10.1177/0956797613480186.

Youmans, R. J. (2011). The effects of physical prototyping and group work on the reduction of design fixation. *Design Studies, 32*(2), 115–138. https://doi.org/10.1016/j.destud.2010.08.001.

Youmans, R. J., & Arciszewski, T. (2014). Design fixation: Classifications and modern methods of prevention. *Artificial Intelligence for Engineering Design, Analysis and Manufacturing, 28*, 129–137. https://doi.org/10.1017/S0890060414000043.

Zabelina, D. L., & Robinson, M. D. (2010). Don't be so hard on yourself: Self-compassion facilitates creative originality among self-judgmental individuals. *Creativity Research Journal, 22*(3), 288–293. https://doi.org/10.1080/10400419.2010.503538.

9장 친구들의 작은 도움

Academy Awards Acceptance Speech Database. (n.d.). https://aaspeechesdb.oscars.org.

Carmeli, A., Dutton, J. E., & Hardin, A. E. (2015). Respect as an engine for new ideas: Linking respectful engagement, relational information processing and creativity among employees and teams. *Human Relations, 68*(6), 1021–1047. https://doi.org/10.1177/0018726714550256.

Carmeli, A., Levi, A., & Peccei, R. (2021). Resilience and creative problem-solving capacities in project teams: A relational view. *International Journal of Project Management, 39*(5), 546–556. https://doi.org/10.1016/j.ijproman.2021.03.007.

Dutton, J. E., Debebe, G., & Wrzesniewski, A. (2015). Being valued and devalued at work: A social valuing perspective. In K. Elsbach & B. Betchky (Eds.), *Qualitative organizational research. Vol. 3: Best papers from the Davis Conference on Qualitative Research* (pp. 54–61). Information Age.

Iacurci, G. (2003, February 1). 2022 was the "real year of the Great Resignation," says economist. CNBC. https://www.cnbc.com/2023/02/01/why-2022-was-the-real-year-of-the-great-resignation.html.

Lee, A., Legood, A., Hughes, D., Tian, A. W., Newman, A., & Knight, C. (2020). Leadership, creativity and innovation: A meta-analytic review. *European Journal of Work and Organizational Psychology, 29*(1), 1–35. https://doi.org/10.1080/1359432X.2019.1661837.

Liden, R. C., & Maslyn, J. M. (1998). Multidimensionality of leader-member exchange: An empirical assessment through scale development. *Journal of Management, 24*(1), 43–73. https://doi.org/10.1016/S0149-2063(99)80053-1.

Madjar, N. (2008). Emotional and informational support from different sources and employee creativity. *Journal of Occupational and Organizational Psychology, 81*(1), 83–100. https://doi.org/10.1348/096317907X202464.

Mannucci, P. V., & Perry-Smith, J. E. (2022). "Who are you going to call?" Network activation in creative idea generation and elaboration. *Academy of Management Journal, 65*(4), 1192–1217. https://doi.org/10.5465/amj.2019.0333.

Mascareño, J., Rietzschel, E., & Wisse, B. (2020). Leader-member exchange (LMX) and innovation: A test of competing hypotheses. *Creativity and Innovation Management, 29*(3), 495–511. https://doi.org/10.1111/caim.12390.

Perry-Smith, J., & Mannucci, P. V. (2015). Social networks, creativity, and entrepreneurship. In C. E. Shalley, M. A. Hitt, & J. Zhou (Eds.), *The Oxford handbook of creativity, innovation, and entrepreneurship* (pp. 205–224). Oxford University Press. https://doi.org/10.1093/oxfordhb/9780199927678.013.0016.

Perry-Smith, J. E., & Mannucci, P. V. (2017). From creativity to innovation: The social network drivers of the four phases of the idea journey. *Academy of Management Review, 42*(1), 53–79. https://doi.org/10.5465/amr.2014.0462.

Shefer, N., Carmeli, A., & Cohen-Meitar, R. (2018). Bringing Carl Rogers back in: Exploring the power of positive regard at work. *British Journal of Management, 29*(1), 63–81. https://doi.org/10.1111/1467-8551.12247.

Taylor, C., Ivcevic, Z., Moeller, J., & Brackett, M. A. (2020). Gender and creativity at work. *Creativity and Innovation Management, 29*(3), 453–464. https://doi.org/10.1111/caim.12397.

Taylor, C. L., Ivcevic, Z., Moeller, J., Menges, J. I., Reiter-Palmon, R., & Brackett, M. A. (2022). Gender and emotions at work: Organizational rank has greater emotional benefits for men than women. *Sex Roles, 86*(1–2), 127–142. https://doi.org/10.1007/s11199-021-01256-z.

Zhou, J., & George, J. M. (2001). When job dissatisfaction leads to creativity: Encouraging the expression of voice. *Academy of Management Journal, 44*(4), 682–696. https://doi.org/10.2307/3069410.

Zhou, J., Shin, S. J., Brass, D. J., Choi, J., & Zhang, Z.-X. (2009). Social networks, personal values, and creativity: Evidence for curvilinear and interaction effects. *Journal of Applied Psychology, 94*(6), 1544–1552. https://doi.org/10.1037/a0016285.

10장 직장에서의 창의성 구축

Amundsen, S., & Martinsen, Ø. L. (2014). Empowering leadership: Construct clarification, conceptualization, and validation of a new scale. *Leadership Quarterly, 25*(3), 487–511. https://doi.org/10.1016/j.leaqua.2013.11.009.

Baas, M., & Paletz, S. (2025). Conflict, creativity, and crisis. In Z. Ivcevic, R. Reiter-Palmon, M., Grohman, & M. Tang (Eds.), *Crisis, creativity, and innovation*. Palgrave.

Bradley, B. H., Postlethwaite, B. E., Klotz, A. C., Hamdani, M. R., & Brown, K. G. (2012). Reaping the benefits of task conflict in teams: The critical role of team psychological safety climate. *Journal of Applied Psychology, 97*(1), 151–158. https://doi.org/10.1037/a0024200.

Chen, L., Wadei, K. A., Bai, S., & Liu, J. (2020). Participative leadership and employee creativity: A sequential mediation model of psychological safety and creative process engagement. *Leadership & Organization Development Journal, 41*(6), 741–759. https://doi.org/10.1108/LODJ-07-2019-0319.

Choo, A. S., Linderman, K. W., & Schroeder, R. G. (2007). Method and psychological effects on learning behaviors and knowledge creation in quality improvement projects. *Management Science, 53*(3), 437–450. https://www.proquest.com/scholarly-journals/method-psychological-effects-on-learning/docview/213264016/se-2.

Chokshi, N. (2024, February 26). Boeing's safety culture faulted by F.A.A. in new report. *New York Times*. https://www.nytimes.com/2024/02/26/business/boeing-faa-safety-culture.html.

Curșeu, P. L., & Schruijer, S. G. (2010). Does conflict shatter trust or does trust obliterate conflict? Revisiting the relationships between team diversity, conflict, and trust. *Group Dynamics: Theory, Research, and Practice, 14*(1), 66–79. https://doi.org/10.1037/a0017104.

Edmondson, A. (1999). Psychological safety and learning behavior in work teams. *Administrative Science Quarterly, 44*(2), 350–383. https://doi.org/10.2307/2666999.

Giorno, T. (2024, April 17). Boeing whistleblower: "Absolutely" a culture of retaliation. *The Hill*. https://thehill.com/business/4599995-boeing-whistleblower-absolutely-a-culture-of-retaliation.

Hunter, S. T., Bedell, K. E., & Mumford, M. D. (2007). Climate for creativity: A quantitative review. *Creativity Research Journal, 19*(1), 69–90. https://doi.org/10.1080/10400410709336883.

Hunter, S. T., Cushenbery, L. D., & Jayne, B. (2017). Why dual leaders will drive innovation: Resolving the exploration and exploitation dilemma with a conservation of resources solution. *Journal of Organizational Behavior, 38*(8), 1183–1195. https://doi.org/10.1002/job.2195.

Janssen, O. (2000). Job demands, perceptions of effort-reward fairness and innovative work behaviour. *Journal of Occupational and Organizational Psychology, 73*(3), 287–302. https://doi.org/10.1348/096317900167038.

Jehn, K. A., & Bendersky, C. (2003). Intragroup conflict in organizations: A contingency perspective. *Research in Organizational Behavior, 25*, 189–244. https://doi.org/10.1016/S0191-3085(03)25005-X.

Kark, R., & Carmeli, A. (2009). Alive and creating: The mediating role of vitality and aliveness in the relationship between psychological safety and creative work involvement. *Journal of Organizational Behavior, 30*(6), 785–804. https://doi.org/10.1002/job.v30:610.1002/job.571.

Kasemaa, A., & Suviste, R. (2020). Comparing two instruments of transformational leadership. *Central European Management Journal, 28*, 2–31. https://doi.org/10.7206/cemj.2658-0845.13.

Kessel, M., Kratzer, J., & Schultz, C. (2012). Psychological safety, knowledge sharing, and creative performance in healthcare teams. *Creativity and Innovation Management, 21*(2), 147–157. https://doi.org/10.1111/j.1467-8691.2012.00635.x.

Kim, W. (2024, January 31). How Boeing put profits over planes. *Vox.* https://www.vox.com/money/24052245/boeing-corporate-culture-737-airplane-safety-door-plug.

Koh, D., Lee, K., & Joshi, K. (2019). Transformational leadership and creativity: A metaanalytic review and identification of an integrated model. *Journal of Organizational Behavior, 40*(6), 625–650. https://doi.org/10.1002/job.2355.

Lee, A., Legood, A., Hughes, D., Tian, A. W., Newman, A., & Knight, C. (2020). Leadership, creativity and innovation: A meta-analytic review. *European Journal of Work and Organizational Psychology, 29*(1), 1–35. https://doi.org/10.1080/1359432X.2019.1661837.

Lee, A., Willis, S., & Tian, A. W. (2018). Empowering leadership: A meta-analytic examination of incremental contribution, mediation, and moderation. *Journal of Organizational Behavior, 39*, 306–325. https://doi.org/10.1002/job.2220.

Liu, Y., Keller, R. T., & Bartlett, K. R. (2021). Initiative climate, psychological safety and knowledge sharing as predictors of team creativity: A multilevel study of research and development project teams. *Creativity and Innovation Management, 30*(3), 498–510. https://doi.org/10.1111/caim.12438.

Reiter-Palmon, R., & Millier, M. (2023). Psychological safety and creativity: The glue that binds a creative team. In Z. Ivcevic, J. D. Hoffmann, & J. C. Kaufman (Eds.), *The Cambridge handbook of creativity and emotions* (pp. 559–576). Cambridge University Press.

Renko, M., El Tarabishy, A., Carsrud, A. L., & Brännback, M. (2015). Understanding and measuring entrepreneurial leadership style. *Journal of Small Business Management, 53*(1), 54–74. https://doi.org/10.1111/jsbm.12086.

Shefrin, H. (2024, January 28). Boeing's weak corporate culture underlies difficulties with 737 MAX 9. *Forbes.* https://www.forbes.com/sites/hershshefrin/2024/01/28/boeings-weak-corporate-culture-underlies-difficulties-with-737-max-9.

Zhou, Q., & Pan, W. (2015). A cross-level examination of the process linking transformational leadership and creativity: The role of psychological safety climate. *Human Performance, 28*(5), 405–424. https://doi.org/10.1080/08959285.2015.1021050.

색인

A
A/B 테스트, 148

B
BBC, 140-141, 216

G
GE 헬스케어, 169

M
MTV 유러피언 뮤직 어워드, 217
mRNA, 133-134

ㄱ
가상 시나리오, 35, 152, 165, 227
가상 현실(VR), 150-151, 217
조직의, 가치, 187, 283
가톨릭, 142
감성 지능, 309
감정
　~의 힘, 184, 296
　관리, 189, 212
　긍정적인 감정, 83, 87, 96, 204-205, 210
　긍정적인 기분, 204-205, 210
　대처, 38, 41, 57, 68-69, 86, 97, 177, 185, 187, 193, 209, 211, 213, 225-226, 228
　매칭, 175, 177, 179
　반응, 160, 190, 193-194, 199-202, 214, 297
　복잡한 감정, 167, 182
　부정적인 감정, 205, 215
　상상력 및, 76, 85, 132, 183, 299
　어려움, 8, 11, 13, 109-111, 128, 136, 187, 189, 195, 202, 205, 209, 212, 223-224, 229, 253, 303
　일정 및, 164, 168, 170-171, 184, 194, 202, 204, 206
　일상의 리듬 및, 94
　정보로서의 감정 이론, 161
　조절, 190-192, 201, 203-204, 206-207, 211-214, 226, 230
　주의, 104-105, 171, 174, 187, 192-193, 197-198
　창의적 과정 및, 11, 13, 98, 267
　창의적 원동력 및, 104-105, 121, 124-125, 128-130, 273, 287, 296
　창의적 작업 및, 13-14, 39-40, 42, 66-71, 83, 96, 104, 107, 136, 138, 145, 147, 156, 161, 200, 212, 216-217, 220, 222-225, 227, 228, 230, 233, 247, 259, 261, 265, 296, 297, 303
　창작의 벽 및, 216, 219, 228-232, 234, 239, 241
　촉발하는 사건, 192-193
　행동으로 전환, 173
　활기찬 기분, 183-184
　활용, 160-162, 169
　이용, 157, 168-170, 175, 210, 231
감정 노동, 202
감정 세분화 능력, 163
감정 전염, 207
감정 조절, 190-192, 201, 203-204, 206-207, 211-214, 226, 230
　감정 노동 및, 202
　과제 전환 및, 198
　상황 선택, 194, 203
　상황 조정, 203
　심층 행동 및, 202-203
　유연성 및, 127-128, 204, 212, 289
　재해석, 173, 199, 201-203, 212-214
　주의 전환, 203
　표면 행동 및, 203

338

감정적 반응, 193
감정적 지지, 247, 293. 지원 참조
거북이는 언제나 거기에 있어(그린), 144
건국 기념일, 21
게르니카(피카소), 121, 168
게이먼, 닐, 238-240
게첼스, 야콥, 146
겐베이, 콘다야, 108
격려, 16, 49, 87, 263-265, 296-297, 300
결정
    균형, 41, 62, 114, 126-127, 129, 180-181, 228, 261, 271, 293
    끈기 및, 6, 12-13, 15-16, 120, 125, 203, 302, 304
    두 번째, 41
    아이디어에 대한, 8, 200
    첫 번째, 40-41
    탐색 및, 131, 133-134
경제적 마인드셋, 58. 마인드셋 참조
고, 도형, 285
고정형 마인드셋, 76-77. 마인드셋 참조
고착화, 231
골드버그, 우피, 90
골디락스 원리, 128
관계
    가벼운 관계, 251
    강한 유대 관계, 251, 253, 255-256, 261, 265, 267-269, 297
    긍정적인 대인 관계, 290
    사회적 자본, 267
    약한 유대 관계, 250-251, 253-255, 261-262, 265, 267-269, 297
    존중, 28, 64, 208-209, 228, 257-258, 260, 270
    지지 네트워크, 251
관심
    제약 및, 103-104, 117, 121-124, 129
    창의적 원동력 및, 104-105, 121, 124-125, 128-129
    추구, 38-39, 109, 111, 117, 137, 167
    호기심 및, 85, 106, 111-112, 136, 138, 141-142, 160-161, 167, 177, 201, 272
교착 상태, 226, 229, 234, 237, 251, 257

구글, 24, 32, 299-300
균형
    리스크 대차대조표, 62
    약한 유대 관계와 강한 유대 관계, 253, 265, 267-268
    의사 결정, 39, 58, 160-163, 250, 259, 262, 273-274, 303
    창의적 작업을 위한, 287, 296
그레이트 스쿨, 74
그루버, 하워드, 138
그린, 존, 143
글라베아누, 블라드, 24
글을 쓰는 여인, 168
긍정적이고 활기찬 기분, 41. 기분 참조
기능적 고착화, 231
기대, 97-98, 117-119, 161, 252, 254, 280
기분
    긍정적인 기분, 204-205, 210
    기분 변화, 176
    부정적인 기분, 183, 204
    유도, 181, 183
    활기찬 기분, 183-184
기술
    가상 현실, 150-151, 217
    디지털 기술, 149, 247
    몰입형 기술, 150
    예술, 149
    인공지능, 35
    증강 현실, 151
기업 확장, 148
기업가 정신
    롤모델, 88-92, 96, 284
    리더 및, 284-285
    열정 및, 109
    창의성 및, 88, 108-114, 173

ㄴ

나이키, 125
나이트, 마이클, 173
내재적 동기, 105-108, 283, 292
    도전 및, 75-76
    즐거움 및, 76

339

내재적 창의성, 27-32, 34. 창의성 참조
네브래스카대학교, 67, 152
노드그런, 로런, 120
노벨상, 10, 15, 90, 111
노스롭그루먼, 83
노스캐롤라이나대학교, 118
메모 앱, 143
뉴요커(잡지), 6
뉴욕 타임스, 45
뉴욕시립대학교, 137
늙은 기타리스트(피카소), 168
니콜스, 니셸, 90

ㄷ

다빈치, 레오나르도, 113, 121, 136, 143
다세대 등록부, 89
다이키리, 6-7, 41-44
닥터 피트, 146
달리, 살바도르, 141
대의를 추구하라 114
대퇴사 시대, 255
더 그레이트 브리티시 베이크 오프(TV 프로그램), 46, 63
더 립 바, 173
더튼, 제인, 195
"데드 호스" 274-275
동기 부여, 31, 106, 210, 292
드레이크, 제니퍼, 137, 308
디즈니, 45 47, 72
디지털 기술, 149, 247. 기술 참조
디킨슨, 에밀리, 134-136, 139
딴생각, 237

ㄹ

라이터-팔몬, 로니, 152
랭커스터대학교, 235
레콜 데 트루아 구르망드, 33
로건, 가비, 33
로렌스, 제이콥, 115
로빈슨, 마이클, 226
로저스, 칼, 30
롤모델

리더로서, 286-287
부모가 롤모델, 89
루바트, 토드, 62
루카스, 브라이언, 120
루폴의 드래그 레이스, 34
류, 유웬, 280
르 꼬르동 블루 요리 학교, 33
르 세르클 데 구르메트, 33
르누아르, 피에르 오귀스트, 168
리더
 권한 부여형, 283
 기대, 97-98
 기업가형, 284
 변혁형, 283
 영감을 주는, 286
 조직의 리더, 52, 155, 186, 262
 확신, 276-277, 285
리드 칼리지, 112
리스크
 모호함 및, 67-70, 119, 180, 289
 심리적 부담, 47-49,
 유연성 및, 127-128, 204, 212, 289
 재정적 부담, 48
 지적 리스크, 49-52, 62, 295, 297
 평판 리스크, 49, 52, 58, 258, 296-297
 리스크 대차대조표, 62
 불확실성 및, 8, 48-49, 53, 60-61, 66-68, 71-72

ㅁ

마블, 65-66
마음 챙김, 249
마이어스, F. 리처드, 83
마이코스키, 블레이크, 114
마이크로소프트, 248
마인드셋
 경제적 마인드셋, 58
 고정형 마인드셋, 76-77
 성장형 마인드셋, 75-78
마자르, 노라, 263
만하임대학교, 285
매사추세츠 공과대학교(MIT), 83, 298
매킨토시, 65

맥스 밀러와 함께하는 역사 속 요리, 47
맥아더 장학금, 204
멍크, 아놀드, 86
메이, 브라이언, 113
메타, 아푸르바, 137
명상, 141, 249
모나리자, 121
모네, 클로드, 76
모호함을 견디는, 68-69, 180. 불확실성 참조
목표
    달성, 29, 91, 125-127, 250, 211, 220, 235, 284-286, 290
    설정, 97
    성과 목표, 197
    어려운 목표, 85, 197
    프로젝트 목표, 220
몰입, 129
몰입형 기술, 150. 기술 참조
문제 구성, 134
문제 발견, 131, 133, 155
문제 인식, 133-134, 136, 145
문제 재정립, 149, 151
뭉크, 에드바르, 168
미국 국립 과학 재단, 66
미국 남북 전쟁, 31
미국 연방항공청, 281
외교부, 33
미국 항공우주국(NASA), 83
미스터 스팍, 162
밀러, 맥스, 45-49, 51, 63, 71-72

ㅂ

바스, 마티스, 141
반스앤노블, 195
발레랑, 로버트, 113
방어 기제, 59
버틀러, 멜리사, 173
번아웃, 187, 191
범블 앱, 133
베르톨, 루이제트, 33
베르트, 콘스탄티노 "콘스탄테" 리발라이구아, 44

베어, 실비아, 134-136, 138-139
베크, 시몬, 33
"베키의 문제" 152
베터 월드 북스, 115
벨센belsen 강제 수용소, 245
보상, 37, 91, 105, 107, 109, 196, 208, 286-287, 290, 294, 296, 299
보스턴 셀틱스, 113
보잉 737 맥스 항공기, 281
보트 파티에서의 오찬(르누아르), 168
부정적인 감정, 83, 205, 215. 감정 참조
부정적인 기분, 183, 204. 기분 참조
분노, 26, 83, 161, 162, 164-165, 169, 171, 177, 184, 192, 200, 210, 212, 225
분자생물학, 142
불만족, 161, 173, 179, 206, 256, 300
불안
    감정 조절, 48, 150-151, 170, 171
    불편한 감정, 7, 13, 53, 68, 155-156, 171, 188, 303
    자기 의심, 42, 225
불편한 감정
    따라가라, 171
불확실성
    관리, 66
    모호함 및, 67-70
    자기 의심 및, 42, 225
    창의적 작업 및, 2, 8-9, 29-30, 33-36, 42-50, 116, 120, 168, 200-201
브라운, 댄, 90
브라운, 제일런, 113
브라운리, 마르케스, 32
브레인스토밍, 8, 119, 181, 183, 213
브로츠와프대학교, 76
브제스니에프브스키, 에이미, 195
빠른 선별 과정, 70

ㅅ

사우샘프턴대학교, 182
사회적 판세, 251, 267, 299
사회적 압력, 53-55
상상력

관찰 및, 83, 93, 97, 137, 141-143
영감 및, 8, 34, 42-43, 78, 113, 115, 131, 133-134, 136-138, 142-146, 164, 173, 190, 204, 228, 233, 240, 247, 260, 263-264, 267, 272-273, 286, 292, 302, 304
호기심 및, 10, 85, 106, 128, 136, 138, 141-142
상황 선택, 194, 203
새터데이 나이트 라이브(TV 프로그램), 34
생각으로 무엇을 할 수 있을까?, 12
샤넬, 코코, 27
샤프, 에반, 301-302
성 프란치스코, 168
성격 특성, 8, 85, 87
성실한, 85, 87
성장형 마인드셋, 75-78.
세계 경제 포럼, 52
세그웨이, 65-66
세디키데스, 콘스탄틴, 182
셔플스 앱, 273, 275
셸던, 시드니, 90
소액의 초기 투자금, 75
수르바란, 프란시스코 데, 168
쉐인버그, 시드, 245
쉰들러 리스트, 245-246
쉰들러, 오스카, 245
스미스, 카일, 137
스미튼 키친, 32
스코세이지, 마틴, 65
스쿨러, 조너선, 238
스타트렉, 90, 162
스탠퍼드대학교, 111, 113
스턴버그, 로버트, 38, 62, 308
스트라빈스키, 이고르, 123
스트레스
　관리, 196, 200, 205-206
　대응, 191
　창의적 자기효능감 및, 75, 79-87, 91-98, 109
　창작의 벽 및, 13, 216, 219, 228-232, 234, 239, 241
스티브 워즈니악, 112
스페인-미국 철강 회사, 42
스필버그, 스티븐 245-246

"시간은 돈 개념", 292
시오, 우트 나, 235
만국 박람회, 173
시카고대학교, 146
신경 과학, 9
신들의 전쟁, 238, 240
실버먼, 벤, 31, 298-304
실험
　문제 발견 및, 131, 133, 155
　성장 마인드셋 및, 96
　합리성의 함정 및, 58
　호기심 및, 10, 85, 106, 128, 136, 138, 141-142
심리적 리스크, 295
심리적 안전감, 276-282, 284, 287, 290, 297
심층 행동, 202

ㅇ

아마라쿤, 샤민다, 103-104, 111, 118
아마빌레, 테레사, 36, 105-106
아서, 메러디스, 271-275, 277, 280, 285
아우슈비츠 강제 수용소, 245
아이디어
　가치, 268, 273
　개발, 234, 278
　독창성, 53, 66-67, 122, 124
　브레인스토밍, 8, 119, 181, 183, 213
　실현, 12-13, 15, 31, 44, 48, 76, 93
　아이디어 창출, 53
　선완, 8, 11, 13, 201, 267, 287, 295
　제안, 37, 55, 57, 80, 211, 266, 277, 281, 286-287, 302
　평가, 200, 204
　환상 및, 7, 103, 146
아이팟, 65
아이패드, 65
아이폰, 65, 143, 169, 300
알베르토 아인슈타인, 27, 30, 132
아카데미상, 246
안드라데, 에두아르도, 182
안전
　감정 상태 및, 160-161, 205
　심리적 안전감, 276-282, 284, 287, 290

안젤루, 마야, 256
암묵적 연상, 61
암스테르담대학교, 141
압력
　　사회적, 53-55
　　스트레스 및, 8, 38, 57, 84, 190-191, 195-196, 206
　　시간적 압력, 120
애쉬, 솔로몬, 53
애플 앱 스토어, 275, 300
애플, 64, 95, 112-113
《야생에서의 인지》, 259
양초 과제 및, 230-231
업, 145
업무상 갈등, 281
에드먼슨, 에이미, 276
에디슨, 토머스, 30, 199
에모리대학교, 252
에어비앤비, 63, 169
엘 플로리다타, 44
열정
　　강박적인 열정, 113-114
　　개발, 108-111
　　기업가 정신 및, 14, 88-90, 272
　　예술 및, 109
　　자금 조달 및, 201
　　자기효능감 및, 109
　　창의적 작업 및, 39-40, 42
영감, 8, 34, 42-43, 78, 113, 115, 131, 133-134, 136-138, 142-146, 164, 173, 190, 204, 228, 233, 240, 247, 260, 263-264, 267, 272-273, 286, 292, 302, 304
예술
　　건축, 165
　　공연 예술, 111
　　공예, 111
　　그림, 10, 23-26
　　글쓰기, 33, 50, 109, 195, 239, 246-247
　　기술, 103, 118
　　디자인, 25, 36
　　사진, 77, 149
　　열정, 109

예술에 대한 편견, 25
음악, 76, 111, 158-159, 229, 275
창작의 벽, 13, 216, 219, 228-232, 234, 239, 241
회화, 8
예일대학교 드라마 스쿨, 103
예일대학교, 8, 56, 103, 139, 298
오머로드, 토마스, 235
오브라이언, 엘리자베스, 73, 94
오스카상, 245
오지 라이프 랩, 247, 249-250, 252
오타와 병원, 173
옥소 굿 그립스, 169
와이즈먼, 리처드, 140
와튼 스쿨, 147
왕과 나, 104
외재적 동기, 105-108
　　경쟁, 105
　　보상, 105
외향성, 11
용기, 17, 22, 42, 68, 141, 156, 180
우연, 73, 141
우후라, 뇨타, 90
파커, 워비, 63
윙거-베어스킨, 아멜리아, 149
유연성
　　감정 조절 및, 204, 212
　　계획, 124-127
　　독창성 및, 53, 66-67, 122, 124
　　인지적 유연성, 261-262
　　탐색 및, 91, 195-198
유튜브, 32, 46-49, 51, 63
융, 칼 30
이브시치, 루시야, 217-219, 235
이스트먼, 조지, 149
인공지능, 35
　　회복탄력성 및, 224, 257-258
인류세 리뷰, 143
인스타카트, 137
인지 과학, 9
인지적 편향, 231
인지적 유연성, 261-262
인큐베이션, 235

343

인터랙티브 디지털 환경 연합(IDEA), 150
인펠트, 레오폴트, 132
일상의 골칫거리, 158

ㅈ

자기 연민, 225-228
자기 의심, 42, 225. 불확실성 참조
자기비판, 8, 226-227
자기효능감
    감정 조절 및, 191-192, 201, 203-204, 207
    개발, 79-98
    설명, 75, 79
    스트레스 및, 8, 38, 57, 84, 190-191, 195-196, 206
    열정 및, 109
    저하, 206, 226
자벨리나, 다리아, 226
자신감, 79-81, 85-86, 91, 94, 96, 98, 226, 257, 296. 확신 참조
자신에 대한 믿음, 75
자율성, 195-196, 208, 272, 274, 283, 288, 291
자의식, 85, 119, 159-160
자일리언, 스티브, 245
작가의 벽, 238-240. 창작의 벽 참조.
작은 기관차, 86-87
잡 크래프팅, 195-196, 214
잡스, 스티브, 27, 30, 64-65, 71, 76, 112-113
장, 이탕(톰), 203
재정적 부담, 48. 위험 참조.
재해석, 173, 199, 201-203, 212-214
저우, 징, 253
전문적 창의성, 29-31, 32, 34, 80, 129, 172. 창의성 참조
절규, 168
정보로서의 감정 이론, 161
정체성, 57, 93-94, 109, 134, 217-218, 301
제로 슈즈, 63
제약, 103-104, 117, 121-124, 129
제임스웹 우주 망원경, 83
제품 강조, 289
제품 개발, 206, 273, 280
조직 가치, 188. 직장 참조.

조콘도, 리자 델, 121
좌절, 199, 257
주, 릴리, 200
주의
    창의적 원동력, 104-105, 121, 124-125, 128-130, 273, 287, 296
증강 현실, 151
지루함, 83, 165, 206
지적 리스크, 49-52, 62, 295, 297. 리스크 참조
지적 자극, 292. 자극적인 환경 참조
지지
    소셜 네트워크, 252, 263-264, 269
    정서적 지지, 246
직관, 14, 122, 132, 183, 194
직장
    갈등, 190, 196, 256, 281, 293
    기대, 97-98
    롤모델, 90-92, 284
    리더 참조
    심리적 안전 및, 208-220, 225-226
    업무상 갈등 및, 281
    의견 불일치, 277, 281
    조직 가치, 183
    지원, 66, 73, 75, 97, 108, 180, 186, 189, 194-195, 206, 212, 256, 263, 265-266, 268-270, 283-285, 287, 289, 297, 304, 311
    창의적 원동력, 104-105, 121, 124-125, 128-130, 273, 287, 296
    퍼널 검토 프로세스, 273-274

ㅊ

차일드, 줄리아, 33-34
차일드, 폴, 33
창의성
    가치, 27, 52-53, 107
    경로, 125
    기업가적 창의성, 88
    끈기 및, 120, 203, 302
    내재적 창의성, 27-32, 34
    단계, 27-28, 30-32, 60, 66-67
    독창성, 53
    동기 부여 및, 31, 106

로드맵 및, 3, 125
모순, 10-11, 24, 137, 152-153, 194, 238, 250, 292-293
본질, 155, 189, 222-224, 266, 295, 311
분위기, 282, 287-291
사명, 288-289
사회적 압력 및, 53-55
사회적 측면, 79, 297, 303
상상력 및, 132
상징, 24-25
선택, 1-9, 11-70, 73-182, 184-230
설명, 12, 15, 40, 42-43, 78, 295, 298, 300
스트레스 및, 8, 38, 57, 84, 190-191, 195-196, 206
신경 과학 및, 9
여정, 17, 116, 124, 189, 295
연관성, 111, 166
영감 및, 8, 34, 42-43, 78, 113, 115, 131, 133-134, 136-138, 142-146, 164, 173, 190, 204, 228, 233, 240, 247, 260, 263-264, 267, 272-273, 286, 292, 302, 304
인내 및, 8, 223, 228, 251, 302
인지 과학 및, 9
인지적 유연성 및, 261-262
일상적 창의성, 28-29, 32, 77, 108, 129
재능, 11, 77-78
전문적 창의성, 29-31, 32, 34, 80, 129, 172
정체성 및, 57, 93-94
직관, 25, 160
창작의 벽 및, 13, 219, 228-232, 234, 239, 241
최종 제품, 221
측정, 36, 61, 80, 141
특성 및, 78, 93
학습, 28-29
혁신적 창의성, 27, 30, 33-34, 76, 129
형태, 26-28
호기심 및, 111
효과적, 23, 38
창의성 사명, 299
창의성 선택
　다시 전념, 11, 194, 294
　설명, 24

전념, 11, 38, 294
확신, 17, 50, 61, 76, 79-81, 228, 276-277, 296
"창의성은 선택이다(Creativity as a Decision)", 38
창의적 과정
　용기, 17
　집착 및, 221-222, 226, 232-233. 창의적 작업 참조
　창작의 벽 및, 13, 216, 219, 228-232, 234, 239, 241
　확신, 17, 50, 61, 76, 79-81, 228, 276-277, 296
창의적 사고
　창의적 사고 과제, 55, 92, 120, 197
　창의적 사고 테스트, 132
　향상, 97, 112, 227, 235, 253, 261
창의적 원동력
　격려 및, 251, 294
　계획, 124-127, 264
　관심사 및, 10, 91, 111-112, 217
　또한 동기 부여 참조
　실용주의, 108
　열정, 109
　인내심 및, 223
　장인 정신, 108
　집중력 및, 117
　창의적 집중력 및, 117
창의적 자기효능감
　감정 조절 및, 191-192, 201, 203-204, 207
　구축, 34, 270-272, 282, 287, 300
　기대 및, 97-98, 117-119
　설명, 52-53
　스트레스 및, 8, 38, 57, 84, 190-191, 195-196, 206
　열정 및, 109
　저하, 206
창의적 작업
　계획, 124-127
　균형, 41, 114, 126-127, 129, 293
　보상 및, 37, 91, 105, 107, 109, 196, 208, 286-287, 290, 294, 296, 299
　불확실성 및, 8, 48-49, 53, 60-61, 66-68, 71-72
　사회적 측면, 79, 297, 303
　열정 및, 164, 168, 170-171, 184, 194, 202, 204, 206

345

용기, 17
이해, 168-170
집착 및, 221-222, 226, 232-233
창작의 벽 및, 13, 219, 228-232, 234, 239, 241
평가, 132-134
확신, 17, 50, 61, 76, 79-81, 228, 276-277, 296
창의적 작업 네트워크, 138
창의적 집중력 104-105, 121, 124-125, 128-130, 273, 287, 296
창작의 벽
극복, 8, 216, 223, 229, 235
방황 및, 178-180
벗어나기, 124, 228
스트레스 및, 190-191, 195-196, 206
자기 연민, 225-228
작가의 벽, 238-240
집착 및, 221-222, 226, 232-233
휴식 및, 114, 197, 199, 235-236, 240
천재, 15, 43, 77-78, 136, 246, 307
첸, 루, 278
최종 제품, 221
최후 심판의 날 음모, 90
치, 앨버트, 116
치열하게 논의하는, 266-267
칙센트미하이, 미하이, 129, 146
친구 알아보기, 74

ㅋ

카르보프스키, 마치에이, 76, 308
카리코, 카티, 133
카멘, 딘, 65
카멜리, 에이브러햄, 278
카바조스-아로요, 주디스, 95
카발라, 230
카우퍼, 스티브, 173
카크, 로닛, 278
칸딘스키, 바실리,
캘리포니아대학교 샌타바바라, 236
캘리포니아대학교 어바인, 200
캣멀, 에드, 145
커시, 매트, 247-252, 258-259, 262, 266
컬럼비아대학교, 138

케닐리, 토머스, 245
코네티컷대학교, 263
코닥, 149
코로나19, 47, 133-134, 176, 186, 255
코크런, 조세핀, 172
코폴라, 프랜시스 포드, 65
코헨, 조엘, 182
콕스, 제닝스 스톡턴, 42-44
쿠코치, 토니, 75
퀘벡대학교, 113
퀴리, 마리, 76, 90
퀴리, 이렌, 90
퀴리, 피에르, 90
퀸, 113
크라우드펀딩, 58
크로노타입, 176
크리스티, 애거사, 27, 39-40, 307
크리에이티비티 주식회사(Catmull), 145
클라크, 케이틀린, 75
클린트, 힐마 아프, 124
클림트, 구스타프, 168
키스, 168
키친에이드, 172
킥스타터, 58
킨츨, 얀, 157-161, 175, 178
킹슬리, 벤, 246

ㅌ

팀색
문제 발견 및, 131, 133, 155
유연성 및, 127-128, 204, 212, 289
의사 결정 및, 39, 58, 160-163, 250, 259, 262
창의적 집중력 및, 117
탐스, 115
테네시대학교, 170
테드엑스 강연, 116
테슬라, 니콜라, 27
테이스팅 히스토리, 45
투트웬티, 271-277, 280, 293
트립어드바이저, 173
티어니, 파멜라, 79

ㅍ

파글리우치, 자코모, 43
파머, 스티브, 79-80
파버, 베시, 169
파버, 샘, 169
파스퇴르, 루이스, 140
파이퍼, 와티, 86
파인즈, 랄프, 246
패밀리 인게이지먼트 랩, 75
팬데믹, 47, 173, 176, 186, 191, 218, 255
퍼널 검토 프로세스, 273-274
페렐만, 뎁, 32
페르난데스, 로베르토, 139
페리-스미스, 질, 252
페퍼버그, 폴데크, 245
펜실베이니아 주립대학교, 69
펜실베이니아대학교, 147
평판 리스크, 49, 52, 58, 62, 258, 296-297
포거드, 마리, 115
포르테라, 안드레아, 216-217, 219, 229-230
포브스, 32
포브스, 카티아, 186-187, 188-189, 194, 196, 202, 208-209
포커스 그룹, 59, 64-65, 71
포켓몬 고, 151
표면 행동, 202-203
푸엔테-디아스, 로헬리오, 95
푼치케, 217
프랑스 요리의 기술, 34
프랭클린, 벤저민, 113
프로이트, 지크문트, 30, 59
프리티 포니, 274-275
프링글, 제이미, 263, 306
플로이드, 조지, 177
피츠제럴드, 엘라, 30
피카소, 파블로, 49, 51, 121, 168, 233
픽사, 145
핀터레스트, 31, 271, 273, 293, 298, 300-304

ㅎ

하계 연구 프로그램, 298
하버드 경영대학원, 36
하버드대학교, 276
하우 위 필, 273
합리성의 함정, 58
합리화, 59
핵물리학, 142
행복, 29
행운, 140-141, 302
향수, 169, 182
허드, 휘트니 울프, 133
허친스, 에드윈, 258
헌터, 사무엘, 288
헤밍웨이, 어니스트, 44
혁신
    모순, 292
    혁신 연구소, 293
    혁신적인 제품, 64, 70, 262, 293
혁신적 창의성, 27, 30, 33-34, 76, 129. 창의성 참조
현실
    아이디어, 14, 74-76
    환상 및, 7, 103, 146
호기심
    관심 및, 177, 208, 264
    상상력 및, 10, 76, 85, 132, 183
호반, 안드레아, 247
홀로코스트, 246
홀리데이, 빌리, 30
확신
    능력에 대한, 81-82, 188
    자신감, 79-81, 84-86
환상, 7, 103, 146
회복탄력성, 224, 257-258
회화론, 136
히스토리 채널, 6

심플리어 010

아이디어가 현실이 되는
창조적 의사결정 법칙

1판 1쇄 인쇄 2025년 11월 13일
1판 1쇄 발행 2025년 11월 20일

지은이 조라나 이브체비치 프링글
옮긴이 신혜연
펴낸이 김영곤
펴낸곳 (주)북이십일 21세기북스

TF팀 팀장 김종민
기획편집 한이슬 **마케팅** 정성은 김지선
편집 신대리라 **디자인** design S
영업팀 정지은 한충희 남정한 장철용 강경남 황성진 김도연 이민재
제작팀 이영민 권경민
해외기획팀 최연순 소은선 홍희정

출판등록 2000년 5월 6일 제406-2003-061호
주소 (10881) 경기도 파주시 회동길 201(문발동)
대표전화 031-955-2100 **팩스** 031-955-2151 **이메일** book21@book21.co.kr

ⓒ 조라나 이브체비치 프링글

ISBN 979-11-7357-625-6 (03320)

(주)북이십일 경계를 허무는 콘텐츠 리더
─────────────────────────
21세기북스 채널에서 도서 정보와 다양한 영상자료, 이벤트를 만나세요!
페이스북 facebook.com/21cbooks **포스트** post.naver.com/21c_editors
인스타그램 instagram.com/jiinpill21 **홈페이지** www.book21.com
유튜브 youtube.com/book21pub

• 책값은 뒤표지에 있습니다.
• 이 책 내용의 일부 또는 전부를 재사용하려면 반드시 ㈜북이십일의 동의를 얻어야 합니다.
• 잘못 만들어진 책은 구입하신 서점에서 교환해드립니다.

적은 노력으로 크게 성취하는 불변의 진리

80/20 법칙

20%의 투자로 80%의 성과를 내는 불변의 법칙

리처드 코치 지음 | 공병호 옮김 | 값 24,000원 | 428쪽

적게 일하고 크게 성취하는 365가지 방법

80/20 법칙 행동편

80/20 법칙을 적용해 삶의 질을 높이는 기술

리처드 코치 지음 | 박영준 옮김 | 값 24,000원 | 436쪽

원치 않는 집중을 끊어내는 몰입 혁명

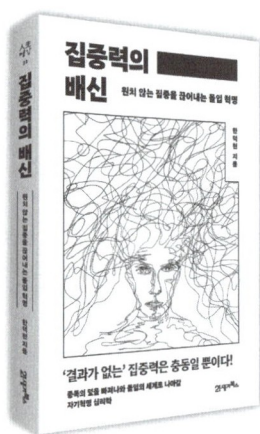

집중력의 배신

중독의 덫을 빠져나와 몰입의 세계로 나아갈 자기혁명 심리학

한덕현 지음 | 값 17,000원 | 240쪽

이나모리 가즈오가 평생 동안 지켜온 제1의 원칙

이나모리 가즈오, 부러지지 않는 마음

80년 경영 인생에서 건져 올린 사람과 일, 성공하는 리더십에 대한 깊은 통찰

이나모르 가즈오 지음 | 값 22,000원 | 248쪽